경계에 선 나날들

애환과 희망의
남북 교류 현장 30년 분투기

경계에 선 나날들

김성근 지음

아마존의나비

| 지은이 |

김성근

대한적십자사에서 남북 적십자 회담 수행원으로 남북 회담에 참가하기 시작하여 남북 적십자 회담 대표, 남북 적십자 실무회담 대표를 맡아 남북 간 인도적 현안을 해결하는 현장에 있었다. 이산가족팀장, 회담지원팀장, 남북교류팀장, 남북교류국장, 국제남북본부장으로 근무하며 남북 적십자 회담과 남북 이산가족 상봉, 인도적 차원의 대북 지원 업무를 25년간 맡아 실무 업무를 총괄했다. 평양, 금강산, 개성, 신의주, 남포, 해주, 원산 등 북한 지역을 30여 차례 방문했고 북한 지역뿐 아니라 해외에서도 북측과 인도적 현안들에 대해 협의하였다. 남북 교류 업무 외에도 적십자사에서 서울중앙혈액원장, 혈액관리본부 기획관리국장, 본사 기획조정실장, 전북혈액원장을 역임하였다.

1964년 경남 고성에서 태어나 국민대학교를 졸업하고, 서울시립대학교 석사, 북한대학원대학교에서 북한학 박사 과정을 마쳤다. 2018년에는 국방대학교 안보 과정에 교육 파견되어 안보 군사 분야에 대한 식견을 넓혔다. 주요 경력으로 민화협 정책위원, 법무부 난민위원회 분과위원장, 통일부 통일정책자문위원을 역임하였다.

이 도서는 2024년 문화체육관광부의 '중소출판사 도약부문 제작 지원' 사업의 지원을 받아 제작되었습니다.

경계에 선 나날들

애환과 희망의 남북 교류 현장 30년 분투기

발행일 · 2025년 1월 15일 초판 1쇄

지은이 · 김성근

펴낸이 · 오성준
편집 · 김재관 · 김호경
본문 디자인 · 김재석
표지 디자인 · 아작

펴낸 곳 · 아마존의나비
등록번호 · 제2020-000073호(2014년 11월 19일)
주소 · 서울시 은평구 통일로73길 31
전화 · 02-3144-8755, 8756 **팩스** · 02-3144-8757
이메일 · info@chaosbook.co.kr
ISBN · 979-11-90263-30-6 03340
정가 · 19,000원

- 아마존의나비는 카오스북의 임프린트입니다.

지속 가능한 만남을 위하여

이 책은 김대중·노무현 정부와 이명박·박근혜 정부를 거쳐 문재인 정부까지 25여 년간 내가 겪은 대북 업무에 관한 현장 이야기다. 나는 강영훈 총재부터 박경서 총재까지 역대 대한적십자사 총재 재임 시기 대북 업무에 대부분 관여했다. 내가 맡아 수행한 일은 개인적으로 보면 아주 작은 일에 불과하지만 달리 보면 남북으로 갈라져 살아가는 주민들의 배고픔과 이산의 아픔을 덜어 주는 소중한 일이기도 했다.

나는 이 일을 하면서 북한 곳곳을 30여 차례 방문했다. 북한이 식량난으로 힘들었던 1990년대 중반부터 구호물자 지원을 위해 북한 신의주를 비롯 남포, 해주, 원산, 흥남, 청진 등을 방문했으며 그곳에서 북한 사람들을 만났다. 남북 적십자 회담 수행원과 회담 대표로 판문점, 개성, 금강산에서 북측과 이산가족 상봉 문제를 협의하였고, 서울과 평양 그리고 금강산에서 이루어진 이산가족 상봉 행사에도 참여하였다.

이 기간에 남북 관계는 가다 서다를 반복하며 심하게 요동치기도 했다. 대화와 접촉이 이어지다 갑자기 끊어지기도 하고 극적으로 반전을 이루며 다시 연결되기도 했다. 최소한 인도주의 사업만이라도 흔들

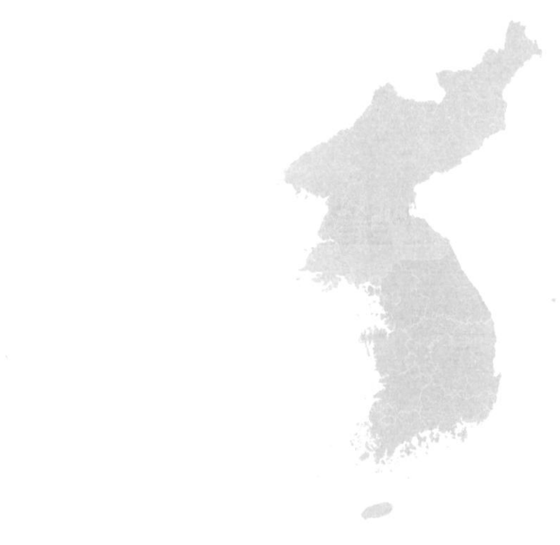

리지 않고 지속되기를 바랐다. 우리가 만나는 일들이 한반도의 아픔을 치유하고 남북이 더 평화로워지며 통일로 가는 하나의 과정이라 믿었다. 이 과정에서 인도주의 사업이라며 추진한 일들이 남북 관계 개선용 이벤트에 그치거나 우리만의 일방적 사업이 아니라 남북이 함께하는 '인도주의 공동체' 사업으로 발전되어야 한다고 생각해 왔다. 이러한 생각에서 북한을 드나들며, 때론 국제회의 현장에서 북한 사람들과 함께 한 일들을 뒤돌아봤다. 어떤 주제는 가벼운 이야기식으로 또 다른 주제는 역사적 맥락을 고려하여 사실 위주로 정리했다. 북한과 마주하는 일은 어려운 일이다. 분단의 상처는 깊고 이를 치유하는 데 많은 시간이 걸린다. 그 과정에 북한과의 협의도 중요하지만, 우리 정부 관계자와의 소통도 필요했다. 북한의 도발과 달라진 정부 정책으로 남북 간 대화와 교류가 단절되고 적십자 사이의 연락 채널마저 중단되기도 하였다. 하지만 언젠가 이루어야 할 평화 통일을 위해 남북은 서로 연결되고 소통해야 한다.

북한 사람과 만나는 자리에 정부와 함께하는 일들이 많았다. 그동

안 해 온 일들을 인도적 기관인 적십자 관점에서 정리하다 보니 우리 정부나 북한 당국이 보기에 불편함을 느낄 수 있는 내용도 있다. 우리 국민들의 입장에서는 황당하고 이해하기 어려운 것들도 있다. 남북 간에 이슈화되었던 적십자 회담, 이산가족 상봉, 대북 지원, 탈북자 지원 등의 현장 이야기와 함께 선후배들이 해 왔던 일들도 재조명했다. 그럼에도 남북 간 특수 관계로 인한 제한 탓에 여기에 소개하지 못한 것도 많다. 아쉬움이 남지만 아무쪼록 이 책이 인도주의 사업 현장을 이해하고 좀 더 나은 방향으로 나아가는 데 도움이 되었으면 하는 바람이다. 남북 관계가 좋지 않은 시기임에도 선뜻 출간을 허락해 주신 아마존의나비 출판사 오성준 대표에게 진심으로 감사드린다.

2025년 1월

김성근

차례

제2장 상봉(相逢)

제3장 지원(支援)

제5장 인도(人道)

1

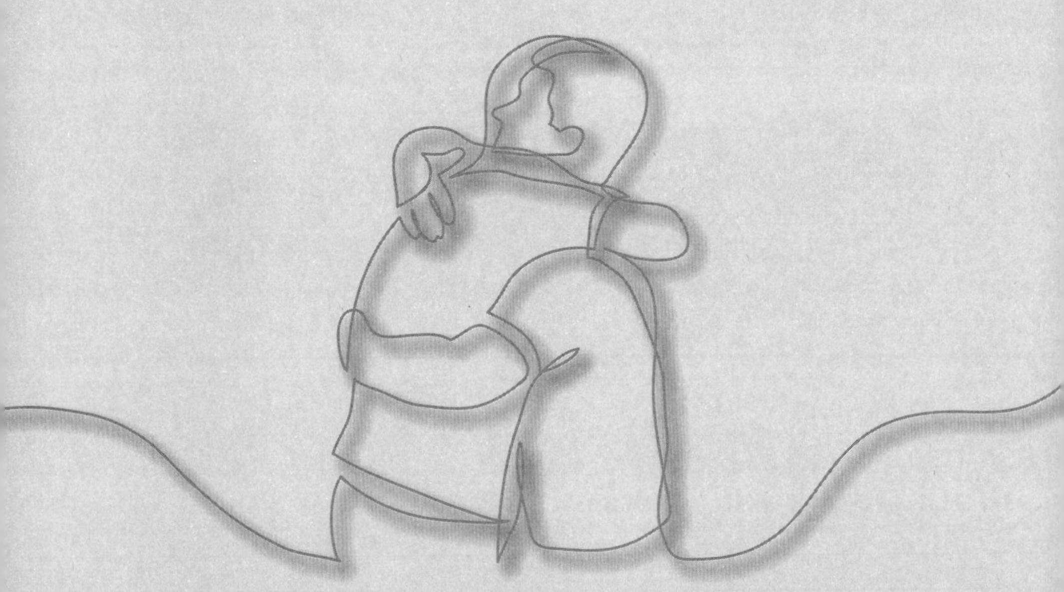

협상(協商)

남북 적십자 간 회담은 1971년부터 시작되었다. 6·25 전쟁 휴전 이후 심화된 국제 냉전 구조에 따라 한반도에서의 적대적 남북 관계도 심화되면서 1970년대에 이를 때까지 남북 이산가족 문제 해결을 위한 출구는 어디서도 찾을 수 없었다.

1960년대 말 베트남 전쟁에 지친 미국이 천명한 "아시아 국가의 방위는 미국에 의존하지 말고 아시아 국가 스스로 해야 한다"는 새로운 외교 군사 전략이 배경으로 작동하면서 한반도 평화 정착을 위한 인도적 문제로 출발해 남북 대화에 물꼬가 트였다. 분단 이래 남북 대화의 첫 문을 대한적십자사가 열게 된 것이다.

1970년대 회담은 이렇다 할 성과는 없었지만 남북 회담의 틀을 마련하는 계기가 되었다. 1980년대는 수해 물자 인수 관련 남북 적십자 실무 접촉, 이산가족 고향 방문 및 예술단 교환 관련 실무 대표 접촉이 열렸다. 1990년대는 이산가족 노부모 방문단 및 예술단 교환을 위한 회담과 대북 구호물자 전달을 위한 남북 적십자 회담과 대북 구호물자 전달을 위한 남북 적십자 대표 접촉이 중국 베이징에서 열렸다. 2000년도 들어 최초의 역사적 남북 정상회담이 성사되며 인도적 문제를 풀어 가기 위한 남북 적십자 회담과 실무 접촉이 꾸준히 이어졌다. 적십자 회담은 남북 장관급 회담과 함께 이산가족 문제를 풀어 나가는 중심축이었다.

캠핀스키 회담

비밀 접촉 후 이루어진 남북 차관급 회담

"이산가족 문제가 곧 풀릴 듯하다."

남북 당국자가 마주앉은 것이다.

1998년 2월 25일 김대중 정부가 출범했다. 김대중 정부에서 남북 이산가족 문제는 주요 국정 의제가 되었다. 1998년 4월, 베이징에서 열린 남북 차관급 회담에서 대북 비료 지원과 이산가족 문제를 연계한 논의가 있었다. 우리 측은 북측이 이산가족면회소와 우편물교환소 설치 등 고령 이산가족 문제 해결을 위한 노력에 적극 나서 주기를 기대했고, 북측은 우리의 비료 지원이 남북 관계 개선의 첫걸음이라며 부대조건 없는 50만t 비료 지원을 강하게 주장했다. 인도적 차원의 구호 물자 지원은 계속되고 있었지만, 비료 지원 문제가 협상을 어렵게 만드는 뜨거운 감자로 등장했다.

1999년 들어 남북 간 비밀 접촉이 시작되었다. 비료 지원 문제를 논의하기 위한 당국 간 비공개 접촉이 4월 하순부터 6월 초까지 4차례 진행된 것이다. 협상 결과 비료 20만t을 북측에 지원하고 6월 21일부터 베이징에서 남북 차관급 당국 회담을 개최하기로 합의하였다. 북측의 선 비료 지원 요구에 대해 그해 7월까지 20만t의 비료를 북측에 제공하되 10만t은 6월 20일까지 전달하고 나머지 10만t은 6월 21일부터 진행되는 차관급 당국 회담에서 이산가족 문제를 협의한 후 지원하는 데 합의한 것이다. 진행 상황을 보아 가며 이후 협의를 이어가는 방식이었다. 이 합의 후 상사로부터 뜻밖의 지시를 받았다. 대한적십자사 대북 업무 책임 부서장인 홍사룡 이산가족사업부장이 나를 불러 지시했다.

"이산가족 문제가 곧 풀릴 듯하다. 그러니 당신이 당국 간 회담에 나가 지원하라."

그렇게 난생처음 정부 당국 간 회담에 지원 인원으로 참여하게 되었다.

짧은 만남을 위한 기나긴 기다림

회담에 남측에서는 양영식 통일부 차관이 수석대표로, 조명균 통일부 교류협력국 심의관훗날 통일부 장관 역임과 통일부 서영교 국장실제 소속은 국정원 단장이 대표로 참여했다. 북측은 '서울 불바다' 발언으로 언론에 잘 알려진 박영수 내각 직속 책임참사가 단장우리 측 수석대표에 해당으로 나왔다. 대표단과 지원 인원이 베이징 캠핀스키 호텔 인근에서 회담을 준비했다. 제3국에서 진행하는 회담이라 연락 체계도 낯설었다. 남북 쌍방 대표단 간 전화 접촉을 통해 일정을 조율하는 형식이었다. 우리 측은 베이징 대사관에 나와 있던 통일부 소속 윤정원 통일관이 대표단의 지시를 받아 수시로 북측과 협의했다. 베이징 캠핀스키 호텔 인근에 상황실을 꾸리고 회담을 준비하는 데만 온종일 걸렸다.

베이징에 도착한 지 하루가 지났는데도 회담 일정에 대해 북측과 합의하지 못할 정도로 줄다리기가 이어졌다. 회담을 6일 앞두고 서해상에서 벌어진 남북 해군 간 교전*으로 한창 긴장이 높아진 탓이었다. 회담 시작 시간이 불투명한 상황에서 온종일 기다리는 일도 회담의 일부였다. 우여곡절 끝에 회담 시간이 정해졌다. 모두가 바삐 움직이기 시작했다. 내게 주어진 임무는 회담을 지켜보며 통일부 직원의 손발이 되어 지원하는 단순 업무였지만 긴장감을 놓을 수 없었다.

호텔 1층에 마련된 회담장에 따라 나서면서 남북 당국자가 만나는 현장을 내 눈으로 지켜볼 수 있었다. 회담장 주변에서 대표들이 입장하는 순간들을 사진에 담거나 회담 전략 요원이 건네준 종이쪽지를 회담 대표에게 전달하기도 했다. 회담을 위해 기다린 시간은 길었지만, 막상 남북이 마주 앉은 시간은 너무도 짧았다.

서해 교전 변수_난항을 겪는 회담

한두 시간 만에 회담을 끝내고 회담 대표단과 지원 인원이 둘러앉아 당일 회담에 관한 토론이 이어졌다. 갑자기 서영교 대표가 나를 향해 오늘 회담을 분석해 보라고 했다. 깜짝 놀랐다. 나에게 회담을 분석하라니…. 회담에 대해 잘 알지도 못하는 나에게 왜 이런 질문을 던졌을까? 지켜보는 사람이 어떻게 느꼈는지 듣고 싶은 모양이었다. 그때

* 1999년 6월 15일 서해 연평도 근해에서 남과 북의 해군 함정 간에 교전이 벌어져 북한 어뢰정 1척이 침몰하고 경비정 1척을 반 침몰 상태로 도주하는 등 북측에서 수십 명의 사상자가 발생했다. 그에 비해 우리 측 피해는 경미하였다.

캠핀스키 회담 장면, 1999년 6월 26(저자 촬영). 정면 가운데 인물이 '서울 불바다' 발언으로 파문을 일으켰던 박영수 북측 대표단장이다.

나는 "어찌 제가 정부 간 회담을 분석하겠습니까. 많이 배우고자 합니다"라고 말하여 상황을 모면했다.

당시만 해도 나는 남북이 마주 앉아 대화하는 일이 뭐 그렇게 어려울까 막연하게 생각했지만, 훗날 복잡한 고차 방정식을 풀어 내야 하는 남북 회담에서 시각을 넓히는 계기가 되었다. 나중에 확인한 사항이었는데 이 회담에서 우리 측은 이산가족 문제 관련 주요 의제들을 북한에 제의했다. 당시 회담에서 남측은 이산가족 매달 정례 상봉, 일정 규모의 생사 및 주소 확인, 판문점 이산가족 상봉 면회소 설치, 서울-평양 이산가족 방문단 교환을 제안했다. 그것도 금년 내 이루어지는 일정이었다. 우리 측의 제안을 북측이 받는다면 이산가족 문제는 쉽게 풀릴 수 있지 않을까 하는 생각이 들었다.

하지만 북측 박영수 단장은 굳은 얼굴로 당시 발생한 서해 교전을 언급하며 우리 측 함정들이 영해를 침범해 "고의로 도발해 왔다"고 주장하며 책임과 사과를 요구하였다. 이에 따라 이산가족 등 쌍방이 합의한 의제는 제대로 토의조차 진행하지 못했다. 결국 서해 교전 문제로 회담은 성과 없이 끝나고 말았다. 그런데도 북한은 나머지 비료를 지원받고 싶어 끝까지 비료 수송 계획을 잡고 첫 배를 띄우면 이산가족 문제 논의에 들어갈 수 있다는 입장을 되풀이하였다.

남북 차관급 회담은 인도적 대북 지원과 이산가족 문제를 연계하여 해결하려는 시도였다는 점에서 기존 회담과는 특이했다. 결국 시간이 지나 남북 정상 회담이 성사된 후, 북한의 식량난 해결을 위한 비료와 쌀 지원과 매년 이산가족 상봉 등 본격 교류 협력 시대를 여는 계기가 되었다. 당시 상황에서 남북 간 대화를 위한 비밀 접촉이 서로의 입장과 생각을 공유하는 데 주요했으며, 서울과 평양이 아니라도 만남이 편한 곳이면 어디라도 만나는 게 중요하다는 것을 알게 되었다. 설사 당장의 문제 해결에 어려움이 있다 하더라도 남북이 마주 앉는 일은 매우 중요하다. 서로의 불신이 깊기 때문이다.

짧은 시간이었지만 남북 당국 간 회담을 지켜보면서 서로 적대시하며 살아온 반세기, 만남을 위해서조차 많은 기다림이 필요하고 서로를 이해하고 협력하기에는 갈 길이 참 멀다는 생각이 들었다. 이 경험을 바탕으로 나는 대한적십자사에서 지속적으로 대북 업무를 맡아 추진하게 된다. 차관급 당국 회담에서 논의된 이산가족 상봉과 인도적 대북 지원이 이후 현장에서는 실제로 어떻게 협의되고 추진되어 왔는지 남북이 마주앉은 자리에서 어떤 일들이 일어났는지 내 경험을 토대로 이야기해 보려고 한다.

금강산 회담

남북 공동 선언 이행을 위한 첫 남북 적십자 회담

남북 간 새로운 대화의 시대가 열렸다. 2000년 6월 13일, 분단 이후 처음으로 남북 정상의 역사적 만남이 이루어졌다. 1차 남북 정상 회담 직후 가장 먼저 이루어진 남북 간 대화가 적십자 회담이다. 1차 남북 정상 회담에서 김대중 대통령과 김정일 위원장은 공동 선언문을 통해 인도적 문제를 조속히 풀어 나가기로 합의했다.

8·15에 즈음한 이산가족 교환 상봉이 적십자에 주어진 첫 과제였다. 나는 회담 수행원으로 남북 적십자 회담에 처음으로 참여하게 되었다. 회담 전반을 보고 들을 기회였다. 박기륜 사무총장을 수석대표로 통일부와 국정원 담당 과장이 적십자 실행 위원 자격으로 회담 대표로 참가했다.

회담에 나서기 전 회담 대표와 수행원, 전략 요원, 지원 인원 등이 통일부 남북 회담 사무국에 모여 몇 차례 모의 회담을 했다.

"남북 공동 선언 이행을 위한 첫 남북 간 대화인 만큼 최선을 다해 주기 바란다."

남북 적십자 회담을 앞두고 모의 회의장에서 양영식 통일부 차관이 강조했다. 통일부, 국정원, 청와대, 적십자 관계자가 다 모인 자리였다. 북측의 예상 태도 및 대응 방향, 우리의 전략 목표 등을 숙지한 후 40여 명이 설봉호를 타고 6월 27일 금강산으로 향했다. 정상 회담이 끝난 지 12일이 지난 시점이었다.

팽팽한 신경전

금강산려관에서 열린 3일간의 회담에서 우리 측은 8·15를 전후해 이산가족 방문단을 먼저 교환하고 이산가족면회소 설치를 제의했다. 그러나 양측 간 견해차가 심해 두 번째 접촉에서부터 회담 분위기는 험악하게 바뀌었다. 이틀에 걸친 접촉에서도 북측은 우리의 제안에 답하지 않고 비전향 장기수 송환 문제를 집중적으로 거론했다. 면회소와 비전향 장기수 문제에 대한 상호 입장 차를 좁히지 못해 난항을 거듭했다.

최승철* 조선민주주의인민공화국적십자회^이하 북한적십자회, 북적^ 단장은 회담장에서 상대를 강하게 몰아붙이는 스타일이었다. 소리가 쩌렁쩌렁했다. 처음으로 남북 회담에 나선 박기륜 대한적십자사^이하 한적^ 사무총장도 수석대표로서 처음엔 당황해했지만 차분하게 맞섰다. 북측 수석대표인 최승철은 북적 상무위원 자격으로 나왔지만, 따지고 보면 당측 인사였다. 인도적 문제를 다루는 적십자 회담에서 언성을 높이며 주장할 일이 무엇이란 말인가? 차분히 서로의 입장을 얘기하고 들

* 2000년 5월 하순 임동원 대통령 특사가 북한을 방문할 때 북측 수행원으로 얼굴을 내민 후, 훗날 2차 남북 정상 회담 당시 노무현 대통령이 판문점을 넘어 북측 지역으로 갈 때 군사분계선에 나와 대통령을 맞이했던 인물이다. 노동당 통일전선부 부부장까지 승진하였으나 이명박 정부 초기인 2009년 처형당한 것으로 알려졌다.

어줄 건 들어주고 양보할 건 양보하면 될 일인데 적십자 회담마저도 대결장 같았다.

다행히도 회담장에서 대표들이 소리를 질러도 크게 영향을 주지 않는다는 것을 우리는 서울 모의 회담에서 이미 준비한 바 있어 흔들리지 않았다. 적십자 회담이라 해도 회담 대표가 마음대로 결정하기는 어려운 일, 우리는 서울의 훈령에 따라 대처했다. 회담장에서 외치는 주장은 앞에 앉은 상대 측 대표가 아니라 서울과 평양에 앉아 있는 결정권자들 들으라고 외치는 소리였다.

나는 회담장 뒷줄 수행원 석에 앉아 대화 내용을 녹음하며 회담장 전체를 관찰했다. 회담은 전체 회의가 끝나면 중간중간 대표 접촉이 이어지는 방식으로 진행되었다. 대표 접촉 시간에는 상황실에서 대화 내용을 모니터링했다. 상황실은 혹시라도 모를 도청에 대비하여 틀어 놓은 시끄러운 음악 소리 때문에 귀가 먹먹할 지경이었다. 가끔 대표들은 상황실을 벗어나 운동장에 나가 대책을 숙의하기도 했다. 이 장면이 다음 날 아침 조간신문에 실렸다.

첫 회담을 취재하기 위해 언론사에서 풀 기자단이 참여했다. 언론 브리핑은 무엇보다 중요하기에 회의가 끝나면 회담 대표가 지체 없이 기자들에게 설명했다. 이틀의 일정이 지나고 3일차 회담에서 한때 북측이 일방적으로 회담장을 떠나면서 회담 결과에 대한 어두운 전망이 나오기도 했지만, 오후 들면서 분위기가 급반전해 오후 7시경 양측 대표 간 합의서가 교환되었다.

면회소 설치와 장기수 송환 합의서 채택

이산가족 방문단 교환은 결국 이산가족 100명, 지원 인원 30명, 취재 기자 20명 등 총 151명으로 합의하였다. 방문단은 8월 15일부터 3박 4일간 동시 교환하며, 면회소를 설치하고, 비전향 장기수는 9월 초에 송환하기로 하였다. 우리 측이 원했던 면회소 설치와 북측이 원했던 비전향 장기수 송환 일자, 명단 통보 방법, 송환 절차가 합의되었다. 아쉬움도 남았다. 수많은 이산가족에 비해 '100명'이라는 인원이 마음에 걸렸다. 하지만 돌이켜 생각건대, 1985년에 이루어진 50명 규모의 상봉을 위해 얼마나 많은 접촉과 회담이 필요했던가.

남북이 만나 합의를 이루는 일은 말이나 생각처럼 쉬운 일이 아니다. 생각이 다르고 처한 입장이 달라 상대를 이해시키고 설득하는 데 많은 공이 필요하다. 이번 합의는 1985년 이산가족 상봉 이후 15년이 지난 시점에 다시 이루어진 것이다. 면회소를 통해 상시 상봉도

금강산 회담 모습. 정면으로 보이는 수행원석 맨 좌측에 배석한 저자의 모습이 희미하다.

출처: 통일부 홈페이지, 『남북 대화 50년 걸어온 길 열어갈 미래』

가능할 것이라는 기대에 100명이라는 규모도 아쉽지만 현실을 고려해 합의할 수밖에 없었다.

첫 회담을 마치고 북측 안내에 따라 금강산 자락을 함께 걸으며 식사도 함께했다. 계곡물이 맑고 깨끗했다. 출발 시간이 임박해 우리는 서둘러 설봉호에 올라 금강산 관광을 마치고 돌아오는 사람들과 인사했다. 그들에게 곧 이산가족이 만나게 된다는 사실을 알렸다. 흔들리는 배 안에서 회담에 참여한 인원들이 밤늦도록 뒤풀이를 가졌다. 이번 회담장에서 북측이 높이는 고성을 경험한 회담 참가자들끼리 다음 회담에는 그런 분위기를 만들지 않도록 철저히 준비해 대응하자는 다짐도 곁들였다.

금강산 촛불 회담

죽었는지 살았는지 소식만이라도

"아버지가 살아 계신다고 합니다."

북측에서 보내 온 문건에는 아버지 이름과 '생존'이라는 두 글자가 선명했다. 이산가족 생사 확인이 이루어진 것이다.

2000년 9월 20일부터 23일까지 금강산에서 개최된 제2차 남북 적십자 회담에서 남북 이산가족 생사 확인과 서신 교환 사업을 처음으로 합의하였다. 생사 및 주소 확인 사업은 1970년대 적십자 예비회담을 거쳐 본회담이 개최되었을 때 의제 5개 항* 중 첫 번째 사항이었다. 생사·주소 확인 사업은 이산가족 문제를 풀어 나가는 데 있어 기본 조건이다. 생사와 주소가 확인되면 서신도 주고받을 수 있고 상봉이 쉬워지며, 왕래 또한 가능할 수 있다.

1985년 이산가족 고향 방문단 교환 때는 사전에 생사 및 주소 확인 사업을 진행하지 않아 남북을 통틀어 이산가족 방문자 총 100명 중 65명만 가족 친척들을 만났고 나머지 35명은 아무도 만나지 못한

* 1971년 8월부터 1972년 8월까지 1년간 판문점에서 남북 적십자 간 예비회담과 실무회담이 개최되었는데 여기서 남북 적십자 본회담 의제 5개 항이 합의된다. 제25차 예비회담에서 합의한 남북 적십자 본회담 의제 5개 항 중 "남북으로 흩어진 가족 친척들의 주소와 생사를 알아내며 알리는 문제"가 첫 번째 의제였다.

채 발길을 돌려야 했다. 우리는 이러한 문제를 개선하기 위하여 상봉 전이라도 남북 각기 이산가족의 생사 확인과 편지 교환 사업에 대한 협의를 시작한 것이다.

북측 단장은 최승철로 변함이 없었다. 우리 측은 이산가족 생사 및 주소 확인 사업을 9월 중에 시작하여 이른 시일 내 마치자고 주장했다. 판문점에 면회소도 설치하여 한 달에 한 번이 아니라 매주 쌍방 각 100명씩 실시하자는 안을 제시했다. 처음부터 접근성이 편리한 판문점을 염두에 둔 것이다. 북측이 꺼린 판문점 면회소 설치를 또 주장한 것이다.

잘되면 못 갈 깃도 없싫겠소

북측은 몇 가지 이유를 들어 우리의 제안에 소극적이었다.

"분단 이후 처음 하는 생사·주소 확인 사업은 경험이 부족하다."

"한꺼번에 다 하기는 어렵다. 시범적으로 하나씩 해 나가자."

양측의 견해차는 서신 교환 시범, 면회소 설치 등의 의제와 연계되어 더 이상 나아가지 못했다. 결국 생사 확인의 전면적 실시에 앞서 9월과 10월에 시범적으로 남북 각각 100명씩 이산가족 신청서를 2회에 걸쳐 교환하기로 합의하였다. 명단이 전달되는 즉시 생사 및 주소 확인 작업을 개시하고 그 결과를 신속히 통보하기로 하였다. 사망자의 경우 사망 일시를 통보키로 했다. 제삿날이라도 알아야 하지 않겠느냐는 우리 측의 적극적 설득 결과였다. 하지만 이 시범 사업이 끝나고 상봉 행사를 위한 생사·주소 확인 시에 북측이 정작 사망 일자를 빼고 통보함으로써 가족들을 안타깝게 했다.

합의가 이루어진 후 휴식 시간에 잠깐씩 북측 수행원들을 만났다. 나는 북측 수행원 황 선생과 대화를 나누었다. 김일성대학교 철학과를 나왔다는 그는 구수한 된장찌개와 김치찌개를 좋아한다며 일찍 퇴근하는 날은 요리도 직접 한다고 했다. 서울 상봉 행사 때 방문 소감을 말하면서 "서울의 건물에는 왜 그렇게 간판이 많냐"고 물었다. 정신이 없을 정도였다고 했다. "자본주의 사회니 당연히 주의를 끌어 돈을 더 벌기 위한 경쟁 탓"이라고 말해 줬다.

평양은 어떤지 궁금한 나는 초청해 달라며 농담을 던졌다. 상봉 행사 때 와서 보면 된다며 즉답을 피해 갔다. 나는 금강산 공기와 아름다운 풍광이 너무 좋다고 말했다. 몇 번씩 이곳을 방문해도 제대로 된 관광은 못 해 봤다고 했다. 그는 "회담이 잘되면 함께 구룡연과 삼일포까지 못 가 보겠나"라 말했지만 이후 금강산에서 수많은 회담에 참여해도 그런 기회는 오지 않았다.

회담장에서 대표들은 서로의 견해차로 언성을 높이며 자기 측 주장을 관철하려는 데 비해 수행원들은 조금 더 여유가 있었다. 나중에 황 선생은 적십자 실무 접촉 수석대표로 나서 남북 회담에 깊숙이 개입하며 남측에도 많이 알려졌다.

아름다웠지만 싸늘한 금강산

해를 넘겨 2001년 1월, 서영훈 총재가 취임하면서 과거 남북 회담에서 오랫동안 활약했던 이병웅 전 대한적십자사 사무총장이 총재 특보로 임명되어 남북 적십자 회담에 복귀했다. 3차 남북 적십자 회담이 우여곡절 끝에 2001년 1월 29일부터 금강산에서 열렸다.

삼청동 남북대화사무국에서 박재규 통일부 장관과 서영훈 총재의 환송을 받으며 회담 일꾼들은 취재 기자들과 함께 금강산으로 향했다. 나는 수석대표로 나서는 이병웅 특보를 수행하여 참가했다. 이번엔 북측 수석대표도 최승철 대신 김경락으로 바뀌어 있었고 최창훈 대표도 부서기장인 리호림으로 바뀌었다. 분위기는 지난번보다 부드러웠다.

1월 말의 금강산은 몹시도 추웠다. 영하 15도라고 했으나 체감온도는 영하 20도를 넘는 듯했다. 서울, 평양이 아닌 금강산에서 만났으니 주변 풍광의 아름다움이야 말할 수 없을 정도로 빼어날 밖에. 문제는 다른 데 있었다. 회담장으로 사용하기로 한 금강산려관은 오랫동안 사용하지 않은 탓인지 난방이 제대로 되지 않아 바깥 냉기가 그대로 전해졌다. 북측은 "회담을 위해 하루 전 난방을 가동했다"고 했지만 12층 건물 중 텅 비다시피한 공간에 자리잡은 회의장은 당일 난방으로는 밀려드는 냉기를 해결할 수 없었다.

온기라고는 도저히 느낄 수 없는 환경에서 첫날 회의를 시작하였다. 북에서 첫 발언이 끝나고 우리 측 이병웅 수석대표가 기조 발언하는데 입에서 하얀 입김이 나왔고, 손이 꽁꽁 얼어 준비된 원고를 제대로 넘기질 못했다. 회담장 뒤편의 수행원 자리는 냉기가 더해 북측 단장의 발언을 기록하고 녹음하는 일조차 어려울 정도였다. 이병웅 수석대표가 중간에 휴식을 요청했고 잠시 쉬는 동안에 우리는 이동식 난로를 가져와 몇 군데 설치한 후 겨우 회담을 진행할 수 있었다. 지금 같으면 일회용 핫팩이나 오리털 잠바를 준비했을 텐데 그때는 모두 양복과 멋 내기 외투를 입고 간 상태였다. 춥다고 긴 외투를 입고 회담장에 앉아 있을 수는 없었다.

회담은 속개되었고 우리 측은 “생사 및 주소 확인과 서신 교환을 대폭 확대하자”고 주장했다. “생사 확인은 100명이 아니라 1만 명씩 명단을 교환하고 생사가 확인된 사람들은 매월 2회씩 서신을 교환하자”고 제안했다. 북측은 놀라는 눈치였다. 1만 명 규모에 표정이 굳어졌다. 여전히 “규모 확대는 어렵다”며 “시범 단계를 거쳐 축적된 경험을 바탕으로 협의해야 할 문제”라고 주장했다. 북측은 더 나아가 “지난번 63명의 송환 외에 비전향 장기수 추가 송환이 필요”하며 “이미 송환된 비전향 장기수들의 재남 가족 송환”까지 요구하였다. 우리에게 공을 떠넘긴 것이다.

우리도 더 큰 것을 요구했다. 경의선 철도, 도로가 연결되면 접근이 쉬운 서부 지역에도 면회소를 설치해 운영하자는 안과 납북자 국군 포로 생사 및 주소 확인을 요구하였다. 양측의 주장은 합의를 보지 못한 채 회의를 마치고 만찬장으로 향했다.

촛불 만찬

북측에서 주최한 만찬을 막 시작하려는데 전기가 나가 버렸다. 몇 분을 기다려도 불이 들어오지 않자 급히 초를 켜 놓고 만찬을 진행하였다. 잘 차려진 음식에 남북 회담 일꾼들이 모여 앉아 촛불 속에 분위기 있는 만찬을 즐겼다. 술잔이 돌고 수석대표의 덕담이 오가며 분위기가 무르익자 신경이 날카로웠던 전사들도 모처럼 분위기 있는 아름다운 밤을 보내게 되었다.

다음 날 견해차가 있는 사안들에 대해 여러 행태의 실무 접촉을 통해 이견을 좁혀 갔다. 결국 서신 교환은 생사 및 주소가 확인된 사람들을 대상으로 3월 15일 판문점 적십자연락사무소를 통해 실시하기로 하고 이때 교환되는 서신의 형식은 편지로 하며, 1~2장의 가족사진을 함께 보낼 수 있도록 합의했다. 편지 속에 체제를 비난하는 용어가 들어가면 안 되고 가족 간 정을 나눌 수 있도록 하자는 데 의견을 같이했다. 금강산 회담은 오가는 게 힘들어도 숙박하며 회담할 수 있어 많은 추억이 쌓였다. 앞으로 어떤 일이 이곳에서 이어질지 기대하며 서둘러 배를 타고 돌아왔다.

3차 남북 적십자 회담 중의 촛불 만찬. 2001년 1월 29일. 금강산려관

남북 적십자 최고 책임자 회담

남북 인도주의 단체 수장이 회담장에서 만나다

"책임자끼리 통 크게 합의합시다."

남북 적십자 최고 책임자가 마주앉았다. 2002년 9월 4차 남북 적십자 회담은 남북 회담 역사상 처음으로 쌍방 적십자 최고 책임자들이 수석대표로 참가한 회담이었다. 미국에 대한 이슬람 과격 단체의 9·11테러로 잠시 멈췄던 남북 관계는 2002년 4월 임동원 특사의 방북으로 금강산에서 이산가족 상봉이 이루어지는 등 남북 관계가 다시 정상 궤도에 올라오는 듯했다. 하지만 두 달 후 한·일 월드컵이 한참 막바지에 이르던 6월 29일 발생한 서해 교전제2연평해전으로 남북 관계에 잠시 긴장 관계가 조성되었다.

북한의 일방적 기습 공격으로 막대한 인명 피해를 입은 우리 측 여론이 매우 악화되었다. 다시 '남북 관계가 꼬이겠구나' 생각하던 차에 북한이 서해 교전에 유감을 표하며 서울에서 장관급 회담을 열자고 제의해 8월 중순에 남북 장관급 회담이 열렸다. 이 회담에서 적십자 단체 책임자급을 수석대표로 하는 제4차 남북 적십자 회담을 9월 초 금강산에서 개최하기로 합의하였다. 1970년대부터 남북 적십자 간에 많은 회담이 있었지만, 대한적십자사 총재와 조선적십자회 중앙위원회 위원장이 마주 앉은 적은 분단 이후 한 번도 없었다.

선물 꾸러미를 들고. 앞줄 가운데가 서영훈 총재이며 사신 왼쪽의 보따리를 든 이가 저자이다.

최고 책임자들이 만나는 회담이니만큼 언론의 관심도 더 컸다. 나는 최고 책임자들이 만나는 회담인 만큼 이번에는 대표단을 5명으로 꾸리는 게 좋겠다고 상부에 건의했다. 의견이 받아들여져 평소 적십자 회담과 달리 5명의 대표단을 확정하고 한적에서 3명, 정부에서 2명이 참가하게 되었다. 통일부 남북 회담 사무국에서 사전 대책 회의를 열고 회담에서 협의할 의제인 이산가족 상봉 정례화와 면회소 설치 문제를 몇 차례 브리핑했다. 통일부 차관이 참석하는 대책 회의에서는 관계자들이 모두 모여 북측의 예상 태도를 분석하고 우리가 달성해야 할 대책을 숙의했다.

분단 이후 처음 마주 앉은 남북 적십자 최고 책임자

서영훈 총재는 통지문을 북한에 보내 "이번 4차 적십자 회담은 분단 이후 처음으로 쌍방 적십자사 책임자가 마주 앉는 자리인 만큼, 분단으로 인한 고통의 상징인 이산가족 문제 해결을 위한 중대 결단이 있어야 한다"고 강조해 두었다. 그래도 걱정이 되었는지 총재는 이병웅 특보에게 이번 회담에서 강조할 부분을 잘 연구해 보라고 지시했다.

생사 및 주소 확인 확대 문제와 서신 교환 허용, 상봉 정례화와 면회소 설치 운영은 정부안을 받아들였기에 나는 남북 적십자 간 교류 협력 문제를 이번 기회에 제기하자고 제안했다. 남북 적십자 간에 대북 비료 지원이 이루어지고 있었지만, 이것은 정부 위탁 사업을 적십자가 대행하는 것일 뿐 남북 적십자 간 별도 추진 사업은 없었다.

민간 단체들이 각자 새로운 사업들을 펼쳐 나가는 점을 고려하여 나는 적십자 간에 가능할 만한 몇 가지 인도적 교류 협력 사업들을 제안했다. 우선 보건 의료 분야 협력이 시급했다. 의약품 전달에 머물지 말고 의료진 교류까지 이루어져야 한다는 점을 강조했다. 혈액 사업도 협력할 수 있었다. 남북이 합의하면 얼마든지 가능한 사항이었다. 더불어 청소년 적십자 간 교류가 필요하다는 점을 이번 기조 발언문에 넣도록 건의했다.

우여곡절 끝에 남북 적십자 간 교류 협력 부분이 우리 측 발언문에 포함되었다. 그런데 총재가 "회담 첫 발언문은 중요하다"며 "북한을 설득할 만한 명문으로 가다듬어 보라"고 특보에게 지시했다. 첫 발언문은 상부에 고스란히 중개되며 회담의 성과를 가늠하는 잣대가 될 수도 있다. 원하는 게 무엇인지 단번에 알 수 있게 준비해야 한다.

전략반에서 준비한 문안을 토대로 발언문을 가다듬기로 했다. 이를 위해 특보를 모시고 당대 최고의 문필가 이문열 작가의 '문학서원'을 찾아 회담 취지를 설명하고 보안 사항 안내 후 발언문 초안을 보여줬다. 이산가족들의 절실한 마음을 담을 호소력 있는 문장으로 고칠 부분이 있는지 봐 달라고 요청했다. 며칠 후 수정된 문안이 특별한 가감 없이 대책 회의를 통과했다. 회담장에서 얼마나 효과를 발휘할지 모르겠으나 뿌듯한 마음이 들었다. 회담장에서의 발언이 직통 전화로 연결되어 듣는 평양의 정책 결정자들의 마음을 움직여 주기를 바랐다.

총재는 나에게 또 한 가지를 지시했다. 이번에 북측 장재언 위원장에게 줄 선물로 한국의 전통 항아리 도자기를 골랐다며 "당신이 책임지고 금강산까지 챙겨 오라" 했다. 지난번 북측 대표가 남산 대한적십자사 본사를 방문했을 때 가지고 온 선물은 제법 큰 그림이었는데, 그에 상응할 만한 선물이 필요한 모양이었다. 전달할 도자기엔 '사랑 봉사'라는 글까지 새겨 있었다.

금강산까지 배를 타고 가야 하는데 이동 중에 깨지면 어떡하나, 겁이 났다. 나는 선물을 챙기느라 수석대표의 승용차 조수석에서 서울에서 속초항까지 도자기를 아기처럼 껴안고 이동해야 했다. 장전항에 도착하니 북측에서 특별히 벤츠를 준비해 왔다. 나는 그 도자기를 다시 아기처럼 안고 벤츠 조수석에 올라 총재와 함께 금강산려관에 무사히 도착할 수 있었다.

총재끼리 통 크게

회담은 늘 그래왔듯, 순조로이 진행되지만은 않았다. 금강산려관에 마련된 회담장은 지난 회담 때보다 한결 따뜻하고 품격 있어 보였다. 려관 분위기와 달리 회담은 막상 시작되자마자 이산가족면회소 설치와 상봉 및 서신 교환 정례화 등의 문제에 앞서 보다 근본적 문제로 다툼이 오갔다.

우리 측은 "이산가족들의 생사·주소 확인, 서신 교환, 상봉 실현 등 그간 남북 적십자 간 합의된 의제들이 하루빨리 타결되어 이산가족들의 아픔을 덜어 주어야 한다. 면회소를 설치하여 운영함으로써 많은 이산가족들이 쉽게 상봉할 수 있도록 해 주자"고 강조한 반면, 북측은 "이산가족 문제 해결을 위해서는 기본 합의가 전제되어야 한다. 남측의 국가보안법이 개정되어야 이 사업이 활발하게 전개될 수 있으므로 합의서에 그 내용을 포함하자"고 제의했다. 지난 70년대 북한이 줄기차게 해 온 주장의 되풀이었다.

'이번에 합의가 어렵겠구나' 생각이 들었다. 서영훈 총재는 "국내 법규가 아무런 지장을 주지 않고 지금까지 원만하게 잘 추진되고 있다"고 설명했다. 더불어 "면회소는 금강산과 서부 지역에 꼭 설치되어 조속한 시일 내 운영되어야 한다"는 점을 강조했다. 한 가지 특이한 것은 '지난 한국 전쟁 시기에 소식을 알 수 없게 된 자전시 납북자와 국군 포로'들에 대한 생사·주소 확인 문제도 협의해 해결하자고 북측이 먼저 주장한 점이다. 나름 성의를 가지고 나왔다는 생각이 들었다. 나중에 알게 된 사실이지만, 김정일 위원장이 직접 이 문제를 제기하라고 지시했다고 했다. 전시 납북자와 국군 포로 문제는 북측이 협의를 꺼려 사실상 협상 테이블에 꺼내기조차 꺼려 '전쟁 시기 소식을 알 수 없는 사람들'이라 에둘러 표현하던 문제였다.

이번 회담에서 이산가족면회소 설치 운영 문제가 합의되지 않으면 빈손으로 돌아가야 하는 상황에서 서영훈 총재가 북측과 우리 전략반에 대한 설득에 나섰다. 결국 북측이 '경의선이 연결되면'이라는 조건을 달아 서부 지역 면회소 설치도 협의한다는 선에서 이견을 좁힐 수 있었다.

최고 책임자 간 회담에서 어렵사리 합의에 이른 데는 여러 이유가 있었겠지만, 서해 교전으로 틀어진 남북 관계를 좀 더 속도감 있게 풀어 나가야 한다는 북측의 의도와 이러한 북한의 의도를 잘 반영하여 막판 결렬 단계에서 끈기 있게 풀어 낸 우리 측 의도가 결국 이 같은 성과를 이루어냈다.

4차 적십자 회담은 최초의 총재급 회담이었다. 내용 면에서도 면회소를 통한 이산가족 문제의 제도적 해결을 위한 기틀을 마련한 의미 있는 회담이었다. 이후 최고 책임자가 상봉 행사장에서 만나 의논한 적은 있었지만, 공식 회담장에서 만난 것은 처음이었기에 4차 남북 적십자 회담은 회담 역사에 오래 기록될 것이다.

나는 총재가 합의서에 서명할 때 바로 곁에서 보좌하며 함께했다. 돌이켜 보면 이때만 해도 남북 적십자 간에는 하나씩 합의가 이루어지곤 했던 시절이었다. 이후 합의에 따른 적십자 실무 접촉이 10월 말 열렸다. 여기서 금강산면회소를 온정리 '조포마을'에 설치하기로 결정하여 본격적인 협의에 들어가기 시작했다.

또 한 가지 적십자 간 교류 협력 사업들은 이 회담에서 합의되지는 않았지만, 정식 의제로 다루면서 향후 적십자 간 보건 의료 분야 협력과 청소년 적십자 교류가 이루어지는 계기가 되었다. 실제로 2005년 한완상 총재가 평양을 방문하여 북한적십자회와 '남북 적십자 간 교류 협력 합의서'를 체결하였다.

4차 남북 적십자 회담 최고 책임자 회의. 오른편 가운데 앉은 이가 고 서영훈 총재이며, 바로 뒤에 서 있는 이가 저자이다.

국군 포로, 납북자 문제 협상

역사 속 투명인간들

"국군 포로·납북자를 송환하라."

2000년 비전향 장기수 63명이 북한으로 송환된 후, 국군 포로와 납북자 문제를 해결해야 한다는 목소리가 국내에서 높아졌다. 6·25 전쟁 납북인사가족협의회 이미일 이사장을 중심으로 납북자 문제 해결 없이 비전향 장기수 송환은 잘못됐다는 목소리가 높았다. 전후납북피해가족연합회 최성룡 이사장도 계속해서 정부의 노력을 촉구했다. 전시 납북자, 국군 포로, 전후 납북자 등 민감한 문제를 풀어 가야 하는 정부로서는 간단한 문제가 아니었다. 당시 비전향 장기수 송환과 납북자 송환을 연계했어야 한다는 비판이 있었지만, 당장 우리가 할 수 있는 일은 상봉 행사가 시작되면서 한두 명씩 포함해 만나게 하는 방식으로 북측의 호응을 유도할 수밖에 없었다.

처음엔 '전쟁 시기 소식을 알 수 없게 된 사람들'로 한정해 생사 확인과 상봉이 이루어지도록 합의했고, 나중엔 '전쟁 이후 소식을 알 수 없는 사람들'로 확대해 북측과 협상에 나섰다. 당시 우리가 파악하던 바로는 국군 포로 500여 명이 생존해 있는 것으로 추정했고 미귀환 납북자도 517명 억류 중인 것으로 보았다. 반면, 북한은 기본적으로 국군 포로 문제는 "이미 정전협정 체결로 해결되었다"는 주장을 굽히지 않았다. 납북자 문제는 "의거 입북자는 있어도 납치자는 없다"는 기존 입장에 변화가 없었다. 적십자 회담이 열리면 우리는 단골 메뉴처럼 국군 포로와 납북자 문제를 회담 의제로 제시했다.

우리는 처음에는 넓은 의미의 이산가족 문제 해결 차원에서 추진할 것을 제의하면서 한발 더 나아가 이들의 송환 문제를 제안했다. 북측은 송환 요구를 철회하지 않으면 더 이상 회담이 필요 없다고 윽박지르면서 우리의 요구를 묵살했다. 결국 현실적으로 찾은 대안이 상봉 행사에 이들을 만나게 해 주는 것이었다. 북측은 기본적으로는 반발하면서도 이산가족 문제 테두리 안에 이 문제를 포함하는 입장으로 바뀌었다.

북측의 호응에 따라 우리 측 대상자들을 선발할 때, 기존의 컴퓨터 추첨 방식에 예외를 두었다. 전체 명단 중 10~20% 범위에서 국군 포로와 납북자 명단을 별도로 정리해 북측에 생사 확인을 요청했다. 그런데 이들에 대한 북측의 생사 확인 결과, 확인이 불가능하다는 사람이 많았다. 20명을 추려 보내면 2~3명 정도가 생존한 것으로 회신되었다.

생존자 명단을 받으면 상봉 대상자에 포함해 금강산에서 가족을 만날 수 있게 조치했다. 국군 포로와 납북자 가족이 금강산에서 만나면 자연스레 언론의 관심과 시선을 끌었다. 물론 이 과정에서 언론에도 가족들에게도 '납치'라는 말은 사용하면 안 되는 조심스러운 용어였다.

우리 측은 금강산 상봉 말고 새로운 방법을 찾기 시작했다. 국군 포로와 납북자 문제를 별도로 분리해 해결하고자 한 것이다. 이러한 대응 방식은 당국자 회담이나 적십자 회담이나 마찬가지였다.

제6차 남북 적십자 회담은 1년 반의 공백 기간을 거쳐 2005년 8월에 재개되었다. 우리 측이 중점을 두고 추진했던 일은 국군 포로와 납북자를 일반 이산가족과 별도로 생사와 주소 확인 사업을 빠른 시일 내 처리하자는 것이었다. 북측은 여전히 국군 포로와 납북자 문제는 이산가족 테두리 안에서 포괄적으로 해결하자며 소극적으로 반응했다. 2006년 3월에 개최된 상봉 행사에서 특별 배려로 국군 포로와 납북자 가족이 상봉했다. 순조롭게 진행되던 상봉 행사는 기자들의 취재 과정에서 '납북자'와 '나포'라는 용어를 사용했다며 북측이 문제 삼는 바람에 취재진이 철수하는 돌발 상황이 발생하기도 했다.

2006년 10월, 북한이 1차 핵실험을 강행하면서 남북 관계가 중단되고 긴장이 높아져 한동안 아무것도 할 수 없게 되었다. 2007년 들어 6자 회담의 대화 틀 속에서 이른바 '2·13 합의'로 북핵을 둘러싼 긴장이 해소되면서 남북 관계에 다시 돌파구가 마련되었다. 이후 4월에 개최된 제8차 남북 적십자 회담에는 홍양호 통일부 국장훗날 통일부 차관 역임까지 적십자 회담 대표로 참석해 국군 포로 및 납북자 문제 해결을 위한 실질적 노력을 기울였다.

우리 측은 국군 포로와 납북자 문제 해결을 위해서는 기존 이산가족 상봉 방식으로는 한계가 있다는 점을 지적하고 별도의 협의 기구 구성을 제의했다. 북측이 이산가족 문제에 포함시켜 해결하자는 종전의 입장을 고수하여 견해차는 좁혀지지 않았다. 더 이상은 분리 접근이 어려웠다. 결국 '전쟁 시기 및 그 이후 시기 소식을 알 수 없게 된 사람'들의 생사 및 주소 확인 문제를 이산가족 문제에 포함해 협의하는 것으로 합의하였다. 당시 이산가족 상봉 행사를 통해 생사가 확인된 납북자 및 국군 포로는 67명, 그중 29명의 가족 상봉이 이루어졌다. 물론 생사 확인 의뢰인 수는 221명이나 되었지만 이들 중 '확인 불가' 통보받은 숫자도 154명이나 된다.

아쉽지만 한 걸음부터

남은 납북자와 국군 포로 가족의 상봉을 위해서는 이산가족 상봉이 자주 열리고 만나는 인원을 늘려야 한다. 1년에 한두 차례 이뤄지던 이산가족 상봉을 1년에 5회씩 하자고 합의한 것이 노무현 정부 말기인 2007년 11월 9차 남북 적십자 회담이었다. 9차 적십자 회담은 그동안 있었던 남북 적십자 간 합의에 비해 풍성한 성과를 거두었다. 정상 회담과 총리 회담에서 이산가족면회소 운영 및 상시 상봉 문제가 다뤄졌다. 적십자 회담에서는 그 문제를 구체화하는 데 집중했다.

9차 남북 적십자 회담이 이전 회담들에 비해 특이했던 점은 회담장에서 회담 대표들이 만나 기조 발언문을 읽은 후 상대방 주장을 조율하는 방식이 아니라 아예 회담 전부터 논의가 시작되었다는 점이다. 회담 일주일 전부터 판문점 적십자 연락 채널을 통해 우리 측이 먼저 적십자 회담 합의서 초안 및 부속 합의서 3건을 전달했다. 북측도 우리 측 내용을 받은 이틀 후 적십자 회담 합의서 초안을 보내 왔다. 서로의 제안을 미리 검토함으로써 협상을 효율적으로 진행할 수 있게 한 것이다. 이런 방식을 통해 쌍방은 이산가족 상봉 확대 및 상시 상봉 문제에 대해 검토하고 합의를 끌어낼 수 있었다.

우리는 상시 상봉과 상봉의 정례화를 끊임없이 제기해 왔지만 북측 입장에서 보면 받아들이기가 쉬운 일만은 아니다. 1년에 한두 번밖에 상봉 행사를 진행할 수밖에 없는 이유가 있다는 이야기다. 그런 와중에 정상 회담의 분위기를 이어받아 이번에는 이산가족들의 대면 상봉을 겨울철을 제외하고 각각 연간 400명 정도로 늘려 분기별로 진행하자는 제안이었다.

물론 전체 이산가족의 현실을 생각할 때 분기별 상봉조차 그리 대단한 진전이라고만은 할 수 없다. 여기에 더해 100명 정도 규모의 특별 상봉을 추가 진행하기로 했다. 그러면 연간 5번의 상봉을 하게 된다. 이런 상봉 기회를 통해 국군 포로 및 납북자들의 생사를 확인하고 상봉을 추진하자는 의도도 포함되었다. 물론 이러한 방법 말고도 독일식 프라이카우프 freikauf* 방식이 있지만 우리 국민의 이해와 언론의 도움 없이는 진행하기 어려운 문제이기도 하다.

* 독일어로 '자유를 산다'는 의미다. 경제적 대가를 지급하고 동독 내 정치범을 서독으로 송환하는 프로젝트였다. 1963년부터 1989년 11월 9일 베를린 장벽이 무너지기 전까지 무려 27년간 지속되었다. 이 기간 동안 동독 정치범 3만3,755명이 프라이카우프를 통해 서독에서 자유를 찾았다. 동독 정치범 가족 25만 명도 서독 땅을 밟았다. 서독은 송환 대가로 모두 34억6,400만 마르크(당시 환율 기준 약 1조8,350억 원)어치의 현물을 동독에 지급했다. 서독 정부는 프라이카우프를 철저히 비밀에 붙였고 언론도 협조해 줘 인도적 차원의 사업이 정치에 영향받지 않도록 했다.

이산가족 문제 해결 3원칙

엄중한 상황에서도 인도주의 원칙은 유지되어야 한다

이명박 정부 출범 초기인 2008년 7월, '금강산 관광객 피격 사건'과 '개성공단 근로자 억류 사건'이 발생하여 남북 관계가 급냉하고 경색 국면이 장기화되었다. 남북 간 대화가 언제 재개될지 전혀 예측할 수 없는 나날이었다. 그러던 와중에 현대그룹 현정은 회장이 8월 초, 일주일간 북한을 방문하여 김정일 위원장과 면담하였다. 면담 결과, 개성공단 억류 근로자가 석방되고 금강산 문제에 대해서도 북측의 다소 전향적 입장이 나왔다.

특히 이 면담에서 "추석을 계기로 이산가족 상봉 행사를 한다"고 합의한 사실이 알려지자 대한적십자사는 공식적으로 총재 명의 통지문을 북한에 보내 "이산가족 문제를 논의하기 위한 적십자 회담을 개최하자"고 제의했다. 우리의 제안에 북한적십자회가 호응해 2009년 8월 26일부터 2박 3일간 금강산에서 회담이 열렸다. 김영철 사무총장이 회담 수석대표로 나섰다. 이 회담에서 우리 측은 "인도주의 정신 존중, 근본적 문제 해결, 상호 협력"이라는 '이산가족 문제 해결 3원칙'을 제시하고 전면적 생사 확인, 서신 교환, 상시 상봉, 교환 방문 및 자유 왕래, 이산가족면회소 정상화 등의 문제를 제기하였다. '이산가족 문제 해결 3원칙'은 사전 모의 회의에서 홍양호 통일부 차관이 북측에 강하게 주장해 관철시켜야 한다고 언급해 반영된 것으로 기억된다.

이산가족 문제 해결 3원칙

오랜만에 개최되는 적십자 회담이었다. 분위기가 지난 정부 시기와 사뭇 다른 상황에서 이산가족 문제 해결 3원칙은 일종의 기선 제압용이긴 했지만, 어찌 보면 너무나도 당연한 이야기였다. 이산가족 문제 해결 3원칙은 다음과 같다.

1. 인도주의 정신 존중의 원칙: 이산가족 상봉 등 이산가족 교류 사업은 어떠한 상황에서도 중단 없이 추진해야 한다.

2. 근본적 해결의 원칙: 기존과 같은 일회성 상봉이 아니라 전면적이고 실질적인 해결로 나아가야 한다.

3. 상호 협력의 원칙: 전쟁 시기와 이후를 통틀어 생사를 알 수 없는 사람들의 문제 해결을 위해 상호 협력해야 한다.

김영철 수석대표가 회담장에서 입담 좋기로 유명한 북적 최성익 단장을 맞아 열심히 설명했지만 돌아온 대답은 추석 계기 상봉 행사의 세부 일정에 대해서만 논의를 한정한다는 것이었다.

최성익 단장은 인도주의적 원칙은 정치·군사적 대결 상태를 해소하고 나라의 공고한 평화를 실현하면 자연스럽게 풀린다며 우리의 주장을 귀담아 듣지도 않았다. 또 우리 측은 신청자 중 1년에

4,000~5,000명이 사망하는 현실 상황을 고려하면 1~2회의 상봉으로는 문제를 해결할 수 없으므로 전면적 생사 확인과 상봉, 수시 면회, 고향 방문과 자유 왕래를 추진하자고 했다. 최성익 단장은 남북이 경색된 상황에서의 만남이라 그런지 한 발자국도 물러서지 않으며 말했다.

"원칙은 원칙일 뿐, 이번에는 추석 계기 상봉 행사를 한 차례 갖는 것으로 합의하자."

그렇지만 늘 고압적이고 강경한 모습을 보였던 최성익 단장도 우리 정부의 입장이 바뀌어 호락호락하지 않다는 느낌을 받은 탓인지 목소리를 낮춰 차분히 설득하려는 모습을 보였다. 우리 측 참여자들은 최성익 단장의 이런 모습이 과거와 많이 달라졌다며 변화된 정국을 실감했다.

긴장의 나날 속에서도 싹트는 희망

결국 현정은 회장이 북측으로부터 선물 받은 이산가족 상봉 행사를 적십자 회담에서 공식적으로 합의하는 데 만족해야 했다. 현대가 북한 내에서 차지하는 위상이 잘 드러난 사례이기도 했다. 금강산 관광 앞에 가로 놓인 장애물들을 하루빨리 치워야 하는 현대의 절박함이 금강산 상봉 행사로 합의되면서 적십자사로서는 어렵지 않게 합의에 이를 수 있었다. 결국 추석 계기 이산가족 상봉 행사는 전과 같이 남북 각각 100명씩으로 합의했다.

우리는 오랜만에 만난 회담 수행원들과 대화를 나누었다. 그러나 일회성 상봉 합의와는 별도로 상호간 틀어진 마음은 예전과 달리 만찬장에서나 휴식 시간에도 가까워지지 않았고, 그 거리감은 쉽게 좁혀질 듯 보이지 않았다. 관행처럼 전달하던 그 흔한 선물마저 전달하지 않았고, 회담을 위해 준비해 온 복사 용지 한 장도 북측에 놔두지 못한 채 싸 들고 돌아와야 했다. 누군가 다음 회담을 위해서라도 남아 있는 종이나 필기구라도 주고 돌아가자고 했지만 반영되지 않았다.

이산가족 문제 해결 3원칙을 강조한 회담을 마치고 회담장 앞에서

금강산려관과 주변 건물들은 관광객들이 드나들지 않아 시간이 멈춘 듯 휑해 보였다. '이산가족 상봉이 재개되고 관광객들이 금강산을 다시 찾는다면 아름다운 풍광이 다시 살아나겠지.' 아쉬움을 뒤로 하고 떠나 왔다. 지원단장으로 함께한 통일부 서호 국장^{훗날 통일부 차관 역임}이 상황실 분위기를 따뜻하게 이끌어 그나마 어색하지 않을 수 있었다.

온종일 회담에 몰두하다 보면 모두가 신경이 날카로워진다. 상황실에서 전체를 컨트롤하는 역할을 누가 하느냐에 따라 회담 분위기도 달라진다. 회담 후 수일이 지나 대표단은 명동에서 다시 만나 회담 뒤풀이를 하며 다음 회담을 기약했다. 이후 남북 간 정치·군사적 문제로 대화가 단절되고 인도적 협력이 어려워질 때마다 이산가족 문제 해결 3원칙을 생각했다. 우리는 이 원칙을 지키고 있는가?

탐색전 속의 개성 회담

큰 그림 그리기

이명박 정부 시기이던 2009년 4월에 북한이 장거리 로켓을 발사하고 5월에 2차 핵실험을 강행했지만 현대 현정은 회장의 중재로 2009년 9월에 17차 이산가족 상봉이 2년여 만에 금강산에서 이루어졌다. 아무런 조건 없이 이루어진 상봉이었다.

분위기를 이어 10월 16일에는 북한 개성 남북경제협력협의사무소남북경협사무소에서 적십자 실무 접촉이 이루어졌다. 남북경협사무소는 남북 간 직접 거래 확대와 투자 촉진을 목적으로 2005년 개성에 문을 연 남북 당국 간 첫 상설 기구인데 남북 회담 장소로도 쓰인 곳이다. 남북 당국자 등 관계자 20여 명이 이 건물에서 함께 근무하고 있어 협상 장소로 손색 없는 곳이었다. 이렇게 함께 근무하던 경협사무소가 이후 남북 관계가 악화되면서 우리 측 상주 직원은 추방당하고 개성공단 가동 중단과 함께 사무소가 폐쇄된다.

역사적 건물에서 남북 적십자 실무 접촉이 이루어졌다. 우리 측은 통일부 김의도 국장과 함께 내가 회담 대표로 나섰고 북측은 박용일 북적 중앙위원이 단장으로 나왔다. 이번 회담 대표단에 국정원 인사는 포함되지 않았다. 국정원장이 바뀌면서 남북 간 회담에 직접 나서지 말라는 지시가 있었는지, 그동안 한 번도 빠지지 않았던 회담 대표에 명단을 올리지 않은 것이다. 대신 필요한 지원 인원만 보냈다.

회담장에는 북측 대표 3명이 나와 있었다. 반갑게 악수하고 자리에 앉는데 대표단 구성이 2대3이 되어 영 어색했다. 대표단 명단 교환은 동시에 이루어지므로 몇 명인지, 누가 나올지 명단을 받아 보기 전에는 알 수 없다. 판문점 연락 채널을 통한 사전 확인도 불가능하다. 하긴 누가 옆에 앉건 남북 간 회담은 대체로 수석대표의 역할이 중요하다.

전체 회의 진행은 수석대표가 주도하고 필요하면 수석대표의 허락을 받고 발언해야 하며 중간에 누가 끼어들면 제지받는다. 회담 대책을 꿰뚫지 못한 상태에서의 어설픈 발언은 혼선을 초래할 수 있다. 요구 사항은 명확히 제시하고 우리 측 입장을 분명히 전달하되 북측에 말꼬리 잡히지 않도록 간결하게 발언하는 것이 중요하다. 그런 면에서 통일부 당국자들은 회담에는 모두 선수였다.

회담에서 상대방을 부를 때 통상적으로 쓰는 용어가 '귀측'이란 용어와 '선생'이라는 용어다. 우리는 주로 공식 직함을 불렀고 북측은 뒤에 선생이라는 말을 붙여 '김 선생, 이 선생' 하는 경우가 많다. 회담을 잘하려면 이 용어가 입에 잘 붙어야 한다. 나이에 상관없이 선생으로 통일한다. 우리는 나이 많은 사람에게 '선생님'하고 불러 주지만 북측은 그냥 공식적으로 '선생'이라고만 불렀다.

한 지게에 짊어지고 가도 시원찮을…

어떤 회담이든 시작하면서 회담의 성패가 어느 정도 감이 오는 법인데 이번에는 조짐이 이상했다. 북측의 요구도 우리 측의 요구 사항도 명확하지 않았다. 탐색전 같은 분위기였다. 개성 남북경협사무소에서 가진 회담은 처음이었는데 서로의 입장만 전달하고 당일 돌아왔다. 우리 측은 딱 부러지는 요구 사항 대신 가능한 거의 모든 부분을 다 언급했다. 모든 것을 풀어 헤쳐 놓고 이러저러한 요구들은 당연히 당신들이 해 줘야 하는 것들이라고 훈시하는 분위기로 이어갔다.

이산가족 문제 해결 3원칙을 강조하면서 추가 상봉과 내년 설 맞이 상봉, 면회소 상시 상봉, 국군 포로 납북자 문제까지도 꺼내 놓았다. 북측은 고개를 갸우뚱거리며 구체적 요구 없이 우리 측의 대북 지원 계획이 뭔지를 자꾸 물었다. 우리로선 북측이 당초 면회소 정상화를 조건으로 금강산 관광 재개 요구를 예상했으나 그에 대해서는 별다른 말이 없었다. 그렇게 양측은 서로의 입장만 듣고 일어섰다. 북측 단장 박용일이 에둘러 얘기했다.

"회담장에 나가면 남측이 지원하겠다고 말할 것으로 알고 왔다."

식량이 필요하다는 것을 에둘러 표현하는 듯했다.

회담에서 빈손으로 돌아오자 언론은 북한으로부터 쌀이나 비료 등 구체적 지원 요구가 있었는지 집요하게 물었다. 그런 것 없었다고 선을 그었다. 회담에서 돌아온 지 열흘 만에 북측이 요청한 인도적 지원을 근거로 대한적십자사의 대북 지원 계획을 판문점을 통해 보냈다. 지원 품목은 북한 취약 계층을 대상으로 한 인도적 지원으로 옥수수 1만t과 분유 20t, 약간의 의약품이었다. 품목을 보면서 나는 '이건 뭐지' 하는 의구심이 들었다. 논란이 된 것은 옥수수 1만t이었다. 옥수수 1만t이 적은 수량은 아니지만, 북한 취약 계층에게 지원될 만한 규모는 아니었다. 민간이나 개인 차원의 지원도 아니고 정부의 직접 지원 물량으로는 턱없이 부족한 양이라 생각할 듯싶었다.

아니나 다를까 북측에서 비아냥거리는 불만이 들려왔다. "한 지게에 짊어지고 가도 시원찮을 양"이라며 정부 결정에 불만을 표시했다. 우리는 애초부터 북측이 이 제안을 받아들이지 않을 것이라 전망했다. 분유와 의약품이야 적십자 차원에서 십시일반 모은 것들을 지원하는 것이라 소량이라도 의미가 있었다.

지루한 탐색전

북측은 우리의 제안에 즉답을 피하다 두 달 정도 지나 결국 받아들였다. 시작은 미미하지만 나중엔 창대하리라는 설득이 주효했던 것일까. 아니면 더 큰 것을 주겠지 하는 기대일 수도 있다. 그러나 이렇게 제안한 옥수수 1만t은 국내에서 마련할 수 없었던 탓에 중국산 옥수수 구입 문제로 몇 달을 끌다 결국 포기 단계에 이른다.

회담에서 북측은 이런저런 요청 중에도 구체적 수량에 대해서는 일절 언급하지 않았는데, 지금 와 생각하면 우리 측에서 북측의 뜻을 파악하기 위해 간 보기로 던진 게 옥수수 1만t이 아니었나 생각된다. 이러한 과정 역시 남북 관계를 읽는 행간인 모양이었다.

이렇듯 개성 회담은 탐색전의 연속이었다. 일종의 상대 요구를 확인하기 위한 회담이었다. 회담 전 사전 점검 회의에서 북한의 태도를 예측하고 그에 따른 우리 측 대응을 정리한다. 애초에 우리 측이 이루고자 하는 목표가 먼저 설정되긴 하지만 대책을 마련하는 통일부도 청와대의 명확한 지침을 받지 못하면 일단 회담장에 나가 북측의 반응을 보며 대응할 수밖에 없다.

국가안전보장회의 산하에 정책협의회가 가동되고 실무협의회가 있어 정부 부처 간 조율 과정을 거치다 보면 분명해지기도 하지만, 때론 상층부 소수만 핵심을 알고 정작 회담 대표들은 회담장에서 청훈과 훈령에 따라 협상에 임하기 때문에 전체 그림은 나중에 알게 되는 경우도 있다. 탐색전으로 그친다 해도 의미가 있는 까닭이다.

릴레이 회담

끊어질 듯 이어지며 선뜻 매듭짓지 못하는 나날들

2010년 봄, 천안함 사건으로 한반도의 긴장은 높아졌지만, 9월 들어 북한 지역 수해로 구호물자를 전달하기 시작하면서 어렵게 대화를 이어가고 있었다.

북한은 우리 정부가 취한 5·24조치*에 항의하는 한편 2008년 7월에 있었던 관광객 피살 사건으로 중단된 금강산 관광 재개 문제에 초점을 맞추고 있었다. 이런 상황에서 북한이 추석 계기 이산가족 상봉을 제의해 와 약 1년 만에 남북 적십자 실무 접촉이 2010년 9월 17일부터 10월 1일 사이에 3차례 열렸다.

회담은 기존과 달리 개성의 자남산려관에서 열렸다. 어렵게 만난 상황이라 깨지도 합의에 이르지도 못하고 만났다 헤어지기를 반복했던 힘든 회담으로 기억된다. 통일부 김의도 국장과 내가 회담 대표로 참가했다. 회담 당일 삼청동 통일부 남북회담본부에서 함께 출발하기 위해 나는 새벽 5시에 집을 나섰다. 엄종식 통일부 차관과 설동근 남

* 2010년 3월 26일 북한의 천안함 폭침 사건에 대한 대응으로 5월 24일 정부가 내놓은 대북 제재 조치. 북한 선박의 남측 해역 운항 전면 불허, 남북 교역 중단, 국민의 방북 불허, 대북 신규 투자 금지, 대북 지원 사업의 원칙적 보류 등이 핵심이다.

북회담본부장 등 관계자들의 격려를 받으며 아침 7시, 남북회담본부 로비에 모인 취재진을 위한 포토 세션 후 차에 올랐다.

개성에 들어서자 주변 아름다운 풍경이 눈에 들어왔다. 우물가에 모여든 아낙네들, 길거리에 자전거를 타고 가는 사람들의 모습은 영락없는 어린 시절 우리네 시골 풍경이었다. 자남산려관에 도착하자 함께한 10여 명의 지원 인원들이 일사천리로 상황실을 꾸렸고, 우리는 바로 전체 회의에 참석했다. 이번에도 북측 단장은 박용일 북적 중앙위원이었고 박형철 조국평화통일위원회 서기국 책임부원이 대표로 나왔다. 첫 회의에서 상봉 일정과 생사 확인 의뢰 등 사전 준비 절차에 대해서는 상호 이견이 없었다. 우리가 상봉 규모를 더 늘렸지만, 논란은 없었다. 문제는 상봉 장소였다.

버젓이 서 있는 건물은 어찌하고

우리 측은 상봉 장소로 금강산 이산가족면회소를 제안했다. 북측은 구체적 장소를 적시하지 않고 금강산 지구 내를 주장했다. 금강산 이산가족면회소는 이미 당국에 몰수 조치된 상태라 자기들 권한 밖의 문제라며 해당 기관에서 별도 협의할 문제라고 주장했다. 상봉 행사는 진행하겠다면서도 장소는 지정하지 않고 기왕의 금강산면회소는 동결되었다는 주장만 되풀이할 뿐이었다.

면회소 동결 해제 결정은 해당 기관에서 할 수밖에 없다는 강경한 논리로 회담 전망을 어둡게 했다. 이미 만들어진 면회소에서의 상봉이 너무도 이치에 맞았지만, 북측이 확답하지 않으면서 회담은 교착 상태에 빠졌다. 논란의 와중에도 우리 측은 회담이 재개된 기회를 활용하여 이산가족 문제의 근본적 해결을 위한 상봉 정례화를 제안했다. 북측은 그 문제는 남북 관계가 풀리고 좀 더 큰 회담에서 협의해야 할 사안이라는 주장을 되풀이했다.

북측은 이산가족면회소 이용과 금강산 관광 재개 문제를 연계했다. 자신들이 일방적으로 동결 몰수해 놓고 금강산 관광 재개를 전제로 면회소 동결 해제를 논의하겠다는 것이다. 우리로선 금강산 관광 재개 문제로 실랑이하고 있을 수만은 없었다. 대책 없이 기다리며 시한을 끌지 말고 어느 정도 논의 후 명쾌한 대답을 듣지 못하면 철수하라는 방침이 내려졌다. 더 이상 합의가 어려워 지난해처럼 빈손으로 돌아왔다. 이전 회담들과 달라진 이명박 정부의 회담 방식이었다.

빈손으로 돌아온 지 일주일 만인 9월 24일 실무 접촉을 재개했다. 이산가족 상봉 장소 문제에 대해 달라진 것은 없었다. 금강산면회소 동결 해제와 금강산 관광 재개를 연계하는 억지 주장이었다. 금강산면회소는 금강산 관광과 직접적 관련이 없는 시설로, 면회소에서 상봉 행사가 진행되어야 한다고 주장하며, 면회소 이용이 정 어렵다면 상봉을 먼저 제의한 북측에서 구체적 장소를 제시하라고 요구했다. 북측은 면회소 동결 문제 해결을 위해서는 당국 간 접촉이 선행되어야 한다는 주장만 되풀이했다. 결국 장소 문제를 타결짓지 못하고 한 주 뒤인 10월 1일에 다시 만나 논의하기로 하였다.

오로지 인도주의를 지향하며

지루한 논의가 평행을 달리자 적십자 회담에 지원 인원으로 참여한 당국자가 회담에 함께 참여하는 새로운 방식이 연출되었다. 회담장에 얼굴을 비친 당국자는 금강산 관광 문제와 이산가족 상봉은 별개 문제라는 점을 강조하며 금강산 관광 재개는 당국 채널을 통해 제기하면 논의할 수 있을 것이라며 설득에 나섰다. 우리는 상봉 장소 문제는 인도주의적 문제로 다른 그외의 사안과 연계하는 것은 설득력 없다고 주장했다. 우리 측의 강한 주장에 북측은 마침내 이번 행사에 대해서만 조건 없이 금강산면회소에서 진행하는 것으로 동의했다. 2010년 10월 30일부터 11월 5일까지 금강산면회소에서의 상봉이 합의된 것이다. 적십자 회담에서는 다룰 수 없는 비인도주의적 문제를 당국자가 나서 정리해 준 덕분에 합의가 가능했다. 비록 당일에 합의하지 못하고 출퇴근하며 지리하게 릴레이 회담을 이어갔지만, 원하던 협상 결과에 이르자 기뻤다.

회담 끝에 북측이 10월 26~27일 양일 간 이산가족 상봉 정례화 문제를 논의할 차기 적십자 회담을 개성에서 개최하자고 제의했다. 나는 10월 27일은 대한적십자사 창립 기념일이라 이 날을 피하고 하루 연기하는 것이 좋을 듯싶어 곧바로 남산 대한적십자사 본사로 전화를 걸어 부서장에게 "총재의 결정을 받아 달라"고 했다. 제안대로 진행해도 좋다는 연락을 받고 합의하여 돌아왔는데 사달이 났다.

유종하 총재가 "하필 창립 기념일을 회담 날짜로 정했느냐"며 남북본부장을 불러 야단쳤다는 것이다. 나는 본부장에게 어찌된 일인지 물었다. 본부장은 "보고 드리는 중에 착오가 있었다"며 어쩔 줄 몰라 했다. 이 건은 전적으로 적십자사의 착오로 인한 일이었다. 하지만 통일부 남북회담본부에서 컨트롤하는 적십자 회담장의 상황이 적십자 본사까지 전달되는 데 시차가 있다 보니 정작 적십자의 의견이 반영되기 어려운 구조도 한몫한 해프닝이었다.

빈손 회담

대립하는 주장의 평행선에도 희망을 버릴 수는 없다

"이산가족의 염원을 조금이라도 해소할 수 있게 최선을 다하겠다."

기자단 앞에서 소감을 말하고 회담장으로 향했다. 2010년 10월 26일, 그해 봄 발생한 천안함 사건으로 크게 경색된 남북 관계에 돌파구 마련이 절실하던 시점에 11차 남북 적십자 회담이 개성 자남산려관에서 열렸다. 한 달 전 개성에서 개최된 남북 적십자 실무 접촉에서 남북 적십자 회담을 열기로 합의한 데 따른 것이다.

이번에는 김용현 사무총장을 수석대표로 통일부 김의도 국장과 내가 대표로 참석하게 되었다. 이산가족 상봉 문제를 협의하기 위한 회담으로 언론의 주목을 받았다. 통일부 차관이 참석하는 모의 회의를 몇 차례 마치고 회담 당일 대표단은 이른 아침 삼청동 남북회담본부에 모였다. 오랜만에 대표로 나서는 회담이라 약간의 긴장감도 있었다. 개성으로 출발하기 전 아침 식사를 위해 구내식당으로 향했다. 식당에서 일하시는 아주머니께서 "든든하게 먹고 가라"며 이것저것 반찬들을 더 내놓으셨다. 회담본부 2층에서 현인택 통일부 장관 등 관계자들과 차를 마시며 오늘의 회담을 전망했다. 수석대표가 "이번 회담에서 이산가족들의 염원을 조금이라도 해소할 수 있도록 최선의 노력을 다하겠다"며 간단한 소감을 발하고, 10여 명의 기자단을 포함한 30여 명의 대표단이 이른 아침 개성으로 향했다.

자남산려관 남북 적십자 회담 전체 회의

개성의 자남산려관 회담장에서 만난 쌍방은 먼저 각자의 주장을 발언했다. 우리 측은 이산가족 문제의 근본적 해결을 위한 구체적 방안으로 다음 해 3월부터 겨울철을 제외하고 매월 1회 100가족씩 면회소에서 정례적으로 상봉하며, 남북 각 5,000명씩 생사 및 주소 확인 사업을 추진하고, 서신 교환 사업은 다음 해 1월부터 1,000명씩 시작하자고 제의했다. 80세 이상에게는 고향 방문 사업을 시범적으로 추진할 것도 제의했다.

북측은 이산가족 문제 해결과 함께 인도주의적 협력 사업을 활성화해야 한다며 쌀 50만t과 비료 30만t 지원을 요구했다. 이산가족 상봉 정례화는 상봉 장소 문제가 해결되어야 한다며 금강산 관광 재개와 연계하여 관련 실무회담을 조속히 열자고 거듭 주장했다. 우리는 요구하는 규모의 쌀과 비료는 적십자 차원에서는 불가능하며 당국 차원에서 검토할 사안이고, 금강산 관광 재개는 이산가족과는 별개의 문제이므로 상봉과 연계해서는 안 된다는 입장을 전달했다.

이견을 좁히지 못하자 수석대표는 모두발언을 통해 남북 적십자 회담의 기본 사명을 강조하여 언급했다. 금강산 관광 문제가 계속 제기되는 상황에서 적십자 회담의 본질에 대한 설명이 필요하다 여겼기 때문이다. 1972년 1차 적십자 본회담에서 합의한 남북 적십자 회담 의제 5개 항과 1992년 남북기본합의서 제18조 모두 주된 내용은 이산가족 문제 해결이었다며, 우리 측이 제기한 이산가족 문제 해결 방안에 대한 문제가 우선 합의되어야 한다고 강조했다.

북한은 적십자 회담이 쌀 지원 문제를 논의하기 어려운 구조라는 것을 알면서도 왜 줄기차게 주장하였을까? 우리는 이산가족 문제를 인도적 사안이라고 보지만 북한은 식량 문제 역시 인도적 사안이라고 주장했다. 쌍방 주장이 평행선을 달리며 회담이 교착 상태에 빠지자 한 달 후인 11월 25일에 차기 회담을 열기로 하고 이틀에 걸친 회담을 종료했다. 빈손 회담이 된 것이다. 그런데도 서로가 무엇을 원하는지는 충분히 탐색할 수 있는 시간이었다. 완전히 문을 닫지 않고 다시 만나기로 한 것에 만족해야 했다.

다시 만난다는 약속은 어쩌면 희망의 약속이다. 상호 적대하지 않고 만남을 이어가며 협상의 여지를 닫지는 않았기 때문이다. 당장의 합의에는 이르지 않았지만, 나중에 검토할 수 있다는 의미이기도 했다. 회담이 종료되자 기자들의 질문이 이어졌다. 북측이 요구한 쌀과 비료 지원에 대한 대안은 제시했느냐? 우리가 쌀과 비료를 제공하면 상봉 정례화가 가능한 것이냐? 비료 지원은 적십자 회담에서 논의했던 것 아니냐? 당국 차원에서 결정해야 한다는 근거는 뭐냐? 이제는 당국 차원의 회담이 필요한 상황 아닌가? 등의 질문들이었다. 김의도 국장과 나는 이전에도 장관급 회담 등 큰 틀에서의 합의에 근거해 이산가족 상봉, 비료 지원 등이 합의되었으며, 적십자 회담은 실무적 절차에 대한 문제를 협의해 왔다며 설명했다. 차기 회담이 정해졌으므로 정부의 검토를 기대한다는 이야기로 설명을 마무리했다.

김용현 사무총장이 수석대표를 맡아 회담에 처음으로 참여했지만 순발력 있게 잘 대처했고 노련한 최성익 단장을 상대로 선방하였다. 회담을 끝내고 마무리 발언 후 합의서 서명 절차까지 연습했건만 이에 이르지 못한 아쉬움이 남는 회담이었다.

회담을 마무리하고 기자들과 함께 회담장 옆에 있다는 선죽교를 잠시 둘러봤다. 선죽교 앞 수백 년 된 은행나무가 떨군 노란 잎이 소복이 쌓여 가을 정취가 물씬했다. 이번 회담은 이틀에 걸쳐 개성까지 출퇴근하는 회담이었다. 유종하 총재께 이번 회담에는 빈손으로 돌아왔으나 다음 달에 다시 만나기로 했다며 회담 내용을 보고했다. 총재께서 "수고했다"며 격려해 주었다.

한 달 후 개최하기로 한 적십자 회담은 약속한 상봉 행사를 무사히 마치고 성과를 낼 수 있을 것이라 기대했으나 2010년 11월 23일 북한의 연평도 도발로 끝내 무산되고 말았다.

회담 후 기자단과 함께 선죽교에서

평화의집과 통일각 회담

분단과 비극의 상징에 평화의 싹을

"그동안 잘 지냈습니까?"

다시 만난 양측 회담 대표가 반갑게 악수하며 인사했다.

2013년 8월 23일, 판문점에서 제11차 적십자 실무 접촉이 열렸다. 박근혜 정부 들어 처음이자 근 3년 만에 열린 회담에 대표로 참여했다. 박근혜 대통령은 8·15 광복절 경축사를 통해 추석을 전후해 이산가족 상봉을 제안했다. 이 제안을 북측이 수용하며 국민들의 관심 속에 적십자 회담이 개최된 것이다.

판문점 평화의집 회담장은 서울에서 영상으로 회담 장면을 다 볼 수 있는 최신 시설을 갖추고 있어 회담장의 일거수일투족이 모니터링된다. 판문점은 남과 북이 자기 측 건물에서 걸어서 1분이면 도착하는 곳. 남과 북이 공존하며 수많은 일들이 이곳 판문점에서 일어났다. 1971년 8월, 이산가족 문제를 협의하기 위해 남북 적십자인들이 처음 파견원 접촉이란 형식으로 얼굴을 맞댄 곳이기도 하다.

이덕행 수석대표를 비롯한 우리 측 대표단 20여 명은 아침 일찍 판문점으로 향했다. 평화의집 정문에서 북측 대표를 기다리며 우리 측을 방문하는 한 분 한 분 대표단을 악수로 맞았다. 저 멀리서 이제는 반갑기까지 한 낯익은 얼굴들이 우리 측 회담장에 들어올 때 힘주어 악수하며 안부를 물었다.

"그동안 잘 지냈습니까?"
"예, 만나서 반갑습니다."

통상적 인사를 나누고 회담 첫 일정을 시작했다. 첫 전체 회의 시작 자리는 기자들에게 공개된다. 쉼 없이 터지는 카메라 셔터 사이로 덕담과 손 맞잡는 시간 후 기자들이 나가고 회담이 본격 시작되었다. 우리 측은 추석 계기 이산가족 상봉 인원을 종전보다 확대하여 남북 각 200명씩 총 400명으로 하자고 제안했다. 고령 이산가족들에게 시간이 많지 않다는 점을 강조하여 하루속히 상봉 기회를 주어야 한다는 취지였다. 더불어 서울과 평양에서의 동시 교환 실시를 제안했다. 고향 땅을 밟는다는 상징적 의미도 강조했다. 과거 사례에 따라 40가족 정도의 화상 상봉을 실시하고 이를 위해 조속한 화상 장비 설비 점검도 제안했다.

이산가족 문제의 근본적 해결을 위해 가능한 많은 횟수의 상봉을 정례적으로 열어야 하며 그 규모를 각 500명씩으로 늘려 생사 및 주소 확인과 1,000명 규모의 서신 교환도 제안했다. 마지막으로 국군 포로 납북자는 분단의 가장 큰 피

평화의집 제1차 적십자 실무 회담, 2013년 8월 23일

해자이므로 고통 속에 사는 가족들을 위해 함께 해결하자고 주장했다. 북측은 추석 계기 상봉에 한정해 대답할 뿐 다른 사안에 대해서는 일절 호응하지 않았다. 자신들은 충분한 검토를 했다며 일회성 상봉 행사에만 집중하는 모습을 보였다.

교차하는 희망과 절망

회담장에서 접촉과 휴식을 번갈아 가며 상대방 의도와 진의 파악에 분주했다. 판문점 평화의집은 회담장으로 잘 꾸며진 곳이라 불편함 없이 회담에 임할 수 있다. 회담 진행 상황을 모니터링하며 대책을 숙의하고 본부의 훈령과 청훈 과정이 반복되었다. 간간이 쉬는 시간에는 복도에 나가 차를 마시며 머리를 식혔다. 북측 회담 일꾼들은 식사를 위해 북측 지역으로 넘어가는 일 말고는 별도로 마련된 북측 지역 공간에서 회담 준비에 집중하는 모습이었다. 판문점은 통신선이 잘 연결되어 있고 언제든 본부의 지시를 받을 수 있는 상황이라 금강산 회담장보다 편리한 것은 사실이었다.

7차례 접촉을 통해 이산가족 상봉 행사와 관련한 구체적 일정 등에 대해 합의하였다. '추석 계기'라는 의미를 살리기 위해 9월 25일부터 30일까지 금강산에서 상봉 행사를 진행하기로 합의하였다. 화상 상봉 역시 추석 후 10월 22일부터 이틀간 실시하기로 했다. 화상 상봉은 2005년부터 2007년까지 5차례 실시한 경험이 있어 다시 시작하는 데 무리는 없었다. 오래 사용하지 않은 장비들의 일부 노후화 문제만 해결하면 될 일이었다. 문제는 북측에 있어 보여 물었다. 중국에서 장비를 도입해 설치하면 금방 가능할 것이라는 대답이 돌아왔다. 다만 비용 문제가 걱정인 듯 회담장에서는 말하지 않았지만 헤어지는 자리에서 슬쩍 말을 흘렸다. 이번 평화의집 회담은 경축사에서 제안한 것 이상의 성과를 거두었다.

그런데 북측이 상봉을 나흘 앞두고 '애국 인사에 대한 탄압 소동' 운운하며 갑자기 합의 사항을 연기했다. 실제 상봉을 위해서는 한 달 이상 이산가족들과 소통의 시간을 갖는다. 전화와 편지로 준비해야 할 것들을 여러 차례 안내하는데 방북 나흘을 앞두고 갑자기 연기 발표가 났으니 가족 상봉을 기대하던 이산가족들은 망연자실할 수밖에 없었다.

북측의 의도가 우리 정부의 대북 정책에 대한 불만으로 정책 전환을 촉구하려는 속내가 아닌가 분석하기도 했다. 금강산 관광도 재개되지 않은 상태에서 숙소 문제로 갈등을 빚었는데 지난번에 이어 관련된 전향적 조치 없이 조건 없는 이산가족 상봉에 나서려니 뭔가 뒤틀린 것이었다.

북한은 회담 내내 지속적으로 금강산 관광 재개를 요구했다. 이산가족 상봉장이 금강산에 있으니 이 시설을 사용하려면 관광이 재개되어야 하는데 5·24조치를 통해 모든 것이 막혀 있었다. 설상가상 금강산 피격 사건 이후 북한이 사과와 재발 방지를 약속하지 않는 상태에서는 우리 측 여론도 좋지 않아 관광 재개도 쉽지 않았다. 이명박 정부에 이어 박근혜 정부에서도 남북 간 긴장이 고조되는 상황에서 간신히 이어지던 일회성 대화와 상봉의 기회마저 날아가게 되었다.

갑작스런 합의 연기, 다시 재개된 통일각 회담

상봉이 무산된 후 2014년 새해를 맞아 박 대통령은 신년 기자 회견을 통해 설 계기 이산가족 상봉을 제안하였다. 대한적십자사는 "즉각 상봉 문제를 논의하자"며 적십자 실무 접촉을 제안했다. 북한은 처음에는 "그럴 만한 분위기가 안 됐다"며 거절하다 보름이 지나 입장을 바꿔 자신들이 역으로 설 계기 상봉 행사를 제안해 왔다. 이렇게 성사된 12차 적십자 실무 접촉은 판문점 북한 지역인 통일각에서 열렸다.

2014년 2월 5일, 찬바람 싸늘한 판문점 중립국감독위원회 사무실 통로를 지나 군사 분계선을 회담 수석대표인 통일부 이덕행 국장이 먼저 넘고 우리 일행이 따라 넘었다. 기분이 묘했다. 이 통로는 오래전 북한 주민들이 만세를 부르며 넘어갔던 곳이고, 정주영 명예회장이 걸어갔으며, 비전향 장기수들이 넘어갔던 곳이다. 수많은 이슈를 만들며 남북의 사람들이 넘나들었다.

판문점을 수없이 드나들며 멀찌감치 눈으로만 쳐다보던 통일각에 들어서자 북측 대표단이 현관에서 반갑게 맞아 주었다. 통일각은 우리가 평화의집을 지을 때 회담에 대비해 세운 건물로 내부 실내 장식이 대리석으로 되어 있는, 회담하기에 좋은 시설이었다. 북한은 우리 측에서 내놓았던 것 이상으로 여러 가지 다과를 준비해 환영했다. 우리 측은 지난번 합의 사항을 이행하지 않은 데 대해 유감을 표하고 "남북 간 합의는 반드시 존중되고 지켜야 한다"

군사 분계선 넘어 통일각으로 향하는 남측 대표단.
2014년 2월 5일(ⓒAlamy)

고 강조했다.

북측은 모두 발언을 통해 자신들이 회담에 나온 목적을 설명했다. 새해를 맞아 신년사에서 "조국 통일의 새로운 국면을 열어 나간 데" 대한 원칙적 입장을 천명했다며 북남 관계 개선과 조선반도 긴장 완화를 위한 중대 제안을 발표했다는 점을 강조하였다. 그러면서 "조선적십자회는 시대적 요구와 민족적 염원을 반영하여 북남 관계 개선에 유리한 분위기를 조성하고, 분열로 인한 겨레의 고통과 아픔을 조금이라도 덜어 주려는 일념으로 노력하고 있다"고 언급했다. 다만 다른 문제는 여기서 논의하기 어렵고 이산가족 상봉을 위한 실무 문제인 상봉 날짜와 상봉 인원 수 등에 대해서는 금방 합의될 것이라고 했다. 결국 5차례 걸친 접촉을 통해 상봉 날짜와 인원, 상봉자 숙소 문제 등을 협의하고 상봉 인원에는 고령 이산가족들을 고려하여 보호자 1명씩 동반하는 것으로 설 계기 상봉 행사를 합의하였다.

마지막으로 북측은 이번 가족 상봉은 북남 관계 개선에 매주 중요한 첫걸음이 될 것이라며 상봉 분위기를 잘 조성해 나가야 한다는 점을 특히 강조하였다. 상대방을 자극하고 긴장을 격화시키는 대결 행위가 계속되는 속에서는 가족 친척 상봉을 마음 편히 할 수 없다는 점과 포탄 사격 훈련 강행은 자신들의 선의와 아량에 대한 우롱이라며 가족 상봉 분위기 조성이 매우 중요하다는 점을 잊지 말라고 당부했다. 그러면서 자신들은 북남 관계 개선을 위해 앞으로 적극 노력할 것이라고 발언했다.

적십자 회담이 열렸던 판문점 평화의집과 통일각은 남북 간 수많은 접촉과 회담이 있었던 장소이다. 2018년 남북 정상이 이곳에서 회담하면서 분단의 상징적 장소로 전 세계의 주목을 받기도 하였다.

고위급 회담과 실무 회담

복잡성과 단순성의 대립

"고조된 군사적 긴장 상태를 해소하고 남북 관계를 발전시켜 나간다."

남북 고위급 당국 회담에서 군사적 긴장 상태를 해소하기 위한 극적 합의가 이루어졌다.

2015년은 남북 간 전에 볼 수 없었던 긴장감이 최고조에 이른 한 해였다. 8월 군사 분계선에서 목함 지뢰 폭발 사고로 우리 장병이 다치는 사건이 일어나 남북 간 군사적 긴장 상태가 높아졌다. 우리 측은 보복 차원에서 대북 심리전 방송을 재개하고 북측은 이에 대해 포격하겠다고 나서는 등 일촉즉발의 사태가 이어졌다.

긴장이 최고조에 이르자 우리 측 청와대 국가안보실장과 통일부 장관이 대표로 참가한 남북 고위 당국자회담이 판문점 평화의집에서 열렸다. 8월 22일부터 24일까지 이어진 마라톤 접촉에서 남북 간에 고조된 군사적 긴장 상태를 해소하고, 남북 관계를 발전시켜 나가기 위한 문제들을 합의하였다[8·25합의].

극적 합의 사항 중 하나로 추석 맞이 이산가족 상봉에 합의하면서 9월 초에 적십자 실무 접촉을 개최하기로 하였다. 갑작스런 상황 반전에 모두 얼떨떨했다. 이런 긴장 상태라면 이산가족 상봉은 물 건너갔다고 생각하고 있던 차에 일어난 대반전이었기 때문이다. '8·25 합의' 이행을 위한 후속 회담으로 판문점 평화의집에서 9월 7일에서 8일까지 남북 적십자 실무 접촉이 열렸다. 우리 측은 통일부 이덕행 국장, 한적 실행위원 송혜진, 내가 대표로 나갔다. 홍용표 통일부 장관은 남북회담본부까지 나와 우리 대표단을 격려했다.

판문점 평화의집은 이제 유명 회담장이 돼 버렸다. 불과 보름 전 남북 고위 당국자 접촉이 사흘 간 열리면서 언론의 집중 스포트라이트를 받았기 때문이다. 사실 평화의집은 남북 회담을 위한 시설로 멋지게 꾸려져 있지만 숙박하면서 회담을 진행할 수 있는 장소는 아니다. 숙박 시설이 없어 회담이 길어지면 곤란해진다.

평화의집 회담장에서 북적 대표로 나온 박용일과 김영철, 조정철을 만나 추석 계기 이산가족 상봉 관련 실무 문제를 논의했다. 우리 측이 먼저 이번 접촉의 중요성을 강조했다. 8·25 남북 고위 당국자 합의 사항 이행을 위한 남북 간 첫 만남이라는 점과 이번 접촉에 대한 내외의 관심과 기대가 매우 높다며 반드시 좋은 결실을 거두어야 한다고 강조했다.

우리 측은 설과 한식, 8·15와 추석 계기의 연간 4회 상봉 정례화를 제안했다. 새로운 사업으로 이산가족 고향 방문과 성묘 추진, 국군포로와 납북자 문제도 언급했다.

복잡성을 조성하지 말라

예상대로 북측이 선을 긋고 나왔다. 자신들은 실무 접촉에서 상봉에 필요한 실무 문제만 협의하면 될 것이라 생각했는지 우리 측 제안에 짐짓 놀라는 표정이었다. 우리 측이 제기하는 모든 문제는 자신들이 결정할 문제가 아니며 더 큰 규모의 본회담에서 논의해야 할 사항으로 생각하는 듯했다. 우리 측은 이번 8·25 합의의 의미를 재차 강조하며 근본적 문제 해결의 중요성을 힘주어 말했다. 언론과 국민의 관심과 기대가 높다며 상부에 보고하여 답을 달라며 기다렸다.

회담에 임하다 보면 직접 만나 대화하는 시간보다 본부의 훈령을 기다리는 시간이 더 많을 때도 있다. 잠깐 쉬는 시간에는 복도에서 북측 관계자와 담소를 나눴다. 북측은 회담 중간 중간에 자기 측 지역으로 돌아갔다 오기를 반복했지만 돌아온 대답은 변함없었다.

"관련 부서와 충분히 의논하고 결정한 사항이다."

"우리의 아량으로 많이 양보한 것이다."

"명백히 말하지만, 복잡성을 조성하지 말라."

상봉 장소로 서울과 평양을 제시한 데 대해서도 복잡성을 조성한다며 반대했다. 대개의 회담은 여러 차례의 훈령과 청훈이 오가며 합의할 것인지 말 것인지를 결정한다. 이날 적십자 실무 접촉은 고위 당국자 접촉의 합의 사항 이행에 중점을 두었기 때문에 부수적인 사업들은 다음 회담을 위해 우리 측 입장을 충분히 전달해 놓는 데 의미를 둘 수밖에 없었다. 북측이 다른 전제조건을 내세우지 않은 점은 다행이었다. 북측이 회담장에서 내세우는 전제 조건에 따라 회담 성패가 결정되는 경우가 많다. 그래서 이산가족 문제는 적십자 회담과 장관급 회담 등 당국자 회담에서 투 트랙으로 논의되는 의제이기도 하다.

결국 이번 회담에서는 추석 계기 이산가족 상봉을 10월 20일부터 금강산에서 남북 각기 100명씩 상봉하기로 하고 이산가족 문제의 근본적 해결은 차기 회담에서 논의하기로 합의하는 데 그쳤다. 남북이 합의하는 결과물은 그동안 쌓았던 신뢰와 비례하는 것 같다는 생각이 들었다. 만남이 시작되고 대화가 오가면서 풀어가야 할 현안들은 의제에 오르지만 한꺼번에 많은 것들을 이뤄 내기엔 역부족이었다. 하나씩 하나씩 신뢰가 쌓이면 결과물도 늘어나는 것이 적십자 회담이었다.

금강산면회소 설치 회담

면회소를 통해 이산가족 상시 상봉이 이루어져야

남북 이산가족들이 만나는 경우 장소는 어디가 좋을까? 판문점 같은 중립 지역에서 만날 수도 있고 남북 각 지역에서 상호 교차하여 만날 수도 있다.

북측은 1971년, 남북 이산가족 문제 해결의 실마리를 자유로운 상봉과 자유로운 왕래에 두고 남측을 압박했다. 이산가족뿐 아니라 친구까지 누구나 상대 측 지역을 마음대로 돌아다니며 헤어진 가족, 친지, 친우들을 만날 수 있도록 하자는 앞서가는 방안을 내놓았다. 그러나 1970년대 남북이 첨예하게 대립하던 시절, 이러한 주장은 북한의 저의를 의심케 했고 더군다나 법률적 조건 폐지와 사회 분위기 조성을 선결 과제로 내세워 반공법과 국가보안법 폐지를 주장하며 본래 의도는 다른 데 있다는 걸 드러내기도 했다. 우리 측은 종국적으로 이러한 방식이 필요하지만 당장은 어려운 주장이며 우선 생사를 확인하고 적십자사가 면회를 주선하는 방식으로 가족 간 상봉을 주장했다.

만남의 장소야 옛날에 살던 고향 땅을 밟으며 만나는 것이 제일 좋으나 여의치 않으면 일정 장소에서 만남을 주선하는 것부터 가능하다는 판단하에 판문점에 면회소를 설치하고 당일 면회가 가능하도록 북측을 설득했다. 이후 북측은 "첨예하게 대립하고 있는 남북 관계 상황이나 미군이 담당하는 DMZ 내 판문점에서 가족들이 편히 만나기 어렵다"며 한사코 반대했다.

이산가족의 한을 달래 줄 금강산면회소, 드디어 완공되다

이렇게 주장했던 면회소는 남북 정상 회담 이후, 상봉이 진행되면서 2002년 9월 4차 남북 적십자 회담에서 본격적으로 논의되기 시작한다. 북측은 금강산 관광이 시작되면서 숙소 부족 문제와 서울 평양 상봉의 어려움을 해소하고자 금강산에 상설 면회소를 짓자고 제안하였다. 우리 측은 오가기 불편한 동부 지역 금강산 말고도 서부 지역에도 면회소가 필요하다는 점을 강조하여 결국 금강산면회소와 함께 추후에 서부 지역에도 면회소를 설치하기로 합의하였다.

면회소를 어떤 규모로 지을 것인지도 논쟁거리였다. 북측은 "이산가족 상봉장과 숙소, 회의실, 사무실, 그리고 남북이 종종 합동으로 여는 통일 행사에도 사용할 수 있는 대규모 강당까지 포함한 큰 시설을 건설하자"며 금강산 절경과 어울리는 기념비적 상징물을 원했다. 매일 이산가족 상봉을 하기는 어려우니 상봉이 없는 날에는 이 시설을 다른 용도로 활용하고자 했던 것이다. 결국 이산가족 상봉 행사를 하면 100명의 방문단이 상대 측 상봉단 500여 명을 만날 수 있고, 행사 지원 인원 등 한 번 행사에 1,000여 명이 해당 지역에서 숙식했던 점을 고려하여 "면회소 규모는 1,000여 명 정도 숙식을 할 수 있는 시설로 한다"는 데 합의하였다.

이후 2003년 11월 5차 남북 적십자 회담에서 우리 측이 면회소를 전담하여 건설하기로 합의했다. 구체적 윤곽은 실무 접촉을 통해 확정했다. 2004년부터 설계 등 사전 작업을 거쳤다. 북측이 주장한 호텔식 객실 대신 가족들이 함께 숙식할 수 있는 콘도형 객실도 절반 이상 만들어졌으며, 12층 규모를 반으로 나누어 한쪽은 북측이, 다른 쪽은 남쪽이 사용하는 것으로 하여 2008년 7월에 완공되었다. 객실에서 남북의 가족들이 함께 간단한 음식도 해 먹을 수도 있고, 부족하면 1층 연회장 식당에서 식사할 수 있도록 설계되었다.

금강산면회소 착공식. 2005년 8월 31일

면회소는 금강산 온정리 조포마을에 위치한다. 1만5,000평 규모의 대지에 6,000평 규모의 지하 1층, 지상 12층 건물인 면회동 양옆으로 남북이 각각 사용하는 사무소 2동으로 이루어졌다.

이산가족면회소 준공식은 2007년 12월 7일 서둘러 열렸다. 공정률 70퍼센트로, 완공되려면 더 시간이 필요했지만 마음이 급하고 성과를 보여 줘야 했다. 착공 4년 만에 어렵게 완공했지만, 객실에 필요한 침대며 가구 등은 아직 비치되지 못한 채 2008년 7월 발생한 금강산 관광객 피살 사건 등으로 남북 관계가 얼어붙으면서 다른 시설과 함께 북측에 몰수되었다.

이후 면회소와 옆에 지은 면회 사무소 2동도 관리자가 철수한 뒤 제대로 관리되지 못해 녹슬고, 건물 일부가 떨어져 나가 형편없는 몰골로 변해 버렸다. 면회소뿐 아니라 금강산 지구 25개 민간업체 부동산이 동결되었으며 관리 인원도 철수할 수밖에 없었다. 모든 시설에 투자한 금액은 5,000억 원이 넘는다. 이산가족면회소 유지 보수는 2008년 7월 완공 후 현대아산과의 위탁 계약에 따라 최소 인원으로 적십자사가 건물 유지 업무를 수행 중이었으나 인원이 철수한 뒤 외부 전문가가 방북하여 점검하던 조치마저도 멈추었다.

면회소가 몰수된 후 남북이 금강산 재산권 문제를 논의하기 위해 2011년 7월, 통일부와 적십자사, 기업체 관계자가 '민관합동협의단'을 꾸려 마지막으로 금강산을 방문한 적이 있다. 동해선 출입사무소CIQ를 통해 오전 일찍 군사분계선MDL을 넘어 금강산 지구로 들어갔다. 이날 방북은 북측이 재산 정리안을 연구해 들어오라고 요구하면서, 그렇지 않으면 재산권 포기로 간주하고 법적 처분을 할 것이라고 위협한 데 따른 것이다. 정부는 이 같은 북한의 조치가 당국 간 합의나 사업자 간 계약 국제 규범 위반이기 때문에 인정할 수 없다는 기존 입장을 재확인하는 자리로 삼고 싶어했다.

말이 재산 처리 협의 방북이지 사실상 항의성 방북단으로 12명이 갔는데 성과 없이 돌아왔다. 일정 협의 과정에서 이견을 보였고 재산 정리 문제에 대한 논의는 입에서 꺼내기조차 쉽지 않았다. 식당을 운영하던 관계자는 생존 위기에 울상이었고, 당시 우리를 만난 금강산국제관광지도총국 관계자의 발언은 안하무인이었다. 자신들의 입장을 수용할 의사가 없으면 돌아가라고 요구했다. 나는 면회소는 다른 시설들과 다르다면서 인도적 용도로 세워진 면회소의 몰수 조치가 부당하다고 항의했다. 그날 북측 인사는 우리에게 큰소리쳤다.

"남쪽에서 관광객이 오지 않아도 국제 관광이 시작되면 이곳은 사람들로 넘쳐날 것이다."

그에 대해 통일부 서두현 과장이 차분하고 의연하게 대처했지만, 돌아오는 길에 함께 방북한 기업체 관계자들을 보는 마음은 미안함뿐이었다. 이들에게는 생존권이 걸린 문제인데 정치 상황에 따라 묶여버린 발이 언제 해결될지 기미가 보이지 않았기 때문이다. 박근혜 정부 들어 2014년과 2015년에 금강산면회소에서 상봉이 이루어졌고 문재인 정부 들어 남북 간 대화가 재개되면서 2018년도에 한 번 금강산에서 상봉이 이루어져 면회소가 활용되었지만, 그 이후로는 출입하는 사람이 없다. 빨리 남북 관계가 회복되어 적십자 회담 등 대화를 재개하고, 금강산면회소가 이산가족의 아픔을 어루만지는 장소로, 나아가 남북의 화해 협력을 통해 한반도 평화의 계기가 만들어지길 기대한다.

시간이 멈춘 듯 휑하게 느껴지는 황혼의 금강산

회담의 상대성

서로의 이익을 충족하는 상호 협력을 추구할 때

남북 대화의 역사를 돌이켜 보면 첫 시작이었던 1971년부터 대립의 연속이었다. 적십자 회담은 인도주의 회담이었지만 늘 정치적 문제로 대립했다. 회담장은 사실상 체제 선전장이었고 격한 대결의 언어가 난무했다. 그렇다고 성과가 없었던 건 아니다.

대화란 내용에 있어서 상대가 이해할 수 있게 설명하는 요령이 필요하고, 형식에 있어서도 예의가 필요하다. 상대에 책임을 떠넘기는 일은 북쪽의 주특기였으나 그렇다고 남쪽이 전부 잘했던 것도 아니다. 상호 체제 경쟁하던 1980년대까지는 어쩔 수 없는 상황이었다. 1990년대 중반 들어서며 남북 대화의 주도권이 바뀌기 시작했다. 북한 경제 상황과 맞물려 지원을 받는 쪽과 주는 쪽의 태도가 달라진 것이다.

주고받는 상호 관계 속에 달라고 요청하는 쪽이 큰소리치는 경우가 있을까? 그랬다. 북한은 자존심 하나로 받으면서도 큰소리쳤다. 남쪽은 그런 사정을 알면서도 회담을 이끌어 갔다. 남북 장관급 회담에서도 이산가족 문제 해결을 위한 합의가 이루어졌고, 세부적인 문제를 적십자 회담에 넘겨 이행하게 된 것이다.

2000년대 들어 남북 적십자 회담과 실무 접촉에 단장 자격으로 가장 많이 나온 북적 인사는 최성익, 리금철, 황철, 박용일이다. 모두 적십자 상근 임직원은 아니지만, 조국평화통일위원회 등 노동당 내 직위를 가지면서 적십자 회담에 수석대표로 나설 때는 북한적십자회 중앙위원 또는 상무위원이라는 직책으로 참가했다. 최성익은 2000년 적십자 회담이 시작되자 최승철, 김경락, 장재언에 이어 2003년부터 적십자 회담장에 나온 인물로 강경 입장을 고수하며 공격수를 자임한 인물로 기억된다. 2000년부터 2003년까지 남북 장관급 회담 대표로 나왔으나 자리를 옮겨 남북 적십자 회담에 나와 단장을 맡았다.

변화를 요구받는 상황들

대결 구도 속에 교류 협력이 거의 단절 상태였던 2011년 이명박 정부에서 가졌던 적십자 회담에서 북측의 고압적 자세가 사라졌다. 회담장에 나오면 줄곳 큰소리쳤던 최성익 단장의 목소리가 가라앉고 눈빛조차 부드러워졌다. 목소리를 낮추고 조용한 목소리로 비료 지원을 요청하며 이야기를 풀어 나갔다.

"비료 문제는 곧 식량 문제다. 먹는 문제만큼 절박한 인도적 문제는 없다. 그러므로 비료 문제는 인도적 문제다."

회담장에 참석한 우리 대표단은 한결같이 달라진 북측 대표단의 태도를 언급했다. 무엇이 그들로 하여금 이렇게 달라진 태도를 가지게 했을까. 비료와 식량 지원 문제가 그만큼 절실했기 때문일까.

600회 넘게 진행해 왔던 남과 북의 협상은 단순 계산해도 한 달에 한 번꼴의 만남인 셈이다. 남북 회담은 우리가 흔히 생각하는 국가 간 회담과는 성격이 다르다. 남북 관계는 나라와 나라 사이의 관계라기보다 통일을 지향하는 과정에서 잠정적으로 형성되는 특수 관계다. 따라서 협상의 과정은 상호 존중과 신뢰를 바탕으로 평화·번영·통일을 위해 노력하는 과정이어야 한다.

남북 화해 협력 시대에는 문제없이 진행되던 일들도 적대적 관계로 변한 시기에는 대화도 만남도 교류도 힘들어졌다. 늘 생산적이고 현실적인 대화, 그리고 실현 가능한 남북 합의를 기대하지만 국제 정세와 남북의 역학 관계, 북한의 상황 변화에 따라 만남도, 정책도, 합의도 영향을 받았다.

불거지는 회담 무용론

이명박·박근혜 정부 시기 남북 관계가 경직되면서 국내 민간 단체를 중심으로 다양한 목소리가 나오기 시작했다. 남북 이산가족 상봉이 매번 일회성으로 끝나자 이산가족 관련 단체인 일천만이산가족위원회는 이산가족 문제를 국제적 관점에서 해결해야 한다고 주장했다. 특히 이동복 위원은 기회가 있을 때마다 '적십자 회담 무용론'을 주장하며 국제적 압박을 통해 북한 정권으로 하여금 이산가족 문제 해결에 나서게 해야 한다고 목소리를 높였다. 실제로 적십자 회담 참여 경험이 있는 최은범 선배를 비롯한 일천만이산가족위원회 간부들이 UN 본부까지 찾아가 이 같은 의견을 전달하기도 했다.

이러한 주장은 다른 몇몇 단체의 세미나에서도 나왔다. 이산가족들의 고령화와 문제 해결의 성과가 희미한 상황에서 일면 타당한 면

남북 간 인도적 문제에 대한 전략 세미나. 2014년 8월 12일.

이 없지는 않겠으나, 북한 정권이 압박에 굴하여 과연 우리가 원하는 방향으로 호응해 나올까?

나는 일천만이산가족위원회가 주최한 세미나에 토론자로 참석해 그러한 주장만으로는 이산가족 문제 해결이 어렵다는 주장을 펼쳤다. 그나마 답답하지만 적십자 회담에서의 합의하에 이루어지는 생사 확인과 상봉이 현재로서는 가장 현실적 방안이라는 주장이었다. 이산가족 문제가 적십자 회담으로만 이루어지는 것은 아니며, 우리 정부의 다양한 노력도 있었기에 국제적 압박이나 우리의 일방적 바람만으로는 문제를 풀기 어렵다는 취지였다.

그러나 오죽하면 민간 단체들이 이런 주장을 하겠는가. 인도적 문제를 정치·군사적 상황과 연계하려는 남북 당국자 모두에 대한 일종의 경고라고 이해한다. 아무리 그렇더라도 협상에는 상대가 있는 법. 북한이라는 상대가 있는데 일방적 주장이나 국제적 압박만으로 그들의 마음을 움직일 수 있다는 생각은 현실적이지 않다고 보았기에 반박하면서도 내 마음은 편치 않았다.

상호주의와 보상

2015년 5월, 남북 간 대화가 단절된 상황에서 일천만이산가족위원회는 80세 이상 고령 이산가족의 성묘 방문단을 조직해 방북을 추진하겠다고 발표했다. 총 50명의 개성 출신 이산가족들이 판문점을 거쳐 고향의 묘소를 참배한 뒤 가족 친지를 만나 돌아오는 3박 4일 일정을 추진하겠다는 거였다. 지원 인원과 기자를 포함해 100명이라는 규모도 가능한지 의문이었지만, 북한과의 물밑 접촉이라도 있는지 확인해 보니 북측과 어떠한 협의도 없는 일방적 주장이었다. 그러면서도 이산가족들에게 신청서와 방북 비용까지 접수한다고 했다. 위원회는 한발 더 나아가 국내 여론전을 펼쳤다.

"적십자 회담을 통한 상봉은 잘못된 것으로 이를 통해서는 이산가족 문제를 해결할 수 없다."

"정부 당국의 승인 여부와 상관없이 독자적으로 판문점을 경유해 북한 방문길에 나설 것이다."

북한이 반대하는데 어떻게 이런 일이 가능하다는 말일까.

위원회는 계속해서 국제 연대를 강하게 주장했다. 국제적 압박수단으로 인권이사회 및 인권고등판무관실과 난민고등판무관실, 북한 인권 담당 특별보좌관실 등 UN 인권 기구와 유명 인권 단체 대표들의 방북 동행을 추진할 계획이라고 했다. 우리 정부는 "북한과의 협력이 전제되어야 한다"며 위원회의 계획을 승인할 수 없다고 했다. 당연히 북한의 반응마저 시큰둥하자 위원회의 주장과 계획은 슬그머니 사그라들었다. 남측의 이산가족들에게는 방북 신청을 접수하는 등, 괜한 희망을 부풀려 실망감만 안겨 준 셈이다.

이산가족 상봉은 북한과의 합의가 우선이다. 합의되지 않은 일방적 방북은 가능하지 않다. 대화의 실효성을 살리려면 잘못된 행동에 대하여 국제 사회와 함께 압박과 응징을 통해 행동을 변화시키는 노력도 병행되어야 하지만 교류 협력을 위한 노력을 늦추지 않아야 한다. 나는 세미나 등 기회 있을 때마다 독일식 프라이카우프freikauf를 주장했다.

프라이카우프는 서독 정부가 베를린 장벽이 설치된 1961년부터 1989년 베를린 장벽 붕괴까지 시행했던, 정치범 등 동독 억류 서독인 구출 프로젝트였다. 프라이는 '자유', 카우프는 '거래'를 의미하는 독일어다. 서독 정부는 이 정책을 통해 어린이 2,000명을 포함 총 3만3,755명의 서독인을 자국으로 데려올 수 있었다. 제도 시행 초기 1인당 동독 정부에 지급한 비용은 4만 마르크, 27년간 총 35억 마르크의 예산을 지출했다. 더욱 중요한 것은 27년간 정책이 지속되었다는 사실이다. 그 기간 동안 우파 기독교민주연합과 좌파 사회민주당이 번갈아 집권하며 6명의 총리를 배출했지만 누구도 프라이카우프 정책을 중단하지 않았다.

우리는 어떤가? 정치적 상황과 무관하게 인도적 활동이 지속되려면 다른 방법을 찾아야 한다. 실제로 북한이 체제에 부담을 느끼지 않는 범위에서 이산가족 상봉에 필요한 경비를 산정하여 북측이 필요로 하는 보건 의료 분야에 지원한다면 상봉에 나설 가능성은 커진다. 북측과 협의하여 독일식 모델을 우리 실정에 맞게 적용할 방법을 찾아야 한다.

◎ '인도주의 공동체'를 만들기 위해 투자하자

북한은 병원, 혈액원 등 보건 의료 시설이 열악하다. 상봉 행사에 따라가는 언론 취재도 상시 상봉이 이뤄지면 불필요하다. 생중계하듯 만남 자체를 보여 줄 필요가 없게 되는 것이다. 남북의 가족들이 자유롭게 만나도록 해 주는 것이 궁극적 목표다. 문제는 북한의 호응을 끌어내는 일이 무엇보다 중요한데, 그러기 위해서는 남북 간 대화와 교류 협력이 필요하다. 이 일에 드는 상당한 노력과 비용에 대한 현실적 보상도 따라야 한다. 과거와 같은 방식의 쌀, 비료 등의 지원이 아니라 '인도주의 공동체', '인도주의 회랑'을 만들기 위한 투자를 하자는 것이다. 인도적 문제 해결을 위해서는 일방적 사안이 아니라 쌍방향 협력이 절대적으로 필요하다.

2

상봉(相逢)

오늘날 한국 사회는 태어나면서부터 존재했던 분단이라는 현실을 당연한 것으로 이해하고 살아온 분단 이후 세대들이 인구의 대다수를 차지하고 있다. 이들을 포함한 대부분의 사람들이 분단과 전쟁의 와중에 고향을 잃거나 가족과 흩어져 소식을 모른 채 살아온 실향민과 이산가족 1세대들이 있다는 사실을 잊고 산다.

이산가족의 유형에는 월남 실향민과 북한 출신 반공 포로, 북한 이탈 주민뿐 아니라 월북자, 전시 납북자, 미귀한 국군 포로, 전후 납북자들도 있다.

우리는 분단에 너무 익숙해진 나머지 그것이 우리 삶을 얼마나 터무니없이 왜곡하고 고통과 불편을 주고 있는지 망각한 채 살고 있다. 남북 이산가족 문제는 분단에 따른 우리 삶의 왜곡과 고통을 가장 선명히 드러내는 문제 중 하나이다. 이산가족의 문제는 비단 이산가족 당사자들만의 문제가 아니라 우리 모두의 문제로 봐야 한다.

코엑스 컨벤션센터 상봉

서울-평양 동시 상봉. 잊을 수 없는 한편의 드라마

드디어 남북 정상이 만났다. 많은 이들이 환영했지만 특히 이산가족들의 가슴을 설레게 했다. 가족 상봉의 희망이 현실로 다가온 것이다.

2000년 6월 15일, 김대중 대통령과 김정일 국방위원장이 남북 정상으로서는 분단 55년 만에 처음 만나 "8·15에 즈음하여 이산가족 상봉과 비전향 장기수 문제를 해결하자"고 합의했다. 이에 따라 정상회담 합의 사항 이행을 위한 남북 적십자 회담이 곧바로 열렸다.

6월 27일부터 금강산에서 열린 남북 적십자 회담에서 이산가족 상봉 규모와 방법이 확정되자 우리 사무실은 이산가족대책본부를 신설하는 등 상봉을 위한 체계를 신속히 갖추어 나갔다. 상봉 대상자는 전문가들로 구성된 '인원선정위원회'에서 나이와 가족 관계 등을 고려하여 컴퓨터 추첨으로 신청자 중에서 공정하고 투명하게 선정하기로 했다.

7월 5일 아침, 기자들이 지켜보는 가운데 본사 4층 강당에 마련된 추첨장에서 1차 후보자 400명을 선정했다. 희비가 엇갈리는 순간이었다. 상봉 후보자 명단이 공개되자 "왜 나는 선정되지 않았느냐"며 적십자사를 찾아오는 사람과 전화 문의가 폭주하여 4층 강당에 접수 창구를 확대해야 했다.

이후 남북 간에 생사 확인 의뢰서와 회보서를 교환했다. 우리는 거동 불편자 중 여행 부적격자를 걸러 내고 신원 조회 절차를 거쳐 최종 100명의 명단을 확정하였다. 상봉 일주일을 앞두고 선발대를 평양에 파견하는 등 반세기 만에 이산가족 상봉이 가시권에 들어오자 많은 취재 기자가 몰려들고 사무실은 북적거렸다. 행사 하루 전인 8월 14일, 평양 방문단 이산가족 100명이 김대중 대통령이 베푼 청와대 만찬에 참석했다. 대통령이 방북하는 이산가족들을 격려했다.

남측 이산가족 상봉자 컴퓨터 추첨 시작. 사진 가운데는 박재규 통일부 장관, 우측은 정원식 총재, 좌측은 박기륜 사무총장이다.

네가 아직 살아 있다니…. 반세기 만의 서울, 평양 상봉

드디어 D데이. 2000년 8월 15일 아침, 장충식 총재가 우리 측 방문단을 이끌고 대한항공 편으로 평양으로 떠났다. 나도 평양 상봉 행사에 먼저 가고 싶었지만 부서장은 "서울 행사를 도와주라"며 "다음 번 평양 상봉 행사에 가는 게 좋겠다"고 했다. 다음 번 평양 행사를 기대하며 서울 상봉 행사를 지원하기 위해 '정부합동지원단' 상황실로 들어갔다.

오전 11시, 북측 방문단을 태운 고려항공 비행기가 김포공항에 도착했다. 공항을 빠져나오는 북측 이산가족들의 얼굴은 상기되어 있었다. 일행 중에 금강산 적십자 회담장에서 만났던 최승철, 리금철, 최창훈 등 적십자 회담 대표들이 보였다. 나는 단체 상봉장인 코엑스 컨벤션센터로 나가 첫 상봉을 준비했다. 코엑스 컨벤션센터는 넓고 웅장했다. 높은 천장 벽면에는 이산가족 상봉을 형상화한 걸개그림이 걸려 있었다. 가슴이 쿵쾅거렸다.

오후 3시, 멋진 양복과 한복을 차려입은 북측 이산가족들이 각자의 번호가 적힌 테이블로 이동해 기다리던 남측 가족들을 만나 부둥켜안고 오열했다.

"아버지!"

"어머니!"

"네가 아직 살아 있다니!"

남북 이산가족들은 서로 부둥켜안은 채 얼굴을 비비며 눈물을 흘렸고 잡은 손은 놓을 줄 몰랐다. 지켜보는 내내 가슴이 저리고 목이 메었다. 북측 이산가족들은 전쟁통에 남쪽에 있는 가족 친척들을 두고 의용군으로 또는 신념에 따라 북으로 갔거나 이용 가치가 있는 인사들을 동행하는 형식으로 납치해 간 사람들이었다.

저녁에는 대한적십자사 총재 주최 만찬이 이어졌다. 적십자사 직원들이 오찬과 만찬 업무에 배정되어 일했다. 만찬 음식으로 전복죽, 갈비구이, 쇠고기 버섯국 등 정갈한 음식이 나왔다. 만찬 분위기가 무르익자 자연스레 노래가 흘러나왔다. 이산가족들은 '고향의 봄'과 '우리의 소원'을 목청껏 부르며 눈물을 흘렸다. 일부는 자리를 왔다 갔다 하며 북측 가족과 합석하고 술잔을 기울였다.

함께하니 기쁨은 더욱 컸다. 첫날 상봉 일정을 마감하고 2일 차에는 각자 숙소에서 기다려왔던 개별 상봉의 시간을 2시간 정도 가졌다. 남북이 합의한 대로 지정된 몇 가족의 만남만 언론에 잠시 공개되었다. 우리 측 가족들은 준비한 선물을 전달하며 마음속 그리움을 토해냈다. 북의 가족을 만나면 전달해 달라는 어머니 유품을 전한 사람도 있었다.

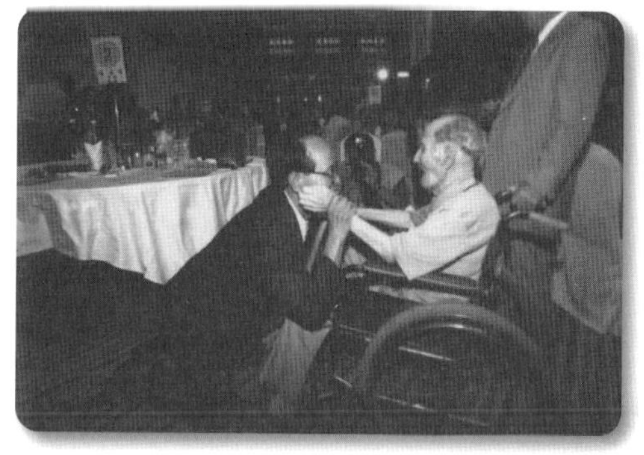

코엑스 단체 상봉장 모습과 부자간 상봉 장면, 2000년 8월 15일

안타깝게도 상봉 기회를 얻지 못한 이산가족들이 북측 방문단 숙소인 쉐라톤워커힐호텔 주변을 서성대며 북에 남겨 놓은 가족들의 사진과 신상 명세가 적힌 판을 들고 북측 기자들과 방문단원들을 상대로 가족 찾기 호소에 나선 모습을 볼 수 있었다.

호텔에서의 상봉을 끝낸 이산가족들이 갈빗집 '삼원가든'에서 점심을 같이하며 대화를 이어갔다. 우리도 북측 관계자와 한 테이블에 앉았다. 호텔 음식보다 맛있다고 했다. 이어 창덕궁과 롯데월드, 민속촌을 둘러보았다. 3일차 오후에는 류미영 단장과 최승철 적십자 회담 수석대표 등 북측 관계자 10여 명이 대한적십자사를 방문했다. 나는 이들을 총재실로 안내했다.

모든 일정이 끝나고 떠나는 마지막 날 아침, 북측 방문단 숙소인 쉐라톤워커힐호텔 현관 앞 주차장에는 다른 날보다 더 많은 내외신 취재진이 몰려 떠나는 사람들의 모습을 취재했다.

이제 헤어지면 다시 만나지 못할 것을 아는지 마지막 작별 인사를 나누는 이산가족들의 눈에 슬픔이 가득했다. 맞잡았던 손을 놓자 버스는 공항으로 출발했고, 돌아선 가족들은 참았던 눈물을 쏟아야 했다. 헤어지면 다시 살아서 만나지 못할지도 모르는 작별은 너무도 마음을 아프게 했다. 다시 만난다는 기약이라도 있다면 웃으며 헤어졌을 텐데….

비전향 장기수 송환

"북에 가면 어머니께 꼭 초청장을 보낼게요."
그리고 떠난 70대 아들은…

"비전향 장기수 송환 업무를 지원해 주세요."

가족 재결합 사업이 시작되었다.

2000년 6월 15일, 남북 정상 회담에서 김대중 대통령과 김정일 위원장 간에 이산가족 상봉과 비전향 장기수 송환을 전격 합의하였다. 이에 따라 이 문제를 실무적으로 해결할 남북 적십자 회담이 금강산에서 열렸다. 이 회담에서 비전향 장기수 송환을 9월 초에 하기로 합의했다. 시간이 얼마 남지 않았고 2차 이산가족 방문단 교환 사업과도 맞물려 있었다. 비전향 장기수는 남파 간첩 출신으로 전향하지 않고 수십 년간 감옥살이를 한 사람들이다. 정부는 이 일을 속도감 있게 추진해 나갔다. 이들의 송환을 주장해 온 시민 단체는 "비전향 장기수 전원을 송환해야 한다"는 목소리를 높였다.

통일부 홍양호 인도지원국장은 비전향 장기수 송환 대상자 선정 기준을 밝혔다. 전향자나 가족은 송환 대상에서 제외하고 '희망하는 비전향 장기수'로 한정했다. 전향자까지 송환할 경우 "국내 법질서에 혼란을 초래할 우려가 있다"는 설명도 뒤따랐다. 남북은 판문점 연락관 접촉을 통해 명단을 확정하는 과정을 거쳤다.

적십자사는 명단 선정 과정에 개입하지 않고 국정원에서 보내온 명단을 받아 사진을 부착하고 최종 희망자를 북송하는 지원 업무를 맡았다. 명단을 보니 북으로 가겠다는 이들 중 남쪽에 어머니와 부인을 둔 사람도 다수 있었다. 한쪽에서는 비전향 장기수 송환을 반대하는 목소리도 들렸다. 통일부는 남은 가족들의 문제는 향후 서신 왕래나 상호 방문, 재결합 등으로 해결할 수 있다는 입장을 밝혔다.

'청춘을 통일에 묻은' 노인의 귀향

나는 대한적십자사 입사 2년 만에 비전향 장기수 리인모를 송환하던 당시가 생각났다. 1992년 말까지 북측이 지속적으로 제기해 오던 문제 중 하나가 비전향 장기수 리인모 노인 송환 문제였다. 남북 고위급 회담, 남북 적십자 회담 등 남북이 만나 이산가족 문제를 논의하는 과정에서 리인모 노인 송환이 전제 조건화되어 회담이 결렬되곤 했다.

1992년 이산가족 노부모 방문단 교환을 위한 적십자 실무 대표 접촉에서도 이 문제가 거론되었다. 북한적십자회는 악성 폐렴으로 입원 중인 리인모 씨와 관련 "남조선 당국과 적십자사는 리인모 노인을 사경에 이르도록 만든 데 대해 응당 책임져야 한다"며 "이제라도 리인모 노인을 하루빨리 우리 측에 넘겨 치료받을 수 있게 긴급 조치를 취할 것을 강력히 요구한다"라고 주장했다. 그가 누구이길래 이렇게 북측에서 끈질기게 요구하는 것일까?

리인모는 6·25 때 인민군 소속 종군 기자로 전선에 투입되었다 인민군이 후퇴하면서 남한에 남아 빨치산 활동 중 1952년 검거되어 7

년간 복역했다. 출소 후 다시 1961년 6월, 부산에서 국가보안법 위반으로 검거되어 27년형을 선고받았다. 복역 중 사상 전향자에게는 가석방 등 특혜를 부여한다는 권유에도 불구하고 "공산주의를 위해서는 목숨도 아깝지 않다"며 사상 전향을 거부한 채 1976년 7월, 만기 출소까지 27년간 옥살이를 했다. 이후 사회안전법에 따라 바로 보안 감호처분을 받다 1988년 10월, 이 법의 폐지로 바깥 세상에 나오게 된다.

리인모 송환 문제가 주목받은 계기는 1989년 월간 《말》에 북에 있는 부인과 딸을 그리워하는 수기 '내 청춘 통일에 묻어'의 연재였다. 이 기사가 1991년 8월 21일자 〈로동신문〉에 실렸고, 그해 9월 북한이 대남 방송을 통해 리인모 송환을 요구하게 된다. 이후 1992년 남북 고위급 회담 등에서 줄기차게 리인모의 송환을 요구했다. 1993년 2월, 김영삼 정부가 이산가족 문제를 해결하고 남북 관계에 돌파구를 열기 위해 대통령 취임 직후인 3월 11일, 전격적으로 리인모 노인 북송 결단을 내렸다. 과감한 패러다임 전환이었다.

정부의 결단에 따라 부산에 거주 중이던 이 씨의 북송 절차는 대한적십자사가 담당하게 됐다. 적십자사는 정부와 협조하에 거주지에서 판문점을 거쳐 송환될 때까지 봉사원과 함께 휠체어를 밀고 이 씨를 북쪽에 송환하는 일을 했다.

남겨진 가족, 남겨질 가족

이번 송환 대상자는 남북이 합의하여 송환 희망 비전향 장기수 63명으로 확정했다. 이들에겐 북한 방문 증명서를 발급받아 방북하는 형식을 취했다.

2000년 9월 1일, 서울 종로구 북악파크 호텔에는 떠나는 사람들과 배웅하는 사람들로 붐볐다. 나는 다음 날 아침 출발 예정인 송환 대상자 중 입원해 있던 조창손 어르신을 찾았다. 1929년생인 그는 북에 아내와 네 살짜리 아들을 두고 1962년 남파되었다. 당국에 검거된 후 무기징역을 선고받았으나 끝까지 전향을 거부하고 1991년 집행 정지로 석방될 때까지 29년 8개월간 복역했다. 나는 국립의료원에 입원하고 있던 그가 내일 출발할 수 있는지 걱정이 되었다. 걱정하는 나에게 나직하지만 단호하게 그가 말했다.

"링거를 꽂고 휠체어를 타고라도 가겠다."

거동이 불편한 분들을 북측 지역으로 넘길 때까지 적십자 봉사원이 휠체어를 밀어 주기로 했다. 또 다른 사람을 호텔에서 만났다. 93세 노모를 남쪽에 남겨 둔 채 떠나게 된 신인영 선생이었다. 안타까운 표정의 선생은 노모와 우리를 쳐다보며 말했다.

"북한에 가면 어머니께 초청장을 보내겠다. 건강하게 계시라."

"감옥에서나 밖에서나 도와준 남녘 동포에게 고맙다는 말을 전한다."

그의 눈에 눈물이 고였다. 전라북도 부안 출신인 그는 남쪽에 노모와 형제를 두고 있었지만, 한국 전쟁 당시 후퇴하는 인민군을 따라 북으로 넘어가 그곳에서 아내와 세 명의 자녀를 두었다. 1967년 남파돼 30년 넘게 헤어져 있던 아내와 자식을 만나기 위해 송환을 신청한 것이다.

2000년 9월 2일, 판문점에서 15분간에 걸친 송환 절차가 진행되었다. 이제 걸어서 넘어가는 일만 남았다. 만일의 사태에 대비해 구급차와 함께 의사, 간호사 10여 명이 판문점에 배치됐다. 건너편 북한 지역 통일각에는 500여 명의 환영객이 모여 이들을 맞이했다. 수많은 화동이 넘어오는 이들에게 꽃다발을 안기며 포옹했다. 20인조 밴드가 음악 소리를 높여 환영 분위기를 고조시켰다. 환영 행사가 끝나자 비전향 장기수 63명은 벤츠 승용차 34대에 올라타고 평양으로 돌아갔다.

비전향 장기수, 이들은 남한에서 사상 전향을 거부하고 옥살이를 택한 인민군 포로나 남파 간첩들이다. 평균 30년 정도 옥살이하였고 리인모 송환 문제 때처럼 남북 간 회담에서 늘 논쟁거리가 되었다. 이들이 평양으로 송환되자 북한은 "신념을 지켜 싸운 전사"라며 온갖 혜택을 부여하고 체제 선전에 나섰다. 이들이 판문점을 통해 북한으로 송환될 때 납북자가족모임과 전몰군경유가족회 등이 임진각과 통일대교 남단에서 납북자와 국군 포로의 조속한 송환을 외치며 시위를 벌였다.

비전향 장기수들의 송환 배경에는 국내에서 끈질기게 송환을 주장한 시민 단체들이 있었다. 그들은 지금도 남아 있는 전향 장기수와 그 가족들을 인도적 차원에서 송환해야 한다고 주장하고 있다. 남북 정상 회담에서 합의한 이 의제는 적십자 회담에서도 납북자와 국군 포로 문제 해결과 이산가족들의 상시 상봉을 위한 면회소 설치 운영 문제와도 긴밀하게 관련되어 추진되었다. 그러나 시간이 지나면서 남겨진 사람들은 돌아가지 못하고 숨졌으며, 이산가족 문제도 근본적으로 해결하지 못한 채 숙제로 남았다. 지금도 살아 있는 이산가족들은 "가족 한 번 보고 죽는 게 소원"이라고 외치고 있다.

◇◇◇

붙잡지 못한 아내의 그리움

북송 비전향 장기수 리경구76세 선생의 부인이 안타까운 마음을 담아 대한적십자사에 편지를 보내 왔다. "남편이 남북 관계가 좋아지고 있으니 곧 데려가겠다"는 말에 북한으로 가겠다는 남편을 잡지 않았다고 했다. "하루빨리 남편과 다시 만나고 싶은 생각뿐이다"며 그리움을 호소했다.

남겨진 가족들을 만나기 위해 한쪽을 선택하면 또 다른 가족들과 이별해야 하는 기막히고 아픈 현실. 남북으로 흩어져 사는 대부분의 이산가족들의 현실이자 고통이다. 언제건 원할 때 만나고 교류할 수 있다면 명쾌하게 해결될 문제. 우리는 왜, 그것이 안 되는 것일까?

◇◇◇

고려호텔의 기똥찬 상봉

나는 지금 살아 있는 아들을 만나고 있다

고대하던 서울-평양 상봉이 이루어졌다. 평양 순안공항에는 안개가 자욱했다. 2000년 8·15 이산가족 상봉 행사가 서울과 평양에서 무사히 끝나면서 나는 2차 평양 상봉을 기대하였다. 이번에는 내가 평양으로 갈 차례였기 때문이다.

2차 평양 상봉 행사를 이끈 단장은 대한적십자사 봉두완 부총재였다. 1차 상봉 이후 장충식 총재가 《월간 조선》 10월호와 진행한 인터뷰 기사가 문제되어 일부 영향을 미쳤다. 다행히 상봉은 진행되어 2000년 11월 30일, 드디어 평양행 비행기를 타게 되었다. 나는 들뜬 마음으로 이산가족들과 함께 평양행 비행기를 타기 위해 김포공항으로 향했다.

김포공항에 도착했는데 허탈한 소식이 들려 왔다. 평양 순안공항 안개 탓에 비행기가 뜨지 못할 수도 있다는 것이었다. 여기저기서 한숨이 새었다. 그렇게 공항에서 몇 시간째 마음 졸이며 대기하다 예정 시간보다 4시간이 지난 12시 50분께 마침내 평양행 비행기가 이륙했다. 1시간 만에 평양 순안공항에 도착했다. 조선적십자회 부위원장이 공항에 마중 나왔고 화동이 봉두완 단장에게 꽃을 안겼다. 공항 건물에 내걸린 '평양' 큰 글씨가 눈에 들어왔다.

보장성원의 안내를 받아 7대의 버스에 나눠 올라탔다. 우리 버스에 함께한 북측 보장성원과 인사하고 대화를 나누었다.

"오늘 안개 때문에 평양에 못 올 뻔했습니다."

"이세 일 없습네다."

창밖으로 낯선 풍경들이 펼쳐졌다. 숙소인 고려호텔까지 가는 동안 4·25문화회관, 개선문, 김일성광장, 모란봉, 조선혁명박물관, 인민대학습당, 노동신문사를 거쳤다. 이동하는 거리거리에 겨울 채비가 한창인 듯 작업용 도구를 어깨에 멘 사람들, 줄지어 가는 학생들, 커다란 가방을 메고 종종걸음치는 아낙네들이 돋보였다. 도심지 도로 주변에는 은행나무, 플라타너스, 버드나무 등 가로수들이 줄지어 있었다. 무궤도 전차 정류소마다 사람들이 군데군데 모여 있거나 행인들이 분주히 오갔다. '자주, 평화, 친선, 강성대국' 같은 구호 탑이 눈에 띄었다. 아치형 개선문이 거대한 위용을 자랑하고 있었다.

고려호텔에 도착하자 한복을 곱게 차려입은 종업원들이 호텔 입구에서 우리 일행을 환영해 줬다. 로비 양편에 두 줄로 늘어선 종업원들이 힘찬 박수로 맞이했고 이산가족들도 벌써 헤어진 가족들을 만난 듯 반가워했다. 호텔 방에 여장을 풀었다. 저녁에는 호텔 2층과 3층에서 단체 공개 상봉이 예정되어 있었다. 상봉장으로 한꺼번에 모이면서 엘리베이터가 만원이 되어 안내 인원들은 층마다 멈춰서는 엘리베이터를 기다리지 않고 비상계단을 몇 번씩 뛰어다니면서 가족들을 상봉장으로 안내했다. 이마에는 땀방울이 맺혔다.

이렇게 기똥찬 양반이 있나

드디어 이산가족들이 하나둘씩 상봉장으로 들어섰고 가족을 만난 이산가족들이 여기저기서 부둥켜안고 우는 소리가 들렸다. 부자간 상봉이 이루어지는 테이블로 가 보았다. 북에 홀로 남겨 두고 온 큰아들55세을 맞이한 고령의 할아버지80세는 아들을 부둥켜안았다.

"아이고, 얼마나 고생이 많았냐."

"고생이라뇨. 위대하신 수령님과 장군님 인덕 정치 때문에 잘살고 있습니다."

50년 만에 만난 부자 간 대화는 이렇게 시작되었다.

둘러보니 주변에 기자들이 모여 시끌벅적한 상봉 테이블이 있었다. 1987년에 고기 잡으러 간다고 나간 아들 강희근납북 당시 36세, 27 동진호 갑판장 씨가 납북된 뒤 13년간 애태우며 살아온 73세의 김삼례 할머니가 이번 2차 이산가족 상봉에서 아들과 극적으로 상봉한 것이다. 납북 가족 상봉이 이뤄진 건 처음이었다. 아들이 옆에 선 아내와 아들을 소개했다. 북에서 재가한 모양이었다. 셋이 큰절을 올렸다. 눈물이 쏟아지는 것을 참는 할머니의 얼굴이 붉게 상기되었다. 조선 중앙TV 등 북쪽 기자들이 취재했다. 기자가 물었다.

13년 만에 아들을 상봉한 김삼례 할머니. 금강산. 2000년 11월 30일.

"선생께서 납치돼 이곳

에 온 것인가?"

아들이 기자의 물음에 답했다.

"납치는 날조다."

질문과 답변이 이어졌다.

"왜 북쪽에 살고 있는가?"

"나가 봐야 일자리도 없어 좋은 데 살려고 눌러앉았다. 두 달 전에 당원이 됐고, 장군님 배려로 훈장도 받았다."

아들은 노모에게 "장군님 덕분에 잘 지내고 있으니 내 걱정은 말라"고 했다. 북한 기자가 김 할머니를 쳐다보며 원하는 대답을 유도하는 질문을 던졌다.

"장군님 고마우시죠?"

김 할머니의 입에서 그야말로 기발한 대답이 나왔다.

"이렇게 기똥찬 양반은 처음 봤다."

대단한 발언이었다. 옆에 있던 사람이 할머니께 물었다.

"끌려간 것 아닌가요?"

"끌려갔건 자기 발로 갔건 지금 내게는 중요하지 않아. 나는 지금 살아 있는 아들을 만나고 있지 않냐!"

멋진 대답이었고 가슴이 먹먹해지는 대답이었다. 그 순간 어떤 상황이 벌어졌건 불가피한 상황이었다 하더라도 지금 이 순간은 헤어진 혈육이 만나는 일이 제일 중요한 게 아닌가.

다음 날 각 호텔 방에서 가족들만의 만남의 시간이 있었다. 비로소 취재 기자들과 지원 인원들이 없는 곳에서 가족들끼리 자유롭게 대화를 나눌 수 있는 시간이 된 것이다. 방마다 보따리를 풀어 놓고 하나하나 소개하며 이것은 아들 녀석 것, 이것은 며느리 것, 하며 준비한 선물들을 자랑했다. 북에서도 준비해 온 선물을 내놓았다. 북에서 유명한 평양소주와 들쭉술, 자수를 놓은 보자기, 수건 등 성의를 다해 가져온 것들을 자랑했다. 북에서 조금 살 만한 사람들은 훈장을 펼쳐 놓고 사진첩과 함께 자랑했으며, 당국에서 전달하라고 준 선전 책자들을 잔뜩 선물로 내놓았다.

평양에서의 사흘, 그리고 이별

다음 날 평양 시내 참관과 더불어 오찬과 만찬을 가졌다. 인민문화대궁전에서의 만찬에는 한정식이 12가지 코스 요리로 나왔는데 최고급 호텔식 음식이었다. 많은 준비를 한 모양이었다. 다음 날 대표단 중 일부에게 평양 시내 관람 일정이 잡혔다.

평양 지하철을 처음 타 볼 기회였다. 부흥역이었다. 평양 지하철은 서울보다 1년 앞선 1973년에 개통했다. 우리 일행은 안내원과 함께 서둘러 에스컬레이터를 탔다. 그런데 이게 끝없이 내려가는 것 아닌가? 도대체 지하 몇 미터까지 내려가는 것인지 모를 정도로 아래를 향해 미끄러져 내려갔다. 지하 100m가 넘는다고 했다. 유사시 대피소로도 사용할 수 있도록 설계됐다고 했다. 한 손으로 에스컬레이터

난간을 꼭 붙잡고 두리번거리며 빠르게 주변을 훑었다. 저 멀리서 에스컬레이터를 타고 올라오는 시민들이 보였다. 안내원은 아침 6시부터 저녁 9시까지 하루에 30만 명이 이용하며, 주말에는 평일보다 2배 이상 이용 인원이 많다고 했다.

평양 지하철은 그 기능에 있어서는 남쪽과 별반 차이가 없어 보였지만 내겐 특이한 모습이 눈에 띄었다. 지하철 벽면 가득 장식한 모자이크는 눈이 휘둥그레질 정도로 화려했고 샹들리에도 특이했다. 세월이 지나면 평양 지하철 노선도 베이징이나 서울처럼 복잡해지지 않을까.

기억에 남는 곳을 꼽자면 평양 시내 만경대 구역 광복거리에 있는 만경대 학생소년궁전이다. 붓글씨 소조반과 음악반을 둘러봤는데 음악반에서 7세 아이들이 우리를 환영하는 노래를 불러 줬다. 붓글씨반에서 앳된 소녀가 큰 붓으로 '조국통일'이라고 썼다. 단숨에 쭉쭉 써 내려가는 솜씨에 모두가 감탄했다. 지금 생각하니 당시 소녀가 쓴 붓글씨를 받아 왔었다면 좋았을 텐데, 호텔 매장에서 파는 그림을 사 왔던 기억밖에 없어 아쉽다.

학생소년궁전에서 소녀가 쓴 붓글씨 "조국통일"

봉두완 부총재와 함께 호텔 1층 커피숍에서 커피를 마시는데 부총재가 갑자기 장난기가 발동했는지 밖으로 나가서 마시자고 하는 바람에 커피잔을 들고 밖으로 나갔다. 그러자 호텔 접대원 동무가 놀란 얼굴로 쫓아와 "여기서 이러시면 안 된다"고 했다. 한바탕 웃음도 있었지만, 평양에서 사흘을 지내는 동안 나는 줄곧 안개 낀 평양의 날씨처럼 눈앞이 흐렸다. 다시는 헤어지지 말아야 하는데 만나자마자 이별이다. 헤어지는 가족들은 서러이 흐르는 눈물을 닦을 생각 없이 서로의 손을 맞잡으며 울었다.

"통일되면 그때 다시 만나자, 울지 마."

통일은 언제나 현실이 될까? 그때 그 장면을 생각하면 지금도 목이 멘다.

서울로 돌아오는 고려항공 탑승권(앞, 뒤) 2000년 12월 2일

분단 이후 첫 서신 교환

그리움과 한을 실은 분단 55년 만의 소식들

판문점을 넘어 북측으로부터 서신이 도착했다. 생존이 확인된 이산가족들에게 행운이 찾아온 것이다.

2000년 9월 2차 남북 적십자 회담에서는 상봉 행사와는 별도로 시범적으로 생사 및 주소 확인 사업만 추진하기로 합의했다. 9월 30일, 판문점에는 남북 적십자 연락관들이 중립국감독위원회 사무실에서 만나 각자 준비해 온 생사 확인 대상자 명단남북 각각 100명을 교환했다.

우리는 북한으로부터 받은 생사 확인 의뢰서 명단을 언론에 공개했다. 언론에 보도된 명단을 보고 이산가족들의 문의가 빗발쳤다. 이렇게 공개 방식으로 어렵지 않게 가족들의 생사와 주소가 확인되었다. 그렇다 해도 이 명단을 바로 북한에 보내기 어려워 우리는 관계기관을 통해 다시 명확히 재확인하는 절차를 진행했다. 이를 토대로 북측에 보낼 회보서에는 찾는 가족이 살았는지 죽었는지, 살아 있다면 현재 사는 주소를 기재하여 북측에 전달했다.

북측으로부터도 생사 확인 명단을 받았다. 명단을 교환하는 날 남산 적십자 본사에서 출발해 자유로를 달려 판문점까지 한걸음에 내

달렸다. 절차는 언론의 주목과 국민적 관심 속에 진행됐다. 판문점 중립국감독위원회 사무실에서 북측으로부터 받은 명단에는 생사 여부만 명시되어 있었고 사망 일시는 들어 있지 않았다. 아쉬운 부분이었지만 그래도 다음에는 더 잘되겠지, 위로하며 가족들에게 북측으로부터 받은 회보서를 알려 주며 기쁨을 함께 나누었다. 많은 가족이 고마움을 표했다.

"한평생 남북으로 흩어져 살면서 죽었는지 살았는지 생사를 몰랐는데 이번 기회를 통해 알게 되었다."

생존, 사망, 확인 불가 사이에서

그러나 그 숫자는 100명에 불과했다. 빠른 속도로 더 많은 이들의 생사를 확인할 수 있기를 기대했으나 그런 기회는 다시 오지 않았다. 이후 상봉 행사를 진행하며 생사 및 주소 확인 작업이 수시로 이루어졌는데 그때마다 생사만 표시하고 주소는 시군까지만 명시했다. 나머지 정확한 번지까지는 기재되지 않았다. 관계 기관에서 일부 다른 용도로 활용될 수 있다는 우려를 제기했다. 그렇게 되자 이산가족 상봉 시 정확한 주소를 물어보는 이산가족들이 많았다. 그렇다고 편지 한 장 보낼 수 있는 형편이 안 되었지만, 가족들에게는 정확한 주소를 알려줘야 한다는 마음이 컸다.

이렇게 진행된 생사 및 주소 확인 시범 사업에 대해 일본의 납북자 가족 생사 확인 의뢰서와 비교할 때 너무 간단하다는 지적이 제기되기도 했다. 보다 구체적인 상황들이 기재되지 않은 점을 지적한 것이다. 상봉을 위해 남북 간에 주고받는 생사 및 주소 확인 회보서에는 사망 시에는 '사망', 생존 시에는 '생존', 찾지 못했을 경우 '확인 불가'라고 기재하여 통보했다. '확인 불가'는 진짜 확인하지 못한 사람들뿐 아니라 생사 여부를 알려 주길 원하지 않는 분들도 일부 '확인 불가'라고 통보했다. 만남을 원하지 않는다고 솔직히 기재해 보내기는 어려웠다. 처음엔 사실대로 '거절'이라고 적어 보냈으나, 북한이 회담장에 나와 "남쪽이 그렇게 상봉을 희망한다고 해 놓고 만남을 거절한다는 게 말이 되느냐"고 항의했기 때문이다. 이렇게 시범 사업은 한 차례에 그쳤고 이후 본 사업으로 확대되지 못했다. 우리는 이어서 두 번째 시범 사업인 '서신 교환' 사업을 추진하기 시작했다.

처음으로 분단을 넘은 300통 편지

2001년 3월 15일 오후 2시 45분, 판문점에서 남북의 적십자 연락관들이 흰 보따리를 들고 마주 앉아 쌍방이 준비해 온 서신 300통씩을 교환했다. 분단 50년 만에 사상 처음으로 이산가족들의 사연을 담은 서신 600통이 분단을 넘은 것이다.

3차 남북 적십자 회담에서 서신 교환 사업을 합의하고 서울로 돌아오자마자 우리는 인선위원회를 개최하고 서신 교환 대상자를 확정했다. 그동안 시범 사업을 통해 재북 가족의 생존이 확인된 인원과 1~3차 이산가족 교환 방문단 선정 시 후보자로 선정돼 재북 가족의 생존을 확인했으나 최종 상봉자 100명에 탈락한 사람들이 포함되었다. 1~3차 상봉 시 평양을 방문해 북측 가족을 만난 이산가족 중 일부도 포함되었다.

우리는 편지지와 봉투를 별도 제작하여 가족들에게 보내 주기로 했다. 봉투는 적십자 표장이 새겨진 국제 우편 봉투를 사용하기로 하고 위쪽에는 알아보기 좋게 적십자 표장과 함께 '남북 이산가족 서신'이라 명시한 봉투 500매를 특별 제작했다. 편지지는 2~3장 내외로 사연을 쓸 수 있도록 여유분과 함께 회송 봉투에 넣어 대상자들에게 보냈다. 가족 사진이 있으면 한두 장 넣어 봉함하여 대한적십자사에 보내 달라고 안내하고 우표는 붙이지 않도록 했다. 우편 시스템을 이용할 준비가 안 되어 있어 북한 적십자회에서 직접 각각의 편지를 따로 전달할 수밖에 없기 때문이었다.

또 한 가지 가족들에게 남북 적십자 간에 합의 정신을 강조하며 북한이 싫어하는 체제 선전이나 자극적 문구는 사용하지 않도록 안내했다. 우리가 보내는 편지는 북한에서 검열 후 가족들에게 전달될 수 있고 혹시라도 북측을 자극하는 내용이 들어 있다면 앞으로 서신 교환 사업을 추진하는 데 곤란한 일이 발생할 수도 있기 때문이었다.

일주일 후 적십자 연락관들이 양측 가족들이 보내 온 서신을 그대로 상호 교환하기 위해 3월 15일 아침에 적십자 우편 자루에 넣어 판문점 중립국감독위원회 회의실에서 40분간 접촉을 가졌다. 우리는 북측으로부터 받은 편지 300통을 받아들고 총알같이 서울 사무실로 내달렸다. 이산가족들이 기다리고 있다는 생각에 잠시도 머뭇거릴 수 없었다. 사무실에 도착하자마자 본사 4층 강당에서 북에서 보내온 편지 300통을 가족들에게 전달하기 위한 분류 작업을 진행했다. 봉투에는 수신자와 발신자 주소가 적혀 있었다. 분류 작업과 함께 북측 이산가족들의 편지를 수신하는 남측 가족에게는 "이 편지가 인도적 목적으로 교환된 만큼 다른 목적에는 이용하지 말라"는 내용의 안내문과 함께 우편으로 발송하겠다고 일일이 전화를 드려 설명했다.

더 이상 전달되지 않는 '그리움'

당일에 남산 적십자사 본사로 직접 찾아온 가족들에게는 신분을 확인하고 편지를 전달해 드렸다. 북에서 온 가족들의 편지를 받아 본 어르신들은 눈물을 흘리며 감격에 겨워했다. 사무실을 방문한 한 이산가족이 북에서 형이 보내 온 편지를 공개했다.

"사랑하는 동생 대웅아, 꿈엔들 한시도 잊지 않았다. 이렇게 서신으로나마 동생과 이야기를 나누게 되니 참으로 다행으로 생각한다. 이제는 50년 세월이 지나서 동생도 할아버지가 되었겠구나…."

그동안 가슴에 맺힌 그리움과 끈끈한 정이 구구절절 담긴 북의 가족이 보낸 서신을 받아 든 남쪽 가족들이 눈시울을 붉혔다. 역시 이산가족인 김민하 민주평화통일자문회의 부의장은 이날 북에서 형 김성하김일성대학교 철학과 교수가 편지를 보냈다는 소식을 듣고 한 걸음에 달려왔다. "편지를 받으니 그토록 그리던 형님의 체취가 느껴지는 것 같다. 한시라도 빨리 집에 누워 계신 어머니께 형님 편지를 읽어 드리겠다"며 급히 집으로 향했다. 경기도 평택에 산다는 한 할머니는 북쪽 여동생의 편지를 받기 위해 직접 대한적십자사를 찾았다. "자나 깨나 언니 생각에 잠을 이루지 못했는데…. 기나긴 세월 헤어져 있던 언니가 살아 있다는 소식에 너무 감격스럽다"는 글이 담긴 동생의 편지를 읽고는 북받쳐 오르는 감격으로 한동안 말을 잇지 못했다.

지난달 평양에서 가족을 만난 국군 포로 가족들도 이번에 서신을 교환했으며, 납북자 가족인 김삼례 할머니도 27 동진호 선원이었던 아들 강희근 앞으로 지난번 평양 상봉에서 미처 나누지 못한 얘기를 서신에 담아 보냈다.

이번 서신 교환은 1970년대 초 남북 적십자 회담이 시작된 이래 처음으로 남북 이산가족들이 편지로 소식을 전할 수 있게 되었다는 데 의의가 있었다. 우리는 지속해서 북측에 서신 교환을 확대하자고 주장했으나 안타깝게도 이날의 시범 사업 이후 더 이상의 서신 교환은 이뤄지지 않고 있다.

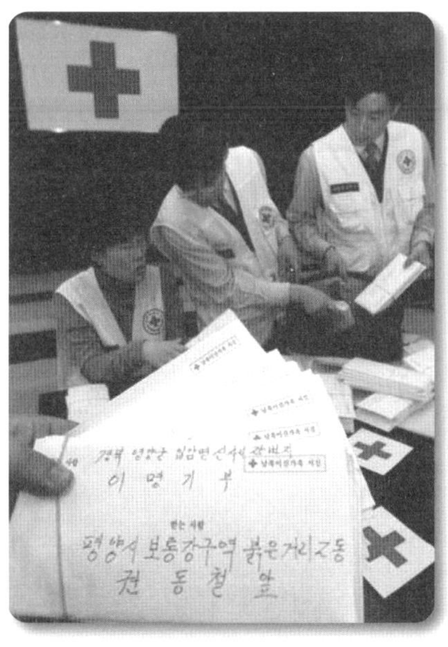

북측으로 보내는 서신 분류 작업

북측으로부터 받은 서신

설봉호와 금강산 상봉

배는 그리움을 싣고

"이산가족 문제와 북한 동포 돕기에 적극 나서겠다."

2001년 1월 3일 대한적십자사 총재로 취임한 서영훈 총재는 취임사에서 이렇게 밝혔다.

4월 들어 장재언 조선적십자회 위원장이 "식량 증산에 필요한 비료가 절대적으로 필요하다"며 서영훈 총재 앞으로 전화 통지문을 보내 왔다. 당해 농사에 사용할 비료 20만t 지원을 요청해 온 것이다. 그러나 최근 몇 달 동안 4차 적십자 회담이 열리지 않자 서영훈 총재는 성명을 통해 조속히 적십자 회담을 열어 90세 이상 이산가족만이라도 우선 상봉하자고 제의한다.

그런데 미국에서 9·11 테러가 터졌다. 세상이 얼어붙는 듯 느껴졌다. 이 사건이 남북 관계에 어떤 영향을 미칠지 모두 주시했다. 우려와 달리 6개월 동안 지연되던 제5차 남북 장관급 회담이 2001년 9월 15일부터 서울에서 개최되어 그해 10월 16일부터 제4차 이산가족 방문단 교환에 합의하게 된다. 기쁜 마음으로 재개된 상봉 행사를 일정대로 추진하기 위해 후보자 300명을 컴퓨터 추첨하고 판문점에서 1

차 후보자 200명의 명단을 교환하는 등 상봉 준비를 진행했다. 최종 100명의 명단만 확정하면 이번에는 서영훈 총재가 우리 측 단장을 맡아 평양을 방문하기로 되어 있었다. 사무실이 연일 바쁘게 돌아갔다.

막는 자와 뚫는 자

방북 후보자들에게 일일이 전화를 드려 상봉에 필요한 준비물부터 지켜야 할 사항까지 자세하게 안내했다. 그런데 가족 상봉을 나흘 앞둔 시점에 북한이 조평통 대변인 담화를 통해 "남조선에서는 외부에서 벌어지는 일에 턱을 대고 전군에 비상 경계 태세가 내려져 예측할 수 없는 삼엄한 분위기가 조성되고 있다"며 느닷없이 방문단 교환을 연기하겠다고 발표했다.

우리는 "최종 명단 교환이 이루어졌고 구체적 일정까지 합의한 상태에서 느닷없이 연기하느냐"며 조선적십자회에 유감을 표하고 재개를 촉구하는 총재 명의 대북 통지문을 보내 동향을 살폈다. 서둘러 충격을 받았을 방북 예정자 100명과 서울에 오면 만나려고 준비하고 있던 남측 가족 대표 100명에게도 바로 위로 서한을 보냈다. 아니나 다를까 전화를 받은 이산가족들의 실망감은 매우 컸다. "며칠 후면 가족을 만나나 했는데…, 선물도 다 준비했는데…" 하며 말을 잇지 못했다. 일부 어르신은 사무실로 달려와 망연자실 주저앉아 한동안 돌아가지 못했다. 이렇게 상봉이 갑자기 연기되면서 언제 상봉이 이루어질지 예상하기 어려운 상황이 계속되었다.

해를 넘겨 2002년 3월 말, 임동원 특사가 평양을 방문해 김정일 위원장을 만나 남북 관계 복원, 이산가족 상봉 재개, 경의선과 동해선 철도 도로 연결에 합의했다. 이에 따라 4차 이산가족 상봉이 4월 28일부터 5월 3일까지 서울과 평양이 아닌 금강산에서 이루어지게 되었다. '왜 갑자기 금강산에서 상봉 행사를 하는 거지?' 생각하며 아쉬움이 컸지만, 일단 만난다고 하니 새로운 상봉 방식을 설계해야 했다.

지난번에 이미 최종 명단까지 확정한 상태였지만 한 달은 준비하기에 빠듯한 기간이었다. 뿐만 아니라 지금까지 진행되었던 동시 상봉 방식과 달리 금강산 상봉은 우리 측 이산가족 100명이 먼저 북의 가족을 상봉하고 상봉 행사가 끝난 후 곧바로 북측 이산가족 100명이 남측 가족을 상봉하는 순차 상봉 방식으로 진행하기로 했다. 현대 관계자는 상봉이 합의되자 바로 움직였고 우리는 상봉 일주일 전 통일부와 국정원, 적십자 직원들로 구성한 선발대를 금강산으로 파견했다. 북측 관계자를 만나 숙소부터 오찬, 만찬 등 합의된 일정대로 진행하는 데 문제가 없는지 확인하고 점검했다. 다행인 점은 오래전부터 금강산 관광을 진행해 온 현대아산이 출입국 수속 절차부터 안내까지 전 과정을 진행해 주기로 한 것이었다. 통일부는 정부 합동지원단을 중심으로 기관별 역할 분담과 참여 직원들을 몇 개 팀으로 나누고 업무를 세분화하여 상봉에 대비했다. 금강산 현지와 서울 종로구 삼청동에는 상황실을 설치해 모든 진행 상황을 실시간 공유하는 체계를 마련했다.

반세기 만의 선물은 무엇으로

적십자 봉사원들이 속초로 집결한 이산가족들을 안내했다. 남측 상봉단 예비 숙소인 한화리조트는 취재 온 기자들과 환송 나온 가족들로 만원이었다. 나는 이산가족들을 모아 놓고 식사 겸 간단한 방북 교육을 했다. 이산가족들이 제일 궁금해 하며 물었던 사안은 북측 가족에게 현금을 얼마나 어떻게 전달하는 게 좋을 것인가 하는 물음이었다. 우리는 호텔 방에서 개별 상봉 시간에 선물과 함께 전달하면 좋겠다고 설명해 줬다. 지난 상봉까지 북측 당국은 남측 가족이 북측 가족에게 너무 많은 달러를 전달해 부담스러워했다. 이번에는 북측의 요구대로 가족당 500달러라고 제한했으나 이를 지키는 사람이 얼마나 될지, 우리 측으로서도 강제할 수는 없는 사안이었다.

가족들은 전달한 돈이 제대로 가족에게 갈 것인지 궁금해하며 다시 물었다. "북한은 우리와 달라 일부는 체재 비용 등으로 내야겠지만 절반 이상은 가족들이 사용할 수 있다"는 취지로 답해 드렸다. 실제로 얼마가 가족들에게 돌아갈지 확인할 수 없지만, 그동안 나름대로 파악한 정황을 근거 삼아 한 대답이었다. 모두 내일이면 가족을 만난다는 설레임에 들떴다.

드디어 이산가족들이 일반 관광객들과 함께 속초 여객 터미널에서 설봉호에 승선해 금강산으로 출발했다. 환송 나온 봉사원들은 배가 떠나는 현장에서 오래도록 손을 흔들어 주었다. 이산가족들이 배를 타고 북한을 방문하기는 처음이다. 어르신들이 다니기에는 배의 객실이 좁았고 이리저리 흔들렸다. 3시간 넘게 항해하여 오후 3시 반 북한 장전항에 도착했다.

설봉호로 연 금강산 이산가족 상봉 바닷길

눈이 휘둥그레졌다. 금

강산은 저 멀리서 병풍을 펼친 듯 그림같이 아름다운 자태를 드러냈다. 안내 직원들은 어르신들을 위층에서 아래층으로 부축해 설봉호 선내를 오르락내리락해야 했다. 간단한 출입국 절차를 마치고 나면 바로 단체 상봉장에서 가족들을 만나게 된다. 이산가족들의 마음이 바빠지기 시작했다. 상봉이 무산된 지 6개월 만이다. 아니 50여 년을 기다려 온 만남이 아니던가.

50년 세월을 뛰어넘은 노모와 늙은 자식의 해맑음

단체 상봉장이 술렁였다. 여기저기서 흐느끼는 소리가 들렸다. 남쪽 최고령자인 93세 할머니께서 1952년 당시 의용군으로 끌려간 둘째 아들을 만났다. 노모는 늙은 아들의 볼을 비비며 상봉의 기쁨을 감추지 않았다. 나는 가까이에서 그 장면을 지켜봤다. 늙은 아들이 노모를 어린아이처럼 안으며 해맑게 짓는 환한 웃음에 '혈육 간 만남이 이런 거구나' 감동과 함께 내 일인 양 기쁨과 뿌듯함이 일었다. 기쁨과 행복에 젖은 그 순간의 표정을 나는 지금도 잊을 수 없다. 세상에서 가장 행복한 모습이었다.

김민하 민주평화통일자문회의 수석부의장도 이번에 북쪽의 형을 만나 지난해 3월에 보내 온 아들의 편지를 받고 기뻐하다 한 달 후 101세의 나이에 세상을 뜬 어머니 소식을 전했다. 북측이 남측의 중계차 반입을 승인해 만나는 과정이 생중계되었다. 이산가족들은 금강산에서 전체가 함께하는 만찬과 공동 중식, 누구에게도 방해받지 않는 오붓한 개별 상봉의 시간과 금강산의 명승지인 구룡연과 삼일포를 함께 둘러보며 가족 간의 정을 나눴다.

둘째 날 식사 장소에서 한 이산가족을 만났다. 전날의 상봉 이야기와 함께 준비한 선물과 돈은 잘 전달했느냐고 물었다. 개별 상봉 방에서 준비해 간 큰 가방 2개를 풀어 놓고 북측 가족들 이름을 하나하나 거명하며 설명해 주었다고 했다. 달러는 꼬깃꼬깃 10달러 지폐를 묶어 "들키지 않게 몸에 숨겨 가져가라"고 당부했다고 했다. 여전히 들키면 빼앗긴다고 생각한 모양이었다. 그러면서 조용히 서운한 마음을 중얼거렸다.

"다른 사람은 더 많은 돈을 줬다는데 나는 적십자에서 시키는 대로밖에 준비하지 못했다. 더 주고 오는 건데…."

나 집에 안 갈 거예요

이제 헤어져야 할 시간, 전쟁통에 헤어져 50년간 수절해 온 75세의 정귀업 할머니는 떠나는 시간이 되자 몹시 서운해했다. 북한의 남편이 이제 헤어져야 할 남쪽의 아내에게 말했다.

"몸 건강해서 통일의 그날까지 기다려라."

정 할머니가 물었다.

"함께 서울로 가 같이 살면 안 되겠냐."

안 된다고 하자 붙잡은 손을 놓지 않은 채 울면서 서러워했다.

"통일이 언제 와요…. 언제 통일이 와요. 나 집에 안 갈 거예요."

어렵게 갈라 놓는 사람과 지켜보는 사람들의 눈시울도 붉어졌다.

혼자 남은 이별의 시간

처음 실행한 금강산 이산가족 상봉은 나름 성공적으로 끝났다. 여전히 북쪽 가족들은 만찬장에서 "장군님 배려 덕분에 이곳에 오게 되었다"며 기자들 앞에서 연신 감사를 표했다. 한편으론 이해할 만도 했다. 북에서 선정되어 행사장에 나온 이산가족들은 깔끔한 정장에 중절모를 쓰고 가슴에는 공훈 메달이 주렁주렁 달려 있었다. 이들 중엔 유명 인사들이 많았고 상봉장에서 유공장을 펼쳐 놓고 쉼 없이 자랑하기도 했다.

남측 상봉단 가족들은 북의 가족이 건네준 선전 책자를 많이 받아 왔다. 한편 우리 측에서 선정한 100명의 가족을 만나러 나온 200여 명의 북한 측 이산가족들은 순수해 보였다. 한복을 곱게 입고 나온 할머니부터 양복에 헐렁한 넥타이를 맨 할아버지까지. 그들이 어떤 방식으로 선정되어 가족을 만나러 왔건 생이별 50년 만에 이뤄진 가족 상봉의 시간만큼은 체제도 이념도 그리움과 사랑에 걸림돌이 될 수 없었다. 모두 동심으로 돌아가 있었다. 예순 넘은 아들도 그 순간은 어린아이였다.

서울 평양 교차 상봉과 달리 금강산 행사는 2박 3일간 순차적으로 두 차례 상봉이 이어졌으므로 한자리에서 두 모습의 상봉 장면을 모두 볼 수 있었다. 이후 한 번 더 바닷길을 이용한 상봉이 이루어졌고, 2003년 육로 관광이 시작되자 버스로 군사분계선을 넘어 한층 편리하게 금강산 상봉이 이루어졌다.

같은 시공간에서 손 잡지 못한, 그림자 상봉

손도 못 잡고 멀리서 해후해야만 하는 슬픈 모자

"혹시 어머니를 만나면 몇 가지 여쭤 봐 주게."

특보가 내게 몇 가지를 부탁했다. 그러면서 준비한 달러를 조용히 내밀었다.

"이것도 전달해 주게."

2002년 9월, 이산가족 상봉 행사장인 금강산으로 가던 설봉호 배 안에서 나는 남북 적십자 회담에 오랫동안 참여해 왔던 이병웅 특보에게 놀라운 이야기를 들었다.

"이번에 어머니가 상봉장에 오실지 모르는데 김 팀장이 아들 노릇 좀 해 줘야 될 듯하네."

나는 특보의 말이 무슨 뜻인지 자세히 물었다.

"북에서 어머니를 상봉장에 모시고 올 것 같은데 상봉 책임자로 일하는 내가 비공식적으로 만나는 것은 안 될 일이다."

그러면서 “혹시 만나면 몇 가지를 물어봐 달라”고 부탁했다. 이 특보의 이야기와 부탁 이면에 숨겨졌을 아련한 고통의 심정을 헤아릴 경황도 없이 상봉 행사장에서 내가 해야 할 역할을 생각했다. 우선 급한 대로 내가 맡은 업무를 동료에게 잠시 부탁하고 그 일을 처리해야 했다.

헤어진 가족들이 만난 금강산 단체 상봉장은 금세 눈물바다가 됐다. 50년 만의 가족 상봉이었으니 그리움으로 눌려 왔던 감정의 분출을 어찌 상상이나 할 수 있을까. 상봉장이 격랑에 휩싸여 있을 때 사람들의 눈을 피해 나는 북측 관계자에 이끌려 금강산려관 안쪽에 마련된 별실로 들어갔다. 접견실에 세 분이 앉아 계셨다. 한복을 곱게 차려입은 나이 지긋하신 할머니가 특보의 어머니임을 직감했다. 나는 인사를 드리고 이병웅 특보와 같이 근무하는 직원이라고 소개했다. 그리고 저간의 사정을 설명 드렸다.

“아들이 이곳에 와 어머님을 봬야 하는데 그럴 수 없어 대신 제가 왔습니다. 양해해 주십시오.”

내 이야기에 어머니뿐 아니라 같이 계신 분들도 놀라는 눈치였다. 아들을 보러 금강산까지 왔는데 다른 사람이 앞에 앉아 있으니 이 무슨 조화란 말인가. 나는 특보가 어떤 분이신지 내가 알고 있는 모든 정보를 다 동원하여 말했다.

“아드님께서는 1970년대부터 남북 회담에 참여하였고 대한적십자사 사무총장을 두 번이나 하셨습니다.”

“대북 구호물자 지원과 이산가족 상봉을 위한 남북 적십자 회담에 오랫동안 참여해서 지금도 북한에는 아는 분들이 많습니다."

노모가 내 손을 덥석 잡으며 아들을 만난 듯 고마워했다. 나는 이어서 "오늘 행사장에 책임자로 계신다"며 "그래서 이 자리에 직접 오지 못하고 저를 대신 보냈다"고 조심스럽게 말했다. 노모께서 내 말을 이해할 수 있을까? '상봉 책임자라면 당장 와서 만나면 될 일을 왜 안 된다는 말인가' 하는 당연한 생각을 하면서도 특보가 부탁한 대로 설명을 이어갔다.

"이번 남쪽 상봉 가족 99명은 모두 공정한 절차로 컴퓨터로 추첨해 당첨되신 분들입니다. 그 기준에 특보님은 해당되지 않습니다."

북측 기준으로 보면 이해하기 어려울 수 있다. 두 분이 이산가족이고 어머님의 나이가 87세인데 눈앞에 있는 남쪽의 62세 아들을 만나는 일이 무엇이 문제란 말인가. 나는 설명하면서도 계속 '이 상황을 이해할 수 있을까' 하는 생각이 들었다. 특보가 주신 편지를 전달하자 모친은 북측 관계자가 있는 자리에서 단숨에 읽어 내려갔다.

단 한 번만이라도 아들 얼굴 볼 수 없겠는지?

노모가 눈물을 흘리며 떨리는 목소리로 몇 가지를 물었다. 그러고 나서 "우리 아들이 중요한 일을 하고 있다는 것을 들었다", "통일을 위해 일하는데 나는 그보다 더 기쁠 수 없다"며 "만나면 좋겠지만 만나지 못한다면 멀리서 한 번만이라도 아들 얼굴을 볼 수는 없겠는지?" 물었다. 북측 관계자를 쳐다보니 너무도 당연하다는 눈치였다. 오히려 '여기까지 왔는데 만나지 않는 걸 이해 못 하겠다'는 반응이었다.

만찬 시간에 어머님 곁에 아들 대신 내가 앉았다. 혹시나 아들이 나타날지 모른다고 생각했는지 노모는 식사도 못 하시고 자꾸 주변만 살폈다. 눈가에 눈물이 고였다. 만찬이 끝나고 일어나기까지 특보는 끝내 나타나지 않았다. 서너 시간 그렇게 함께한 동안 나는 건강과 근황 등 여러 질문을 했고 노모께서 답하는 내용을 정리했다. 노모께 전해 달라던 달러도 손에 쥐어 드렸다. 만찬이 끝나고 어머니께서 전해 달라고 한 말씀을 정리하여 조용히 특보께 전했다.

"죽은 줄 알고 50년간 제사를 지낸 아들이 살아 있다니 얼마나 기쁜지 모른다. 사정이 그럴 수밖에 없다는 것을 이해한다."

특보는 담담하게 받아들였으나 그 아픈 마음은 섣불리 가늠하기 어려웠다. 궁금한 내용을 다음 날 다시 확인해 달라고 해서 나는 이쪽과 저쪽을 왔다 갔다 하면서도 노모와 계속 함께할 수는 없었다. 잠시 아들 노릇해 달라는 부탁을 이해 못 할 바 아니었으나 아무리 곁에 있은 들 어찌 아들이 될 수 있겠는가. 노모는 간절히 아들을 만나 보길 원하면서도 어쩔 수 없는 상황에 순응한 것일 뿐.

상봉 2일 차에 금강산 삼일포에 돗자리를 깔고 상봉 가족들이 다과를 함께하며 즐겁게 만나고 있었다. 멀리 노모의 모습이 보였다. 아직 떠나지 않았고 행사장 주변에 머물고 계셨다. 특보께 저기 서 계시는 분이 어머님이라고 말해 드렸다. 특보는 그 자리에서 물끄러미 쳐다만 볼 뿐 다가가 부르지도 손을 잡지도 않았다. 냉정했다.

그때 어머니와 아들은 무슨 생각을 했을까. 어머니를 모시고 나온 북한 일꾼들은 또 무슨 생각을 했을까. '그냥 힘들게 여기까지 왔

이제 헤어지면 다시 못 만나는 작별의 시간. 손을 흔드는 북측 가족들

는데 만나서 손이라도 잡고 눈물도 흘리며 회포를 푸는 것이 어머니를 위한 일이 아닌가?' 하는 생각이 들었다. 그동안 고위급 회담을 위해 평양을 방문했던 정부 관료들도 개별 상봉의 기회를 가졌고, 2000년 1차 상봉 시 서울을 방문한 북측 류미영 단장도 남쪽 가족들을 개별적으로 만나지 않았던가? 그런데 금강산까지 오신 어머니를 만나지 않고 돌려보내다니….

그러나 특보는 다르게 생각한 모양이었다. 중차대한 업무를 책임지는 상황에서 다른 사람처럼 편하게 만날 수 없었다는 점, 그리고 적십자는 달라야 하고 신뢰를 얻기 위해서는 이렇게 해야 한다는 것, 그리고 회담 수석대표로서 이렇게 해야 상대에 약점 잡히지 않고 우리의 진정성을 내 보일 수 있음을 보여 주신 거였다. 그럼에도 분명한 사실은 이제 많은 시간이 지났고 87세의 노모를 언제 다시 살아서 볼 수 있을까 하는 것이다. 그날 특보는 어머니께 보낸 편지에 답신을 받았다. 노모의 서신에 "못 보고 가는 데 너무 섭섭해하지 말라" "통일을 위해 더 좋은 일 많이 해 달라"는 부탁이 들어 있었다.

공직자의 자세와 모자간 아쉬움

이병웅 특보는 1970년대부터 남북 회담에 참여하여 협상했던 남북 회담의 산증인이다. 30세이던 1971년 8월, 판문점에서 열린 남북 적십자 간 첫 파견원 접촉 때 수행원으로 참여한 것을 시작으로 70여 차례 남북 회담에 참여했다.

남북 적십자 회담에 참여하여 협상에 나섰던 이병웅 특보는 사무총장 임기를 6년간 수행했고, 이후에도 남북적십자교류위원회 실행위원장과 총재 특보로 활동했다. 특보는 남북 관계 일을 그만두면서 그동안 수행원으로서 회담장에 모시고 다녔던 나를 불러 앞으로 회담이 있을 경우 북한과 상대해야 할 텐데 참고하라며 서류 뭉치와 오랫동안 남북 회담 때 들고 다녔던 서류 가방을 주셨다. 서류 뭉치에는 7·4 남북공동성명 관련 회담 당시 개인적으로 적어 둔 메모와 적십자 회담 때 기록한 친필 메모 등 귀한 자료가 들어 있었다.

특보의 모친께서 금강산 상봉에 오시게 되었던 상황은 이랬다. 30년 넘게 북측 사람들을 만나 회담에 참여하면서도 특보는 고향이 북쪽이라는 이야기를 하지 않았었다. 공적 업무를 떠나 민간 차원의 일을 하던 2000년 9월에 관광회사 사장단 팀에 끼어 백두산에 갔다가 베이징 회담 당시 북측 대표로 참여했던 관계자에게 어머니 생사를 알아 달라고 부탁했다. 그 뒤 생존해 계시다는 소식을 전해 왔고, 북측 관계자들이 특보의 모친을 특별히 상봉장에 모시고 온 것이었다.

육로 상봉 길

새들도 뭇짐승들도 넘나 드는 길, 반세기 만에 뚫은 만남의 길

북한이 크게 선심 쓰듯 말했다. 6차 이산가족 상봉을 일주일 앞둔 2003년 2월 14일, 북한적십자회 장재언 위원장이 서영훈 총재 앞으로 전화 통지문을 보내 왔다.

"남측 이산가족들이 새로 열린 동해안 임시 도로를 통해 내왕할 수 있도록 특별 조치를 취하기로 했다."

금강산 육로가 뚫렸으니 들어와도 좋다는 이야기였다. 며칠 전 판문점 연락 채널을 통해 우리 측에서 금강산 이산가족 상봉 이동 경로로 육로를 제의했을 때만 해도 어렵다는 반응이었으나 그 사이 무슨 변화가 있었을까?

2000년 이후 이산가족 상봉 중 3차례는 항공편, 2차례는 배편을 이용했으나 이제 버스편으로 가족을 만나러 갈 수 있게 되었다. 금강산 육로 관광길이 열리면서 6차 이산가족 상봉 행사에 참여하는 이산가족들은 사상 처음으로 비무장 지대를 통과하는 금강산 육로를 이용할 수 있게 되었다. 북한은 일반인을 대상으로 금강산 육로 관광에 하루 앞서 이 같은 조치를 취한 것이다.

육로 이동은 편의성 측면에서 많은 것들이 달라진다. 설봉호에 올라 2층과 1층을 오르락내리락하며 힘들어했던 거동 불편한 이산가족들도 좀 더 편하게 갈 수 있게 된 것이다. 몸이 불편한 이산가족들은 가능한 휠체어를 타도록 했고 봉사원과 안내 인원이 밀착하여 봉사하도록 했다. 의료진도 구급차를 타고 버스 뒤를 따라가며 만일의 사태에 대비했다. 금강산에서 위급한 상황이 생기면 바로 육로를 통해 고성까지 와서 항공편으로 강릉까지 후송한다는 계획도 세워 놓았다. 대형 버스엔 적십자 깃발을 꽂았고 버스마다 적십자 마크와 번호를 붙였다. 이산가족은 15명씩 분산하여 현대아산 직원과 적십자 지원 인원을 함께 탑승시켰다. 인솔 단장이 탄 선도차가 출발하고 이산가족들을 태운 버스 행렬이 길게 이어졌다.

군사 분계선을 넘어

버스 행렬은 어느새 고성군 통일전망대 임시 남북출입관리사무소를 거쳐 동해선 임시 도로를 타고 북한으로 들어서고 있었다. 남측 CIQ를 통과해 육중한 철조망 문이 열리고 군사 분계선MDL을 지나 비포장 도로를 달리니 북한 땅이다. 북방 한계선-삼일포 주차장-온정리 태창 샘물 공장 부지-장전항 북측 CIQ에 이르는 거리는 총 39.4km다. 금강산행 육로 동쪽으로는 명사십리, 서쪽으로는 수려한 산봉우리들을 볼 수 있다.

현대아산의 안내 직원이 주변의 경치를 열심히 설명했다. 바닷길에서 볼 수 없던 비무장 지대 말뚝과 분단 세월의 흔적이 고스란히 들어왔다. 안내 직원은 북측 지역에 들어서면 군인들을 향해 손짓하거나 사진을 찍지 말라고 했다. 설렘 반 호기심 반 창문 밖 낯선 풍경에 카메라를 만지작거렸지만, 혹시나 하는 생각에 그만두고 시선으로만, 마음속에만 담아 두기로 했다.

창밖으로 저 멀리 금강산 바위산들이 보이고 야산 어귀에 있는 민가와 군인들의 초소와 사람들이 이동하는 모습이 보였다. 북으로 향할수록 쥐 바위, 고양이 바위, 동자 바위 등 그야말로 절경의 일만 이천 봉이 장관이었다. 차가 멈추고 북한의 출입국 절차를 밟으니 북한에 들어온 것이 실감 났다. 배편보다 모든 것이 편리했다.

이날 남측 상봉단 461명은 온정각 휴게소에서 북측 가족 99명과 감격스러운 상봉을 했다. 2박 3일 일정이 끝나고 남측 방문단 99명도 금강산려관에서 북측 가족 193명과 만났다. 이번 상봉에는 76세의 박규순 할머니가 30년 만에 1972년 12월 서해에서 오대양호를 타고 조업에 나섰다 북한 경비정에 의해 납북된 작은 아들을 만났다. 이번 납북자 가족 상봉은 우리 측이 납북자 5가족과 국군 포로 5명의 생사 확인을 북한적십자회 측에 요청했으나 납북자 1가정만 생존이 확인돼 이루어진 것이다. 한국 전쟁 때 의용군으로 북으로 간 한 할아버지는 연로해 거동이 어려워 캠코더로 찍어 보낸 남측 어머니의 영상을 보며 눈물을 흘렸다. 단체 상봉이 끝나고 이산가족들은 온정각 휴게소의 환영 만찬에 참석했다.

새들처럼 언제나 자유로이 넘나들 수 있기를

다음 날은 해금강호텔에서 가족 단위 개별 상봉이 이루어졌다. 우리는 즉석 카메라로 상봉 장면을 촬영해 주고 간단한 음료를 제공하며 충분한 대화를 나누도록 했다. 이어 김정숙 휴양소에서 상봉 가족들이 모두 함께 점심을 먹었는데 이번에는 우리 측에서 마련한 음식으로 대접하였다. 오후에는 삼일포에서 돗자리를 깔고 음식을 나누어 먹으며 가족끼리 오붓한 시간을 보냈다. 북측이 준비하여 가족들이 함께 즐거움을 공유할 수 있었던 서커스 공연도 좋았지만, 금강산 자락의 수려한 풍경을 만끽할 수 있는 삼일포에서의 한나절은 청정한 공기를 마시며 그간의 갈증을 씻어 내리는 시간이었다.

삼일포에서 가족들과 오붓한 시간을 보내는 이산가족들

3일 차 되는 날 온정각 휴게소에서 작별 상봉이 이어졌다. 한 시간가량 이어진 마지막 상봉에서 가족들은 손을 맞잡고 다시 만날 것을 기약하며 마지막 혈육의 정을 나누며 눈물을 훔쳤다. 지켜보는 기자들과 지원 인원들이 함께 눈물 흘리며 다시는 생이별 없는 자유로운 상봉을 기원했다.

그동안 배편으로 이뤄진 상봉에 비해 육로를 이용한 상봉은 비교할 수 없을 정도로 편리했다. 버스에서 피곤한 몸을 뉘어 잠시 눈을 붙인 듯했는데 어느새 속초였다. 속초에서 헤어진 이산가족도 있었지만, 서울역과 강남터미널까지 가겠다는 분들을 위해 전세 버스 편으로 모셨다. 새로운 프로세스가 정해지면 바꾸고 싶어도 상대가 있으니 쉽지 않다. 육로를 통한 상봉이 큰 문제 없이 끝나면서 면회소를 통한 상봉은 더욱 속도감 있게 추진되었다.

비대면 상봉

거동 불편자와 고령자들을 위한 화상 상봉

기술의 발달은 전에는 생각지 못한 일들을 가능하게 한다. 거동이 불편해 다른 가족들의 대면 상봉을 지켜봐야만 했던 이산가족들이 북녘 땅을 밟지 않고도 가족 친지들을 만날 수 있는 길이 열린 것이다. 바로 화상 상봉 방식이다. 1971년 남북 이산가족 상봉을 위한 적십자 회담 당시로서는 생각지도 못한 방식이었다.

통신 기술의 발달로 불편한 몸을 이끌고 멀리 나서지 않고도 편하게 자기 동네에 앉아 화상으로 상봉할 수 있게 되었다. 2000년 이산가족 상봉 물꼬가 터진 후 고령 이산가족들은 갈 수만 있다면 장소 불문하고 만난다는 의지가 있었지만, 대면 상봉만으로 이들의 수요를 모두 충족시킬 수는 없었다.

김대중 정부 박재규 통일부 장관은 2001년 중앙일보와의 인터뷰에서 "이산가족 교류 시간·비용 절감을 위해 서울과 평양의 특정 장소에서 첨단 통신 장비를 이용해 가족들이 매일 나와 화상으로 상봉할 수 있도록 북측과 협의해 나갈 계획"이라고 밝혔다. 화상 상봉 방식이 처음으로 구체화되기 시작한 것이다. 이후 별다른 진전이 없다 2005년 평양에서 노무현 정부의 정동영 통일부 장관이 김정일 국방위원장을 만나 이산가족 화상 상봉을 제의했다. 김정일 위원장은 "가슴 뛰는 새로운 상봉 방식"이라 화답하고 "8·15 광복절을 맞아 당장 시행하자"고 합의했다.

화상 상봉은 말 그대로 남북 간 통신선을 연결해 텔레비전 화면으로 상대방 얼굴을 보며 대화하는 방식이다. 상봉 시스템을 설치하고 방송 중계 등 기술적인 부분은 KT에서 맡았다. 판문점에 광케이블을 깔고 문산까지 끌고 와 서울, 인천, 부산, 수원, 대전, 대구, 광주, 춘천 어디든 연결했다. 거동 불편자와 고령 이산가족들이 근접하기 쉬운 적십자사 건물에 화상 상봉장을 마련했으니 통신선만 연결하면 편리하게 상봉할 수 있게 되었다. 첫 화상 상봉에 앞서 남북의 적십자사 총재와 위원장이 인사말을 나누며 문제 없음이 확인된 후 가족 상봉이 이루어졌다.

전국에서 이루어진 이산가족과의 대화

대면 상봉과 달리 5~6명이 들어갈 수 있는 3평 남짓한 방음 시설이 설치된 방에서 적십자 봉사원들의 안내에 따라 북측 가족과 상봉이 이루어졌다. 전국 10곳에 마련된 상봉장에서 가족당 2시간의 만남이 었다. 오전 8시부터 시작하여 오전에 20가족, 오후에 20가족 총 40가족이 만날 수 있었다. 참여 가족들은 서로 껴안거나 손을 붙잡을 수 없어 아쉬움을 토로하면서도 헤어질 당시의 생생한 기억들을 더듬으며 화면을 향해 하고 싶은 이야기들을 쏟아내었다.

상황실에서는 적십자사 직원이 전화 연결선으로 상대 측 가족에게 가족 사진을 전송해 줄 수도 있었다. 화상 상봉장에 나온 사람들은 그동안 이산가족 상봉을 준비하면서 이미 생사가 확인된 사람들로서 주로 90세 이상 고령자들을 대상으로 이루어졌다.

화상으로 가족을 만나다.

당시 언론의 주목을 받은 이산가족으로 100세 할머니와 47세 손자와 손녀, 며느리의 만남이 화제가 되기도 했다. 다행스러운 일은 1차 시범 사업 때는 1명의 상봉자가 만나는 대상 인원을 5명으로 제한하다 2차부터는 가족 대 가족 개념으로 우리 측에서 5명 정도 북측에서 5명 정도 함께 상봉할 수 있었다는 것이다. 북측 가족들은 주로 한복을 곱게 차려입었고 우리 측은 자유로운 복장으로 화상 상봉에 임했다. 통신 시설 작동법 등 유의 사항을 안내해 주던 적십자 직원과 봉사원들도 상봉 현장을 지켜보며 눈물을 흘렸다.

대부분 이산가족은 생사가 확인된 경우 직접 손을 맞잡고 체온을 느끼는 만남을 기대했지만, 거동이 불편하고 이동이 자유롭지 못한 어르신들에겐 아쉽지만 좋은 상봉 방법이었다. 화면으로나마 그리운 혈육을 보는 어르신들은 화면을 손으로 쓰다듬으며 그리움을 표현하지만 온전한 혈육의 온기를 느낄 수 없는 현실에 아쉬워했다.

북측은 우리 측과 달리 화상 상봉을 위해 일주일 전에 전국 각지에서 고려호텔로 집결했다. 이러한 경험들이 하나하나 쌓이면 대면 상봉 방식도 진화할 수 있다. 화상 상봉은 공간적 제한이 없으므로 북측이 양보해 줘 가능했고, 화상 상봉에서 이뤄졌던 가족 대 가족 상봉 방식이 이후 금강산에서의 대면 상봉에도 적용되기 시작했다. 화상 상봉은 2007년까지 총 7차례 이루어져 557가구 3,748명의 만남을 성사시켰다.

화상으로조차 만날 수 없는 나날들

비록 직접 상봉하지 못하는 아쉬움은 있으나 이렇게라도 계속해서 생사 확인과 화상으로나마 서로 만나 대화라도 나눌 수 있게 적십자사는 기회 있을 때마다 북측과 협의해 왔다. 2007년에는 북한에 화상 상봉장 건설에 필요한 비용도 전달했다. 하지만 아쉽게도 우리 측에서 건설비를 지원했으나 북한 측 화상 상봉장은 끝내 건설되지 않았다. 이후 평양을 방문했을 때마다 어떻게 되었는지 확인하니 평양 시내에 신축 중인 건물 중 일부를 사용하겠다는 답이 돌아왔지만 이후 감감무소식이었다. 이후 화상 상봉장 얘기가 나오면 지원받은 설비와 자재 등이 수해로 파손, 유실되었다며 추가 지원을 요구하기도 했다.

문재인 정부 들어 화상 상봉에 대한 합의가 있었으나, 이후 정치적 상황이 변화되면서 더 이상 진전이 없다. 쉽지 않은 새로운 방식의 합의가 이루어졌음에도 매번 이런저런 비인도적 사유로 지속되지 못하는 현실이 늘 안타까웠다. 지난 코로나19 팬데믹 같은 상황이 언제건 반복될 수도 있는 상황에서 합의만 하면 바로 가능한 방식이 화상 상봉이다. 이후 우리는 화상 상봉 시설을 더 확대해 그 가능성에 대비하며 편의성과 확장성을 더했다. 언제쯤 화상으로나마 그리움의 갈증을 해소할 날이 올까.

◎ 화상 상봉 비용

화상 상봉 시 우리 측은 상봉 비용으로 북측에 가족당 1,000달리씩 지급하기로 합의했다. 대면 상봉 시 공식적으로 1인당 500달러로 제한했지만 적어도 가족당 평균 1,000달러 이상 주고 온 것으로 파악되었으므로 그에 상응한 비용을 합의한 것이다. 현금뿐 아니라 큰 가방에 북측 가족에게 나눠 주려고 바리바리 준비한 선물들까지 생각하면, 비용의 규모는 문제되지 않을 뿐더러 북측 가족에게 직접 선물을 전달할 수 없어 가족들이 오히려 아쉬워했다.

금강산면회소 첫 단체 상봉

남북이 함께 지은 면회소에서의 첫 만남

이명박 정부에서 남북 간 대결이 심화되면서 이산가족 상봉도 쉽게 성사되지는 않았다. 우여곡절 끝에 현정은 현대그룹 회장이 금강산 관광 관련 협의차 방북한 면담에서 북한 측과 추석 계기 이산가족 금강산 상봉이 협의되었다. 이후 적십자 회담에서 상봉 일자를 확인하고 2년여 만에 마침내 상봉이 이루어지게 되었다.

2009년 9월, 금강산에서 2년 만에 다시 이루어지게 된 상봉 행사에서 정부 당국은 우리 측 방북단장의 격을 낮추자는 분위기를 내비쳤다. 이에 유종하 총재는 "북측에서 나오는 인사의 격에 맞추겠다"며 상응하는 사람이 나가야 한다는 의견을 견지했다. 확인 결과 북측 상봉단장은 장재언 북한적십자회 위원장이었다. 우리도 격을 맞춰 총재가 직접 상봉단장으로 나서기로 했다. 총재가 생각한 대로 일이 풀린 것이다.

그런데 남북 간 대결이 심화된 상태에서 남북 적십자사 책임자들의 대화를 어느 범위까지 진행해야 할지 결정이 쉽지 않았다. 우리는 북측이 여전히 쌀 비료 지원과 금강산 관광 재개 문제를 연계할 것으로 예측했다. 총재가 현인택 통일부 장관을 만나 적십자 입장을 설명했다. 당국의 대북 정책과 보조를 맞춰야 하는지, 아니면 인도적 입장에서 적십자사가 독자적 대화를 유지해 나가야 하는지. 통일부는 정부와 보조를 맞춰야 한다는 입장이었다. 적십자는 당국 간 대화가 중단되더라도 적십자 간 별도 채널을 유지해 인도적 문제를 논의하자는 입장이었다. 정부가 결정할 수밖에 없는 대규모 지원이나 금강산 관광 등의 문제가 제기되면 돌아와 정부에 전하는 것으로 하고 인도적 차원의 적십자 간 대화는 지속하겠다는 입장으로 정리했다.

금강산면회소는 마련되었건만…. 상봉을 더 이상 늦출 수 없는 이유

이제 금강산으로 넘어가 가족 상봉을 하면 되는 상황이었다. 이번 상봉을 계기로 남북 당국 간 대화도 재개되기를 희망하고 있었다. 금강산면회소가 완공되면서 우리는 상시 상봉이 이루어지기를 희망했었다. 금강산면회소의 숙소는 남북으로 배치된 콘도 식으로 설계되어 같이 음식을 조리해 먹을 수도 있었다.

현대 측 관계자가 급히 금강산으로 들어가 1층에서 단체 상봉이 가능하도록 면회소 내부를 정비했다. 면회소가 완공된 후, 집기 비품이 완비되지 못한 상태에서 처음으로 단체 상봉이 진행되는 상황이었다. 금강산면회소는 상봉장으로 활용하기에 부족함이 없었다. 엘리베이터도 잘 작동되고 단체 상봉장도 온기가 돌도록 조치했다.

그토록 가족 상봉을 기다려왔건만 건강상 이유로 포기해야 하는 안타까운 처지들이 전해졌다. 우리 측 최고령자였던 박양시 96세 여사도 결국 상봉을 포기할 수밖에 없었다. 전날 집에서 넘어져 허리를 다치는 바람에 포기하게 되었다며 안타까운 눈물을 흘렸다. 박 할머니는 1·4 후퇴 때 고향인 황해도 은율군에 두고 온 딸 리원화 62세 를 58년 만에 만날 꿈에 부풀어 있었다. 그런데 상봉을 하루 앞두고 그리운 해후가 그만 무산되고 만 것이다. 박 할머니의 아들 이대원 63세 씨가 어머니를 대신해 북의 여동생과 상봉했다.

이번 상봉은 2년 만에 재개된 탓인지 알 듯 모를 듯 긴장감이 감돌았다. 더군다나 2008년 완공 이후 남북 간 갈등 탓에 가동되지 못하던 금강산 이산가족면회소에서의 첫 상봉이라는 또 다른 무게가 책임감으로 다가왔다. 다행히 상봉 행사는 차질 없이 잘 진행되었다. 양측 단장으로 남북 적십자 최고 책임자가 인솔한 만큼 별도의 만남과 대화를 시도했다. 총재가 북측과의 만찬을 마련해 보라고 했다.

나는 연락관에게 취지를 설명하고 자리를 마련해 달라고 했다. 금강산면회소로 올 때까지만 해도 북측이 소극적으로 나올 가능성이 있다고 봤기 때문에 크게 기대하지는 않았다. 그런데 의외로 이명박 대통령 후보 선대위원장이었던 유종하 총재의 위상을 의식했던 건지,

면회소에서 단체 상봉하는 이산가족

새로이 재개된 대화 분위기 탓인지 흔쾌히 응해 왔다. 금강산 별장 초대소에서 유종하 총재는 북측 위원장 및 관계자들을 만나 두 시간 만찬을 하며 현안에 관해 대화를 나누었다.

총재는 “이명박 정부에서는 한 번 신뢰 관계를 맺으면 더 큰 결정을 내릴 수 있을 것”이라며 “이산가족 상봉 등이 조건 없이 이루어지면 상호 좋은 결실이 있지 않겠느냐”며 적십자 간 협력을 강조했다. 실무 회담을 열어 계속 협의해 나가자고도 했다. 한편으로는 “2011년 대구 세계육상선수권대회에 북측이 참가하면 소정의 특전을 주겠다”며 참여를 종용했다. 물론 이는 사전에 정부 당국과 교감한 내용이었다.

별장 초대소에서의 희망

만찬 메뉴는 불고기와 버섯구이 등이 코스 요리로 나왔다. 접대원들이 곁에 있었지만 대화는 이어졌다. 북측 사람들은 대체로 경청하는 분위기였다. 실제로 그들이 어떻게 판단하여 어느 선까지 상부에 보고되었는지는 알 수 없다. 다만, 이명박 정부 청와대 외교안보수석을 역임했던 총재가 현안에 대해 논리적으로 설명하는 대목에서는 고개를 끄덕이곤 했다. 북한적십자사 장재언 단장 외 나머지 참석자들의 시선은 자주 옆자리의 통일부 김의도 국장을 향했다. 혹시 비료 지원 등 통 큰 인도적 지원을 요구할 줄 알았는데 그런 요구는 없었다.

나는 북측 박용일 선생과 따로 만나 “적십자 여성 봉사 특별자문위원회에서 몇 년 전부터 준비한 분유를 영유아들을 위해 개성으로 전달하고 싶다”며 “초청장을 보내 달라”고 제안했다. 박 선생은 “그

까짓 얼마 안 되는 거 그냥 보내면 되지 왜 자꾸 뜸 들이나!" 하는 반응이 돌아왔다. 어쨌건 함께한 별도의 만찬과 대화는 좋은 분위기로 끝났고 상봉 행사도 차질 없이 진행돼 이명박 정부에서 두 번째 상봉을 기대하게 되었다.

이후 조건 없는 이산가족 상봉이 한 차례 더 이루어졌지만, 2010년 천안함 피격 사건과 이명박 정부의 5·24 조치로 결국 모든 관계가 중단되어 버렸다. 지난 적십자 회담에서 우리 측이 북측에 강조한 이산가족 문제 해결을 위한 3원칙 중 '인도주의 정신 존중 원칙'은 어떠한 상황에서도 중단없이 추진해야 한다는 것이었다. 하지만 남북 모두 정치·군사적 문제가 인도적 사안들에 강하게 영향을 미치고 있었다. 남한에서는 이명박 정부 내내 북한의 도발을 이유로 적십자사가 앞에 나서는 것을 꺼렸다.

폭설 상봉

의지만 있다면야 무엇이 문제이랴

"이번에는 약속을 지켜야 한다."

북한이 추석 계기 상봉이 무산된 이후 이듬해 설 계기 상봉 행사는 어떻게든 성사시키려 애썼다.

2013년, 박근혜 정부 들어 어렵사리 추석 계기 남북 이산가족 상봉이 합의됐으나 마무리 단계에서 북한이 '통합진보당 이석기 의원 내란 음모' 의혹 사건을 이유로 일방적으로 연기를 발표해 버렸다. 우리 정부가 남북 대화를 동족 대결에 악용하고 있다며 연기하겠다고 한 것이다. 통일부는 '반인륜적 행위'라며 강하게 반발했고 대한적십자사도 강한 유감을 발표했다.

해를 넘겨 설이 다가오자 남북이 다시 상봉을 합의했지만, 이미 북한이 정치적 이유를 들어 갑자기 연기했던 기억이 있어 2014년 설 계기 상봉이 예정대로 진행될 수 있을지 관심이 컸다. 다행히 모든 남북 간 일정들이 차질 없이 진행되었고, 상봉 일인 2월 20일이 다가오고 있었다. 그런데 날씨가 변수로 등장했다. 상봉을 열흘 앞둔 시점에 조선중앙통신에서 상봉 행사가 열린 금강산 일대에 폭설이 쏟아졌다는 보도가 나왔다.

1969년 이후 45년 만에 고성군에 가장 많은 155cm의 적설량을 기록했다고 했다. 상봉장인 이산가족면회소와 숙소인 금강산호텔에 눈이 쌓이면 어르신들의 이동이 어렵고 무엇보다 북측 가족들이 원산에서 금강산으로 오는 도로의 통행이 쉽지 않을 것을 우려하는 기사들이 쏟아졌다. 그렇다고 상봉을 연기하자니 이후를 쉽게 기약할 수 있을지 걱정이었다. 어떻게든 제날짜에 진행되어야 했다.

우리 측은 선발대에 이어 정부 점검단까지 긴급히 금강산에 들어갔고 제설차 10대를 투입하여 길을 트기 시작했다. 남북 연결 도로 민통선 이북 구간에도 제설차를 투입해 눈을 치우는 데 총력을 기울였다. 금강산에 도착한 북측 관계자도 다행히 기필코 상봉을 성사시키려는 뜻을 강력히 비치며 예정대로 진행될 것이라고 했다. 악전고투 끝에 모든 준비를 마치고 금강산으로 향했다. 우리 측 출입사무소에서 금강산까지 약 20km 구간 2차로 중 1차로가 확보되어 이동에는 문제가 없었다.

마침내 도착한 금강산. 일행들 모두 그간의 노고는 어디간 듯, 금강송을 소복이 덮은 눈과 금강의 설경에 감탄을 멈추지 못했다. 수십 차례 금강산을 방문했지만 그처럼 멋진 겨울 금강을 본 적은 없었다.

폭설 속 눈 길을 열어 원산에서 금강산까지

북측 대표단을 만나 얘기를 듣자하니 그들의 노력은 우리와 비교할 수 없을 정도였다. 원산에서 금강산까지 오는 길목마다 군인들과 주민들이 동원되어 한 자루 삽으로 1m까지 쌓인 눈길을 열었다고 했다. 모두들 놀랐다. 지난번 상봉도 무산되었는데 폭설 때문에 이번마저 연기할 수 없다는 절박함이 묻어났다. 이렇게 박근혜 정부 들어 처음으로 이산가족 상봉 행사가 금강산에서 열리게 되었다.

폭설이 내린 금강산에서

폭설에 기온까지 영하 5도 이하로 떨어졌지만 만남의 장은 뜨거웠다. 금강산에 도착한 이산가족들이 오후 3시, 행사장인 금강산호텔로 들어서자 귀에 익은 음악이 울려 퍼졌다.

"반갑습니다. 반갑습니다."

안내원들이 박수로 맞았다. 폭설을 뚫고 온 가족들이 부둥켜안았다. 우리 측 인솔 단장 유중근 총재가 북측 리충복 단장에게 감사의 마음을 전했다. 총재는 만찬장에서 상봉 정례화를 얘기했고 중간중간 단장 간 접촉에서도 지속적인 상봉의 필요성을 강조했다. 오랜만에 이루어진 상봉이라 당첨된 이산가족 중에는 휠체어와 이동 침대에 의지해서라도 오신 어르신들이 많았다. 총재는 식사 도중에도 테이블을 돌며 이산가족들을 격려했다. 몸이 좋지 않아 일정 끝까지 남아 계시지 못하고 구급차에 실려 급히 남쪽으로 돌아가야 하는 상봉자를 보면서는 자신의 일인 듯 안타까워했다. 이제는 휠체어를 타거나 구급차에 실려 상봉에 나서야 할 정도로 고령의 이산가족들이 많아졌다.

상봉 내내 강호권 인도주의사업본부장이 총재 보좌역으로 함께 해 준 덕분에 나는 상봉 행사를 두루 살펴볼 수 있었다. 다들 경황 없는 와중에 총재가 구급차 옆에서 이동식 카트를 미는 장면이 카메라에 포착되어 보도되는 일이 있었다. 이 장면을 두고 직원들은 뭐하고 총재가 나서게 했느냐는 말들이 나왔다. 순간적으로 일어난 일이라 나도 당황했다. 상봉 행사장은 늘 긴장하지 않으면 안 되는 상황의 연속이었다.

북한은 노동신문을 통해 이산가족 상봉 행사가 끝난 25일, 이번 행사를 기점으로 삼아 남북 관계의 전면적 개선에 나서야 한다고 주장했다. "관계 개선의 밑거름이 된 상봉 행사"라는 제목의 글에서 다음과 같이 밝혔다.

"흩어진 가족, 친척 상봉을 출발점으로 하여 북과 남 사이에 다방면적인 대화를 진행하고 전면적인 화해 협력의 활로를 열어 나가는 일은 막을 수도, 거스를 수도 없는 민족의 요구이다."

"온 겨레는 오늘의 성과가 북남 관계 개선의 충실한 밑불이 되기를 기대하고 있다."

"우여곡절 끝에 마련된 관계 개선의 분위기를 계속 추동해 나가는 것이 중요하다."

북한은 이산가족 상봉을 매개로 남북 관계 개선에 나서고 싶어했다. 이때까지만 해도!

해를 넘겨 열린 적십자 회담장에서 "지난 해 2월에 설 계기 이산가족 상봉을 했던 선례도 있고 하니 이번에도 2월에 못 할 거 뭐 있냐"며 우리 측이 제안했다. 북측은 한사코 "2월에는 안 된다"며 고개를 저었다. 폭설 속에서 치른 그날의 상봉 행사는 상봉 역사상 전무후무한 기록으로 남았다.

상봉장 열정 토론

이런 방식으론 답이 없어요. 안 되면 될 때까지

"남북 관계도 창의적으로 풀어야지."

그간의 문제점을 열거하자 부총재가 단호하게 말했다.

2014년 2월, 김종섭 부총재를 단장으로 하는 이산가족 상봉 행사가 금강산에서 열렸다. 40개월 만에 어렵게 재개된 상봉 행사였다.

상봉 행사 중간마다 북측 상봉단장과의 미팅이나 식사 시간 등 함께하는 시간이 꽤 된다. 2박 3일 동안 하루에 서너 시간씩 만나 대화하므로 현안이건 새로운 제안이건 충분히 나눌 기회가 있다. 이산가족 상봉이 시작되면 남북의 행사 책임자들은 별도의 만남을 가지고 차를 마시거나 하며 행사 성공을 위한 덕담에서 출발해 진지한 대화로 이어지기도 한다. 역대 총재들이 상봉단장으로 가는 이유 또한 상봉장에서 사실상 남북 적십자 간 간이 회담을 가질 수 있기 때문이다. 간혹 부총재가 단장으로 방북하는 경우는 대개 당일 행사가 잘 마무리될 수 있게 지원하며 노고를 격려하고 감사를 표하는 정도가 관례상 역할이었다.

밤을 새워서라도 설득하고 토론할 용기

김종섭 부총재는 평소에도 창의적이고 적극적으로 일 처리하던 분이었다. 대학 졸업 후 기업을 일굴 때도 "거침이 없었다"며 "도움이 된다면 누구라도 만나 밤을 새워 설득하고 성과를 냈다"는 말을 자주 하곤 했다. 행사 전 이번 상봉 행사와 관련하여 부총재에게 상황을 보고했다. 부총재는 이런저런 상황을 이야기하며 "이런 식으로 상봉하면 언제 다 만나 보겠나"며 상봉 방식을 획기적으로 바꿔야 한다고 주문하는 게 아닌가. 나는 부총재의 주문에 공감하면서도 긴가민가하는 심정으로 말했다.

"예, 그러면 이번에 북측 책임자 만나면 한번 이야기해 보시죠."

사실 제안을 하면서도 내심 불안한 마음도 없지 않았다. 이 문제는 남북 적십자 회담장에서 우리 측이 늘 주장했던 사안이기도 했지만 북한이 우리 마음같이 들어줘야 말이지….

"그런데 너무 세게 하지 마시고 제가 설명해 드린 것 이상 넘지 않도록 해 주시면 좋겠습니다."

부총재가 혀를 차듯 답했다.

"허허, 담당 국장이 안 된다는 말만 하니…. 알았다."

상봉 첫날 금강산면회소 단체 상봉장 접견실에서 김종섭 부총재가 북측 단장 리충복 북한적십자회 위원장과 마주했다. 차를 마시며 이런저런 덕담을 나누던 부총재가 본격적으로 이산가족 문제를 꺼내

열변을 토하기 시작했다.

“이산가족 상봉의 획기적 전기를 우리 적십자가 만들어야 한다. 지금의 금강산 상봉 방식은 불편하다. 이런 식의 상봉은 우리 어르신들이 오시기에 불편하다. 남쪽 파주나 서울에서 상봉이 이루어져야겠다. … 이런저런 정치적 상황으로 몇 년씩 못 만나고 그러는데 이거 아니다. 한두 번씩 이런 식으로 만날 게 아니라 한시라도 아무 데나 원하는 곳에서 자유롭게 상봉할 수 있어야 한다. … 가족들이 자기 고향을 방문할 수 있도록 하자.”

리충복 위원장은 듣는 둥 마는 둥 하다 화제를 돌려 버렸다. 같이 앉아 있던 다른 북측 대표들이 재미있다는 듯 중간중간 웃었다.

통하는 진심

다음 날 개별 상봉이 시작되고 남북 대표들은 다시 만나 두 시간 대화를 나누었다. 부총재가 먼저 말을 꺼냈다.

“남북이 체제가 다르고 문화가 다르지만 우리는 한 민족 한 동포입니다. 적십자 인도주의 사업은 달라야 합니다. 정치·군사적 상황과 관계없이 이산가족 상봉 사업은 중단 없이 지속되어야 합니다. 인도주의가 무엇입니까. 적과 아군 구분 없이 도움이 필요로 하는 이들에게 손을 내미는 것 아닙니까. 우리 적십자끼리는 그리 해야 합니다. 이런 식의 상봉 방식은 더 많은 사람에게 또 다른 아픔을 주는 것입니다. 전면적으로 다 만날 수 있도록 합시다. 이분들 고령이라 이제 얼마 안 남았어요. 아시겠습니까.”

리충복 위원장이 김 부총재의 열변에 입을 열었다.

“거, 부총재 선생. 내, 말 안 하려고 했는데…. 남북 간에 불신과 대화의 역사를 한 번이라도 생각해 봤소? 우리가 왜 안 하고 싶겠소. 왜 그걸 모르겠소. 부총재 선생의 진심은 이해하나 남북 관계를 띄엄띄엄 보지 말고 적십자 일에도 전적으로 매달려 연구해 보시오. 하는 사업 내려놓고 한번 남북 간의 역사를 살펴보시오!”

분위기가 격해지자 그 자리에서 더는 대화가 진전되지 않았지만, 마지막 작별 상봉장에서도 부총재는 그들을 지속해서 설득했다. 나중에 부총재는 내게 “자네가 자꾸 바짓가랑이 당기는 바람에 내 할 말을 다 못 했네” 하시며 웃었다. 그때 상황은 내가 지금까지 어디서도 볼 수 없었던 특이한 남북 간 토론장으로 기억된다. 사실 북측 책임자로 행사장에 나온 사람이 전적으로 결정할 수 있는 사안은 거의 없다. 그럴 만한 권한을 가지고 있지도 않다.

북한과 협상할 때 새롭고 창의적 사업을 제안하면 그들의 특성상 정해진 범위의 발언을 벗어나지 않는다. 주어진 지시를 충실히 이행하고 정해진 규칙을 벗어나지 않을 뿐, 자신의 판단보다 윗선의 방침이 우선이기 때문이다. 자신의 책임하에 새로운 일을 결정하기란 불가능에 가깝다. 하지만 우리가 제시하는 창의적이고 새로운 제안은 반드시 위에 보고된다. 김종섭 부총재의 열정적 제안은 결정권을 가진 윗선 당 일꾼에게 우리의 뜻을 전달한 열정적 사례가 될 것이다.

김종섭 부총재의 열정의 근원

상봉 행사 시 공식적으로 양 적십자 인솔 단장 간 만남은 총 4차례 만들어진다. 단체 상봉 때 별도 장소에서의 환담 2시간, 개별 상봉 시 별도 장소에서의 환담 2시간, 동석 식사 2시간, 야외 상봉 시 2시간, 환송 만찬 시 2시간, 작별 상봉 시 2시간. 이 시간을 이용해 다양한 의견을 교환할 수 있다. 이 기회를 가장 잘 활용한 분이 김종섭 부총재였다. 김종섭 부총재는 삼익악기 회장으로 기업인이며 학창 시절부터 적십자와 인연을 맺어 온 RCY 출신이다.

이산가족 상봉 단장으로 방북해 리충복 위원장(사진 오른쪽)과 인사하는 김종섭 대한적십자사 부총재(왼쪽)

생존자 전체 명단 전달 시도

생존 여부만이라도 알려 주자

"이산가족 전체 명단을 북측에 전달하자."

총재가 관련 자료를 챙기라고 지시했다.

2015년, 박근혜 대통령은 8·15 경축사를 통해 "이산가족 명단 교환이 연내 실현되기를 바란다"며 북한의 협력을 촉구하였다. 지난해 상봉 행사 후 진전이 없는 답답한 남북 관계에 돌파구가 필요했다.

우리는 이산가족 명단 교환을 대비해 통일부와 함께 즉각 이산가족 전수 조사에 착수했다. 본사 4층 강당에 전화기 100대를 설치하고 콜센터를 운영했다. 생존자 6만6,000여 명에게 일일이 전화를 걸어 생존 여부와 희망 사항을 조사했다. 홍용표 통일부 장관도 격려차 적십자 본사를 방문해 진행 상황을 챙겼다. 정부의 관심과 지원으로 전수 조사는 한 달 만에 예정대로 완료하고 생존자 중 가족 상봉을 희망하는 분들은 언제든 북측에 넘길 수 있도록 명단이 정리되었다.

김성주 총재는 현안이 있을 때마다 정부 고위 관계자와 조찬 회동을 갖고 나를 배석시켰다. 이산가족 상봉 날짜가 확정되자 총재는 주철기 청와대 외교안보수석, 홍용표 통일부 장관, 천해성 통일

정책실장 등을 두루 만나며 이번 추석 계기 이산가족 상봉장에서 직접 북한적십자회 위원장을 설득하겠다고 말했다. 그리고 이번에 6만 6,000여 명의 명단을 금강산으로 들고 가 북측에 전달하자고 제안했다. 통일부도 같은 생각이었다. 북측을 어떻게 설득할지 고민하며 처음 금강산을 방문하는 총재를 보좌하여 북한 땅을 밟았다.

생존자 전체 명단입니다

금강산에 마련된 출입국사무소에 도착하니 북한적십자회 박용일 위원이 마중 나와 있었다. 그런데 갑자기 박용일 위원이 총재를 향해 뜬금 없는 말을 하는 게 아닌가.

"우리 김성근 선생은 진짜 적십자 사람입니다."

옆에 서 있던 통일부 국장과 국정원 단장에게 들으라고 하는 소리였다. 정부 관계자들 역시 지원단장 이름으로 이산가족 상봉 시 늘 동행했기에 북측 관계자들도 함께 온 남측 관계자들이 누구이며 왜 왔는지 다 안다. 박용일 위원은 그런 사정을 다 알면서 일부러 농을 던진 것이다. 총재께서 웃으며 맞받았다.

"맞다. 여기 있는 두 사람도 더 힘센 우리 직원들이다."

총재의 자연스럽고 친근한 대응에 북측 관계자들도 무장 해제되어 보였다. 첫 만남임에도 친근하고 자연스러운 총재의 호응 덕에 상봉 행사 기간 동안 4차례에 걸친 접촉에서 적십자 사업을 포함 기업활동 등 북측이 부담을 느끼지 않을 환담이 이어졌다. 북측 관계자는 김성주 총재가 기업인 출신이며 박근혜 대통령과 가깝다는 사실을 알고 있는 듯 기대 이상으로 호의적이었다. 두 번째 접촉에서 총재가 리충복 위원장에게 적십자 간 현안과 이산가족 생사 확인을 위한 전수조사 결과를 설명하며 과감하게 제안을 내놓았다.

"이번에 우리 측 생존 이산가족 전체 명단을 가지고 왔으니 생사가 확인되는 대로 알려 주면 좋겠다."

제안과 동시에 나는 서류 가방에서 준비한 명단이 든 CD를 꺼내 전달하려 했다. 그런데 리충복 위원장이 놀라는 표정으로 말했다.

"뜻은 이해한다. 우리도 전시 인민군 포로 18만 명의 명단을 정리 중이다. 실향민들로부터 많은 요구를 받고 있는데 오늘 그러한 권한을 가지고 나오지 않았다. 앞으로 적십자 회담이 열리게 되면 그런 문제도 논의하고 명단도 교환하자."

리 위원장은 총재의 제안을 에둘러 피해 갔다. 우격다짐으로 명단을 전달하기는 어려운 상황이 되었다. 다만, 리 위원장의 대답을 통해 북측도 내부적으로 생사 확인을 위한 준비를 시작하고 있음을 알게 되었다.

다시는 작별 상봉이 없기를

다음 날 만남에서 총재는 이산가족 문제 외에도 적십자 간 교류 협력을 통한 분유 지원 사업, 개성공단 근로자를 위한 적십자병원 건립, 평양 적십자병원 의약품 지원과 의료진 교육 훈련 사업에 관한 생각을 자연스럽게 풀어 놓았다. 리충복 위원장은 경청하면서 "타 민간 단체보다 적십자 위상에 맞게 앞으로 협력 사업을 확대해 나가자"며 "총재 선생의 평양 방문을 환영한다"고 했다. 리 위원장이 김 총재를 평양으로 공식 초청한 것이었다.

이런 분위기를 이어 금강산 별장에서 별도 비공식 만찬을 가졌는데 총재는 북측 관계자들을 격의 없이 대하며 "이산가족들이 반세기 만에 만났는데 아직 만나지 않은 분들이 많다. 빨리 만날 수 있도록 해 드리자"고 설득했고 리충복 위원장은 "금강산 행사장에 와 보니 불합리한 것들도 눈에 보인다"며 "작별 상봉 시간이 부족하고 양측 단장들이 10분 만에 자리를 뜨는 것이 말이 안 된다"며 관계자들도 모두 상봉을 마치고 떠날 때까지 같이 있자고 했다.

작별 상봉장인 면회소 앞마당에서 떠나는 이산가족들을 보며 총재도 리 위원장도 눈시울이 붉었다. 총재가 리 위원장에게 떠나면서 말했다.

"다시는 작별 상봉이라는 말이 없도록 노력합시다."

아마도 예전처럼 작별 상봉장에 끝까지 함께하지 않았다면 다시 안타까이 헤어져야 하는 가족들의 서러움을, 그 생이별의 현장을 볼 수 없었을 텐데 두 분은 끝까지 자리를 함께했다.

단체 상봉장에서 리충복 북측 단장과 함께 이산가족들을 격려하는 김성주 총재(오른쪽)

◇◇◇

✪ 김성주 총재

김성주 총재는 기업인이지만 북한 어린이 돕기와 이산가족 상봉에 관심이 많았다. 평소에도 "안정적 신뢰 구축이 필요하고 궁극적으로 평화 통일로 가야 한다"고 강조했다. 그런데 김 총재에 대해 "대선 당시 박근혜 후보 캠프의 선대 본부장을 맡았고 언행이 직설적이다"는 등의 이유로 직원들 사이에 호불호가 있었다. 나는 기업인 마인드를 가진 총재가 적십자사에 새로운 변화의 바람을 일으킬 기회라 여겼고, 전적으로 책임자를 믿고 실무를 맡겼으므로 그 어느 때보다 신나게 일할 수 있었다. 총재는 수시로 전화를 걸어 와 물었고 나는 아는 대로 성의를 다해 보좌했다. 알고 보니 대북 관련 분야에 대한 관심과 경험은 물론 관련 분야 지인들도 많았다. 총재는 나를 신뢰해 주었다. 재임 기간 총재실을 회의실로 개방하고 회사 차량 대신 개인 차량을 이용했으며, 직무 수행 경비와 활동 지원비를 한 푼도 사용하지 않고 사비를 털었다. 재임 기간 동안 '성주재단' 기부금을 포함 약 41억7,000만 원에 달하는 기부금품을 인도주의 사업에 사용하도록 대한적십자사에 기부했다.

◇◇◇

상봉 뒷이야기

진화하는 상봉 방식

상봉 행사는 매년 비슷하게 반복되었지만, 해를 거듭할수록 달라지는 것들도 있다. 북측의 체제 선전이 줄어들고 이산가족들이 편하게 만날 수 있게 개선되기도 했다. 남북이 합의하여 좋은 방향으로 나아가는 과정들이었다.

상봉 행사 초기에는 북한이 체제 선전 차원에서 상봉장에서 가족들에게 충성 맹세를 하게 하는 경우가 더러 있었다. 상봉장에 나올 수 있게 된 것은 모두 "장군님 덕분"이라며 만세를 불러 달라는 말도 했고 실제로 만남 중에 손을 들고 만세를 외치는 사람도 있었다. 가족들이 돌아갈 때는 선물 대신 선전 책자 유인물을 몇 권씩 넣어 주었으며, 상봉장마다 가슴에 메달을 주렁주렁 달고 나오는 사람, 유공장까지 들고 오는 사람들이 많았다.

당시만 해도 북측 인솔 책임자들이 1일 차 일정이 끝나면 자기측 이산가족들 앞에서 생활 총화일종의 정신 교육 성격의 마무리 모임를 하면서 "정말 이런 식으로 할 거요!" 하면서 다그치던 경우도 종종 있었다. 회차가 거듭될수록 이런 현상들은 사라져 갔다.

상봉장의 초기 분위기와 시간이 지나면서 달라진 것들

나는 금강산면회소에서의 초기 단체 상봉 행사 시 사회를 보기도 했었다. 남북이 함께하는 행사이다 보니 북측 사람들이 나를 지켜보며 발언 하나 하나를 체크했다. 북측 관계자가 "김 선생, 목소리가 좋습네다" 하길래 '까칠한 북측 사람이 칭찬을 다 하네' 생각하면서 "면회소 상봉장 음향 시설이 좋아서 그런 거죠" 둘러대곤 했다.

남북한이 함께 식사[동석 식사]할 때 다양한 북측 사람 중에 간혹 보위부 직원을 만나면 재미있게 토론한다. 이 사람들은 앉아서 1분만 이야기해 보면 파악할 수 있다. 체제에 대한 충성심으로 똘똘 뭉쳐 있고 남쪽을 바라보는 시선이 다르다. 이 사람들이 대화를 주도하는 경우, 동석한 다른 사람들은 별 이야기를 하지 않는다. 이들은 평소 행사 시에는 말이 없다가 식사 자리에서 존재감을 드러낸다.

호텔에서 청소를 담당하는 북측 사람들도 조심할 필요가 있다. 아무거나 두고 나오면 고스란히 보안이 새어 나간다. 그냥 청소원이 아닌 사람도 있다. 언젠가 행사차 평양을 방문해 고려호텔 방에서 아무런 생각 없이 김정일 사진이 실린 노동신문을 다 본 후 화장실 쓰레기통에 버렸다가 나중에 청소하는 분이 이걸 보고했는지 문제가 됐던 적도 있었다.

좋은 변화도 생겨났다. 금강산 매장의 판매원들은 처음에는 누가 물건을 사든지 말든지 쳐다만 보더니 언제부터인가 적극적으로 상품을 설명하고 구매를 권한다.

"이 약은 남성에게 좋은 것이다. 이 '살결물'은 로화를 막고 생기와 아름다움을 줍니다."

초기에는 물건을 싸 주던 포장지가 허술했는데 시간이 지나자 완전히 달라졌다. 마개가 약해 조금만 이동해도 술이 새던 술병이 이제는 단단해졌고 포장지도 세련되게 바뀌었다. 서울로 가져와 선물이라고 주면 포장지가 북한답지만 맘에 든다고 한다. 북한 선물 중 처음엔 뱀술, 능구렁이 술이 남자들 정력에 좋다며 인기가 있었지만 차츰 시들해졌고 여전히 백두산 들쭉술은 인기다.

보다 많이, 보다 폭 넓게

2003년 6월, 7차 상봉 시 거동이 불편한 이산가족을 돌보기 위해 처음으로 남북이 합의하여 10명씩 동반 방북할 수 있도록 하는 '비동수 방식'남북이 똑같은 인원의 상봉단을 구성하지 않고 달리 할 수 있는 상봉 방식 상봉이 실시되었다. 항상 같은 인원의 상봉 방식을 고집하던 북측이 양보함으로써 우리 측에서 더 많은 가족이 상봉할 수 있는 길이 열렸다. 이후 우리 측 거동 불편자에게 가족 한 명씩 추가로 동행할 수 있게 되었는데, 해를 거듭할수록 거의 모든 가족이 한 명씩 추가 동행하는 데까지 가자 북측은 거동 불편자에 한한다며 다시 문제를 제기하기도 했다. 그러나 북측도 거동이 불편한 고령 이산가족들이 아들딸을 동행하게 되면서 안내하는 사람들의 수고를 조금 덜 수 있었다.

2006년 6월, 14차 상봉 행사는 특별 상봉 형식으로 기존보다 규모가 두 배로 늘어나 남북 각각 200명씩 만났다. 200명이 만난다는 이야기는 곧 행사 규모도 2배로 늘어난 것을 의미한다. 2박 3일씩 총 4차에 걸쳐 상봉 행사가 진행되었다. 이후 해를 거듭할수록 이산가족들의 편의를 우선하는 방식의 상봉이 이루어졌다. 휠체어와 앰뷸런스를 타고 진행하는 만남도 북측의 협조로 원만히 이루어졌다. 상봉 행사 시 조그마한 문제를 트집 잡아 행사를 중단시키는 사례가 줄어들기 시작했다. 서로를 이해하고 문제가 될 소지들은 사전에 발생하지 않도록 조심하기 때문에 가능한 것인지도 모른다.

간헐적으로 진행된 이산가족 상봉이 문재인 정부 들어 2018년 한 차례 있었으나 그 이후 지금까지 가족 상봉은 이루어지지 않고 있다. 이제 생존한 이산가족 1세대들은 80~90세 넘는 경우가 다수이다. 이들은 6·25 당시 복잡한 전쟁통에 어린 나이에 헤어진 분들이고 이산가족 2세대나 3세대들은 가족 상봉에 관심이 덜해 이산 1세대 당사자가 세상을 떠나면 이산가족 상봉은 사실상 끝날 수도 있다.

다른 한편 북한 이탈 주민들 중 북에 가족을 두고 온 사람들이 많다. 이들은 새로운 형태의 이산가족으로 기존 이산가족 상봉과는 다른 모습을 보일 가능성이 높다. 아직까지 이들이 이산가족 상봉장에서 가족을 상봉한 사례는 없다. 탈북자들에 대한 북한의 인식이 좋지 않아 기존의 이산가족 상봉보다 훨씬 더 추진이 어려울 것으로 보인다. 최근에는 북한이 대한민국을 같은 민족이 아닌 적대 국가로 정의하면서 이산가족 상봉 또한 더욱 힘들어질 것 같아 안타깝다.

3

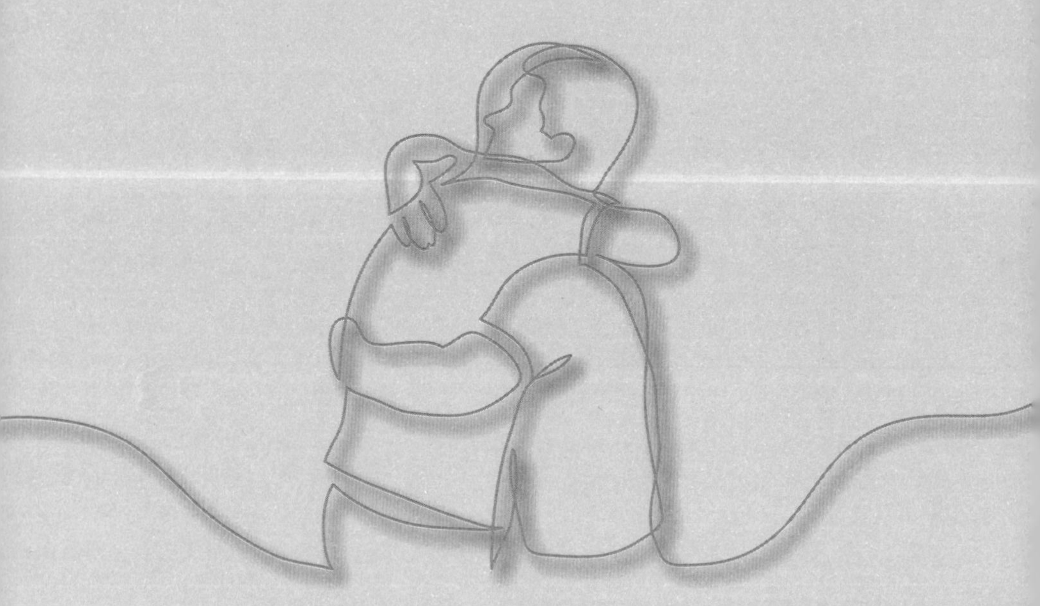

지원(支援)

한반도가 분단되면서 남북 간 물자가 오가는 길도 막혔다. 그러다 자연재해 같은 대형 재난이 발생하는 경우 한민족 동포로서 서로 모른 체하지 않았다. 분단을 경험하고 전쟁까지 치른 관계라 할지라도 인도적 차원의 긴급 구호는 생명을 살리는 일이기에 서로가 먼저 팔을 걷어붙이고 돕는 것은 어쩌면 당연할 수 있다. 그럼에도 남북 간에 그 일은 쉽지 않았고, 구호에 나서는 경우에도 정치적 의도를 배제하지 않았다.

상대방의 아픔을 내 아픔으로 여기는 인도주의 정신으로 대한적십자사는 구호물자를 주고받았다. 먼저 손을 내민 곳은 북한이었지만, 그 경험이 계기가 되어 북한이 어려울 때 수백 배 많은 지원을 아끼지 않았다. 인도적 차원의 구호물자 전달은 적십자사가 앞장섰고, 민간이 이었으며 정부 차원의 지원은 그 다음이었다. 적십자사는 북한 주민이 어려울 때 가장 먼저 달려갔다. 적십자 활동이 죽어 가는 생명을 살릴 수 있다는 사명감으로 구호물자 지원에 앞장섰다.

우회 지원한 대북 이재민 구호

북측의 지원 요청과 국제적십자사연맹을 통한 우회 지원

북한은 감당하기 어려운 수해가 발생하자 이례적으로 외부의 도움을 요청했다. 그 창구는 국제적십자사연맹IFRC였다.

1995년 8월은 특별한 해였다. 남쪽도 북쪽도 수해로 농작물 유실 등 적지 않은 재산 피해는 물론 많은 인명 피해를 입었다. 재해 발생 시 긴급 구호 임무를 담당하는 대한적십자사는 구호 물품을 신속히 반출하여 수재민들을 위한 구호 활동을 전개하였다. 북한도 피해가 컸다. 유엔의 북한 수해 피해 조사단은 "7월과 8월 3차례에 걸친 집중 호우로 북한 지역의 75%가 수해 피해를 입었으며 500만 명의 이재민이 발생했다"고 밝혔다. 자체적 감당이 어려웠는지 북한은 이례적으로 국제적십자사연맹IFRC을 통해 외부의 도움을 요청했다.

9월 14일, 국제적십자사연맹은 각국 적십자사에 북한 수해 구호 지원을 공식 요청했다. 요청 내용은 2만6,000가구 13만 수재민의 3개월 생계 지원을 위한 구호금 170만 달러, 담요 5만 매, 이불 5만 매, 쌀 3,500t 등이었다. 통일부는 즉각 대한적십자사를 통해 대북 구호물자를 지원한다는 창구 단일화 방안을 발표했다. 이에 따라 대한적십자사는 9월 15일 오전, 북한적십자회 이성호 위원장 대리 앞으로 구호물자 제공을 제의하는 강영훈 총재 명의의 통지문을 KBS 제1라디오 방송을 통해 발표했다. 그러나 날짜가 지나도 북한은 이에 대한 회신이 없었다. 남북 간에 직접적으로는 받지 않겠다는 의도였다. 국제적십자사연맹을 통해 우회하는 간접 지원 방법을 모색할 수밖에 없었다.

구호물품을 싣고 인천에서, 단둥에서

우리 팀이 바빠지기 시작했다. 본사와 각 지사에 성금 접수 창구를 마련해 북한 수재민 지원 성금을 접수했다. 두 달 만에 천주교 서울대교구, 원불교를 비롯 종교계와 독지가 등 각계 각층에서 성금이 모였고, 자체 예산 5만 달러를 합쳐 14만 달러 상당의 담요 5,000장을 구매했다.

11월 23일, 인천에서 남포로 가는 선박 편에 구호물자를 실어 북한으로 보냈다. 많은 적십자 봉사원이 인천항에 모여 환송했다. 북에 대한 남한의 첫 번째 구호물자 이송이었지만 국제적십자사연맹을 통한 우회 지원 방식이었다. 같은 방식으로 12월에 두 번째 구호물자로 담요 3,000장이 전달되었고, 3차로 종교 단체와 시민 단체들이 보내온 성금으로 마련한 담요 2,000장과 라면 10만 개, 양말 2만 켤레도 보냈다. 이어 4차에는 식용유 18만*l*, 5차에는 밀가루 286t과 전지분유 36t, 6차에 밀가루 286t, 7차에 전지분유 10t을 보냈다. 1995년 11월부터 1997년 5월까지 총 19회에 걸쳐 42억 원 500만 달러 상당의 물자가 전달되었다. 국내 물자뿐 아니라 중국에서 구입한 물자도 기증받아 전달하기 시작했다.

각계각층에서 모인 성금으로 구호물자 구매에 바쁜 나날을 보내고 있었던 1997년 4월 초, 이병웅 사무총장이 나를 찾았다. 옥수수를 중국에서 구매해 바로 북한으로 넘겨줄 수 있도록 해 보라는 거였다. 그동안의 지원은 배편으로 직접 우리 측에서 북으로 보내는 방식으로 진행되어 중국에서 구매해 보내는 일은 시도한 적 없는 경험이었다.

북한은 우리가 보내 주는 구호물자도 좋아했지만 중국산 옥수수를 받고 싶어했다. 대한불교 조계종이 옥수수 1,380t을 중국 단둥에서 북한 신의주로 보내자고 했다. 4월 하순, 나는 조계종 사회부장 능관 스님과 함께 중국 선양을 거쳐 단둥으로 넘어갔다. 조계종 총무원은 4월초 중국 베이징에서 조선불교도연맹조불련과 만나 '부처님 오신날 남북 공동 발원문' 채택을 위한 실무 회의를 갖고 남측 불교계가 인도적 차원에서 식량을 빨리 조불련에 지원할 수 있게 주선한다는 합의서를 체결한 상태였다. 이를 실행하기 위해 옥수수는 중국 랴오닝성에서 사 두었고 전달 절차만 밟으면 되는 상황이었다.

일을 봐 주는 사람들이 바삐 움직였다. 옥수수 50kg들이 2만 7,800포1,380t는 금액으로 환산하면 1억8,000만 원 정도였다. 단둥 세관과 출입국사무소를 여러 번 방문하여 절차를 밟는 등 화차 편으로 옥수수를 실어 보내는 데 챙겨야 할 일들을 함께 진행했다. 북한과 중국 간 화차 운행은 격년제로 운영되었다. 한 해는 중국에서 다음 해는 북한에서 운영했다. 북한으로 들어간 화차가 회수되지 않으면 다른 화물을 실어 나르는 데 어려움이 있었다. 화차를 확보하고 안전하게 수송하는 일이 쉽지는 않았다. 곡물을 실어 나르는 화차와 무연탄을 실어 나르는 화차는 달랐다. 우리는 화차에 실려 있는 옥수수를 일일이 확인했다.

다리 하나 건너면 닿을 지척의 거리인데

조계종에서는 '북한 동포 돕기 옥수수 지원'이라는 현수막을 펼쳐 놓고 사진을 찍었다. 기부자에게 전달 과정을 설명하고 싶다며 국경을 마주한 신의주까지 함께 가서 직접 전달할 수 없는지 물었다. 현재로선 남북 간 직접 지원이 불가능하므로 우리가 북한 땅을 밟을 수는 없다고 설명하고, 북한적십자회와 협상을 통해 구호물자와 함께 우리 직원들이 방문해 물자를 인도 인수할 수 있는 방법을 찾아 보자고 말해 주었다. 종단에서는 지금 당장 가지 못해 아쉽지만 필요한 주민들에게 옥수수가 신속히 전달된다면 그것으로 만족한다며 앞으로도 필요한 구호물자를 더 많이 전달하고 싶다고 했다.

단둥에서 바라보는 강 건너 신의주는 조용했다. 배를 타고 북한 땅 가까이 가 보았다. 사람들이 이리저리 바쁜 걸음을 옮기고 있었고 우리를 물끄러미 바라보는 사람들도 보였다. 우리는 전달 물자와 함께 북한 땅을 밟을 날을 기대하며 서울로 돌아왔다. 국제적십자사연맹은 우리가 보낸 구호물자 배분 장면과 현장에서 담요와 밀가루를 받는 주민들의 사진과 함께 국제적십자사연맹 사무총장이 북한의 한

단둥에서 신의주 방향으로 배를 타고 가며 본 압록강 철교와 압록강변 북한 주민들

가정에서 주민들과 반찬 없는 식사를 하는 사진을 보내 왔다. 사진은 북한의 어려운 상황을 그대로 보여 주고 있었다.

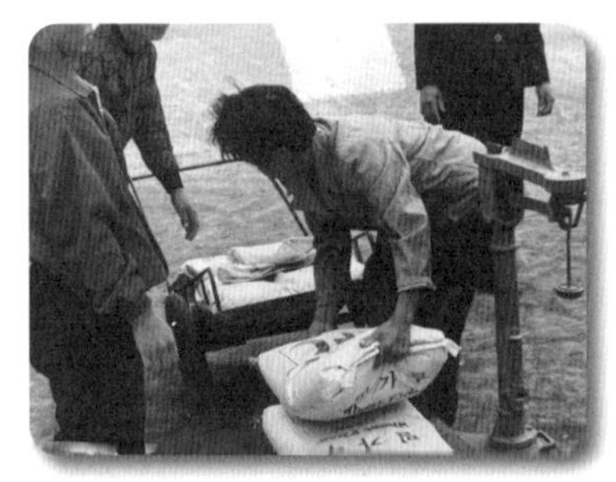

국제적십자사연맹이 보내온 북한 구호 사진

우리가 지원한 물자는 평안북도 신의주, 박천, 정주, 자강도 희천, 고풍, 황해북도 은파, 신평, 신계와 황해남도 배천, 강원도 이천, 철원 등 5개 시 13개 시군 지역 주민들에게 배포되었다고 알려 왔다. 우리는 이 자료와 사진을 언론에 공개했다.

한동안 구호물자 전달 사업은 계속되었지만 지척의 거리에서 직접 지원하지 못하고 간접적 지원에 따른 불편함이 컸다. 우리는 국제적십자사연맹을 통한 이 같은 지원을 넘어 남북 적십자 간 직접 지원 방안을 모색했다. 1984년 수해 시 남북 적십자 간에 직접 구호물자를 주고받았던 선례를 살려 보기로 한 것이다.

직접 지원한 대북 구호물자

대북 직접 구호물자 전달의 길이 열리다.

구호물자 인도 인수를 위한 북한 방문 길이 열렸다. 새로운 물자 전달 방식이 합의된 것이다.

중국 베이징에서 구호물자 전달 절차 협의를 위한 남북 적십자 간 실무 접촉이 1997년 5월에 열렸다. 그동안 남북 간에 직접적으로 구호물자가 전달되지 못하고 국제적십자사연맹을 경유하면서 여러 애로사항이 있었다. 구호물자에 제작사 상표라도 붙어 있다면 전달할 수 없었다. 이것들을 일일이 제거하는 일도 간단치 않은 일이었다.

남북 간 실무 접촉에서 구호물품의 직접 전달 절차를 마련하였다. 지원 품목은 옥수수를 위주로 밀가루, 라면, 분유, 식용유 등으로 하며 옥수수 기준 5만t 정도를 육로로는 신의주, 남양, 만포로, 해로는 남포항과 흥남항을 통해 인도 인수하기로 합의되었다. 포장에 적십자 표지와 지원 단체의 명의 또는 개인 명의를 표기하며 물자에 붙어 있는 기존 상표와 사용 설명서는 그대로 두기로 했다. 인도 요원들이 방북하여 인도 인수 장소에서 물자의 수량과 품질을 확인하고 인도증과 인수증을 서명 교환하게 하였다.

남북 적십자 간 직접 구호물자 전달이 시작되자 모든 일이 수월

하게 진행되었다. 판문점 적십자 연락 채널을 통해 우리의 계획을 통보하면 회신도 빠르게 왔다. 판문점에 근무하는 적십자 연락관도 바빠지기 시작했다. 구호물자의 품목과 수량, 전달 경로, 기탁자명 등 세부 사항을 명시한 문건을 판문점 중립국감독위원회에서 북측 연락대표를 만나 건네주었다. 물자 구매와 인도단 구성까지 빠르게 일들이 진행되었다. 이렇게 되자 기증자와 직원들의 만족도도 높아졌다. 우리 측 인도 요원 3명이 한 조가 되어 중국과 인접한 북한 지역을 직접 방문했다.

구호물자 인도 인수를 위한 북한 현장 방문

중국산 옥수수는 단둥에서 신의주로, 지안에서 만포로, 투먼에서 남양으로 화물 열차를 통해 보냈다. 우리 측 인도 요원들은 옥수수를 실은 화차가 북쪽으로 들어가면 북측과 연락하여 신의주와 만포, 남양으로 들어갔다. 물자가 적재된 역 앞에서 구호물자 인도 인수를 마치고 당일 북측이 마련한 환영 만찬에 참석하고 돌아오기를 반복했다. 우리 측은 일주일 정도 간격으로 새로운 인원들이 들어갔고, 북한 측은 물자 전달이 모두 끝날 때까지 인수 요원 3명 그대로였다.

인도 요원에 대해 교육부터 했다. 변변한 자료도 없는 상황에서 통일부로부터 받은 유의 사항을 중심으로 북한 지역 방문 시 특히 조심해야 할 것들을 알려 줬다. 부서장이었던 홍사룡 대북지원본부장은 구호물자 전달이 시작되면서 사무실에 간이용 침대를 준비해 대기하며 직접 지휘하기 시작했다. 일이 늦어지면 밤새워 진행 상황을 보고받고 또 지침을 전달하며 사무실에서 잠을 잤다.

중국 쪽으로 들어간 우리 인도 요원이 많아졌고 북한 체류 직원들이 늘어 가는 과정이라 빠르게 상황을 파악해야 했으며, 통일부와 국정원 등 관련 기관과도 신속히 소통해야 했다. 업무 매뉴얼도 없이 시작한 일이지만 시간이 지나며 차츰 안정적으로 체계가 잡혀 갔다. 평생 대북 업무를 해 온 우리 부서 홍사룡 본부장이 없었다면 불가능한 일이었다. 홍 본부장은 1970년대 남북 적십자 회담에 실무 책임자로 관여한 힘 있는 기관 출신이었다. 현장에서는 다양한 일들이 벌어졌다. 중국에서 진행되는 모든 일은 처음부터 직접적으로 관여하기 어려웠다. 기증 단체가 구매한 물자를 대행하여 전달하는 일은 파악이 더더욱 어려웠다.

중국 측이 화물을 싣는 현장에 우리 직원들이 입회할 기회가 없다 보니 화물의 중량 부족, 물품의 품질, 포대 수 부족, 화차 확보, 북한 측 기관사나 기관차 부족 등의 문제로 적시에 수송하지 못하는 등 어려움을 겪었다. 옥수수 일부 포대에서 돌과 흙이 나오기도 했다. 불량으로 판정받은 옥수수 화차는 중국으로 회송시켰다.

우리 직원들이 북한을 드나들며 북측 사람들과 친해지면서 중국에서 양복을 사 북측 인수 요원에게 선물하는 일도 있었다. 이후 들어간 우리 요원들이 이에 대해 문제를 제기해 다시 반복되지 않도록 했다. 뭐든 사서 선물하고 싶은 마음을 모르는 바 아니지만 형평성을 고려하지 않을 수 없었다.

국내에서 구매한 물자는 국적선에 싣고 서해 쪽 남포항과 동해 쪽 흥남항으로 실어 날랐다. 남쪽에서 물자를 싣고 북한 항구까지 전달하는 일은 중국에서보다 훨씬 효율적이었다. 물품에 대한 품질도 보증이 되었다. 부산항에서 흥남항까지 항해는 24시간이 더 걸렸다.

직선 거리를 운항하지 않고 공해상을 돌아 운항해야 했기 때문이다. 배는 많이 흔들렸고, 멀미를 하는 사람도 있었다.

하역까지 사흘에서 일주일씩 걸리는 시간 동안 북측 관계자와 만나 많은 대화를 나눌 수 있었다. 매 끼니는 아니었지만 처음 북측이 우리 측을 초대해 만찬을 베풀었다. 우리는 떠나기 전 북측 사람들을 초대해 만찬을 함께했다. 함께하는 시간이 길어질수록 대화는 깊어졌지만, 우리가 전달한 물자가 주민에게 전달되는 현장까지 접근하는 일은 불가능했다. 풀어야 할 숙제가 쌓여 갔다.

배편으로 북에 지원하는 구호물자

나의 첫 방북, 신의주

먼 길 오느라 수고 많았습니다

신의주는 내가 처음으로 밟은 북한 땅이다.

구호물자를 중국에서 북한에 전달하기 위해 1997년 8월, 나는 처음으로 북한 방문 기회를 얻었다. 구호물자 전달을 위한 직원들의 북한 방문이 시작되면서 나도 빨리 현장에 가 보고 싶은 마음이 간절했다. 경험해 보지 않은 일들을 처리하는 데는 늘 긴장이 따랐다. 북한 방문은 처음이거니와 중국 현지 사정에도 밝지 못했기에 한 달 전 조계종 총무원이 중국에서 북으로 보낸 옥수수 전달 경험을 살릴 수밖에 없었다.

북한 대사관을 방문해 비자를 발급받는 일은 생소했다. 나는 정부 관계자와 함께 베이징에 있는 북한 대사관을 찾아 비자 발급을 요청했다. 평양으로부터 아무런 소식을 받지 못했다고 하더니 구호물자 수송 계획을 담은 문건을 보여 주고서야 확인이 되었는지 비자를 발급해 줬다. 신의주를 왔다 갔다 할 수 있는 복수 비자였다.

우리는 베이징에서 선양까지는 비행기 편으로, 선양에서는 승용차 편으로 4시간을 달려 단둥에 도착했다. 단둥에 도착한 우리는 수송업체 관계자를 만나 옥수수 3,000t의 준비 사항을 점검했다. 수송 계획, 화차 도착 일정, 통신 방법, 인도 인수 물량 등 챙길 것이 많았다. 일정대로 차질 없이 전달할 수 있을지 걱정됐다.

우리와 계약한 중국 업체 관계자는 하루에 1,000t 이하로 수송된다고 했다. 잘만 하면 일주일이면 끝날 것으로 보였다. 단둥 시내에 숙소를 정한 우리는 세관을 오가며 물자를 점검했다. 옥수수를 실은 열차와 트럭이 신의주로 향했고 우리 인도 요원 3명이 승용차 편으로 조·중우의교를 넘었다. 압록강만 넘으면 바로 북한이다. 북녘 동포들이 살아가는 곳, 우리 땅을 거쳐 간 것은 아니지만 한 번은 밟고 싶었던 곳이었다. 10분도 채 안 걸리는 것 같았다.

강 건너에서만 봤던 북한 땅에 들어서는데 코끝이 찡했다. 여기저기 붉게 걸려 있는 선전 문구가 보였다. '내가 드디어 북한 땅을 밟는구나, 지금처럼 누구나 북한 땅을 자유롭게 오가면 얼마나 좋을까. 그런 날이 빨리 왔으면 좋겠다' 하는 마음이 들었다.

고맙지만 이거는 아니지 않은가?

출입국 절차를 받는 동안 옆에 같이 탄 직원이 불안해하는 듯했다. 나는 신변 보장 각서를 받았고 먼저 다녀간 사람들이 아무 문제 없었으니 걱정할 것 없다고 했다. 처음 방북하는 그들의 마음을 읽을 수 있었다.

입국 절차가 끝나자 북한적십자회 인수단원 3명이 나와 우리를 반겼다. 북측 인수단장인 박영환 선생이 웃으며 말했다.

"반갑습니다. 먼 길 오느라 수고 많았습니다."

박 선생의 환대의 인사에 잠시 가졌던 긴장감은 눈 녹듯 사라졌다. 화차에 실린 옥수수 포대에 기증 단체명과 적십자 마크가 선명하게 인쇄되어 있었다. 세관 절차를 마치고 정확한 숫자를 확인하는데 2%가 부족했다. 부족분은 추후 보충해 주기로 했다. 그런데 문제가 생겼다. 옥수수 포대에 모래와 조그마한 자갈 같은 게 들어 있다며 북측 인수 관계자가 항의했다.

"우리의 어려움을 도와주는 일은 고마운데 먹는 양식에 돌까지 넣어 보내는 긴 아니지 않은가?"

얼굴이 화끈거리고 할 말은 없었다. 북측 인수단장은 지난 일을 거론하며 항의했다.

"지난 시기 우리 조선에서 남조선 수해 때 온 주민들이 열과 성을 다하여 쌀을 지원해 줬는데 어찌 이럴 수 있느냐."

미안했다. 우리는 "기증 단체가 중국에서 구매해 적십자에 기증한 것이라 미리 세세하게 확인하지 못했다"며 "잘 확인하고 부족한 부분은 보충해 주겠다"고 했다. "우리가 남쪽에서 직접 구매해 전달했다면 그러지 않을 것인데…"라며 아쉬움을 표했다.

우리는 신의주역 회의실에서 인도 인수증에 서명했다. 천장이 높고 탁자와 소파가 놓여 있는 회의실 한쪽 벽면에 김일성, 김정일 초상화가 걸려 있었다.

금강산도 식후경

그날 저녁, 북측이 베푼 만찬에 참석했다. 음식은 여러 가지가 나왔다. 기본 찬으로 10가지가 식탁 위에 나왔는데 오이, 당근 등 채소를 보기 좋게 썰어 예쁜 접시에 담아 내놓았다. 눈에 가는 반찬 중 하나가 김치였는데, 고춧가루가 많이 들어가지 않은 백김치가 내 입맛에 잘 맞았다. 너무 맛있어 더 달라고 요청했다. 홍합으로 만든 섭죽이 먼저 나왔고 생선과 고기 반찬도 나왔다. 숯불 위에 올려 달군 조약돌로 구운 소고기 구이도 나왔다. 모양도 특이하거니와 맛도 좋아 접대원에게 이름을 물으니 '강돌구이'라고 했다. 귀하다는 털게도 준비했다며 맛보라고 했다. 털게는 크기는 작아도 살이 알차 푸짐하고 쫀득하고 탱탱하며 단맛도 났다. 서해안 꽃게, 동해안 대게 등 게의 종류도 많지만 털게 맛이 최고라고 한다. 예로부터 털게가 밥상에 오르는 날에는 친정 오라비가 와도 반갑지 않다는 말이 있을 정도로 그 맛이 뛰어나다고 했다. 금강산도 식후경. 털게를 손으로 잡아 먹을 수 있도록 정리까지 해 줬다.

만찬에 술이 빠질 수 없는 법. 식탁 위에 5가지 술이 놓였다. 들쭉술, 인삼술, 평양 소주, 인풍술, 능구렁이술까지 마음대로 맛보라며 수차례 권했다. 모두 독주였다. 술이 약해 잘 못 마신다고 사양하니 "북조선을 방문했는데 어떻게 그냥 넘길 수 있나"며 접대원 동무를 불러 계속 술을 따르게 했다. 백두산 들쭉술은 40도로 남쪽 소주에 비해 2배 이상 알콜 도수가 높다. 몇 잔을 주거니 받거니 술잔을 비우는데 취기가 돌았다. 술이 들어가서 그런지 따뜻한 말들이 오갔다. 우리가 전달한 물자에 일부 불량품이 있었지만 "일부러 그런 것이 아니라는 것 안다"며 "중국 쪽에서 철저하게 검수할 필요가 있다"고 했다.

나중에 만찬 비용을 계산하는데 500달러가 나왔다. "6명이 식사했는데 왜 500달러냐"고 했더니 "차량 운전기사까지 포함한 금액"이라고 했다. 북한에 가면 우리가 초대하는 만찬 비용은 우리가 계산한다. 이어 북측이 답례로 내는 만찬 비용은 그들이 계산한다. 나중에 안 사실이지만 음식 값이 왜 그리 비싼지 이해가 됐다. 우리가 계산한 음식 값 500달러는 결국 자신들이 이어서 접대하는 비용까지 합산한 것이었다.

민족의 아픔을 외면하지 않는다

중국에서의 옥수수 구매는 쉬운 일이 아니었다. 한국기독교교회협의회NCCK와 함께 옥수수 구매를 위해 선양에서 하얼빈까지 밤새워 달리는 야간 열차로 현장을 돌아다니면서 경험한 일들을 북측 관계자에게 이야기하며 중국 현지 검수 절차의 어려움을 세세하게 설명해 줬다. 과거 불교계가 구매한 옥수수도 마찬가지 상황이었다. 그제야 어느 정도 이해한다며 "남쪽 동포들이 식량을 보내 준 데 대해 감사하다"는 말도 덧붙였다. 기증 단체와 국민에게 꼭 전달해 달라는 말도 잊지 않았다. 그때 비로소 우리는 한 민족이라는 생각이 들었다.

만찬을 마치고 단둥으로 향했다. 북측 단장은 내 손에 기록 영화 비디오를 건네 주었다. 1984년 재해 시 남한 수재민들을 지원하기 위해 쌀 5만 석을 한 줌 한 줌 담으며 정성을 다한 장면을 기록한 것이라고 했다.

"김 선생, 영상을 보고 나면 민족의 아픔을 이해하는 데 도움이 될 겁니다."

단둥으로 돌아오니 밝은 불빛이 우리를 반갑게 맞아 주는 듯했다. 서울로 돌아와 1984년 남한이 수해를 입었을 때 북측이 보내 준 구호물자 인수 과정을 살펴봤다. 당시 북측은 수해 물자의 인도 인수 장소로 서울을 고집하여 물자를 실은 자동차 행렬과 물자 운송 의식을 통해 자신들의 사회가 상대적으로 우월하며 남측에 은혜를 베푸는 듯 과시하려고 했음을 알게 되었다. 그럼에도 그 모든 것을 양보하고 조건 없이 양측이 합의한 판문점과 인천항, 북평항까지 배와 자동차로 쌀과 시멘트 의약품 등을 보내왔다. 당시 서로 치열하게 각자의 주장을 내세워 대립한 경우도 적지 않았지만, 북측 한웅식 단장은 "수재민들 돕는 일은 적십자 인도주의와 동포애에 기초한 숭고한 사업이다"며 "이번 선례를 살려 앞으로 우리 측이 재난을 당했을 때 귀측이 도와준다면 우리도 받을 수 있다"고 발언했다. 지난 과정을 돌아보며 한반도에서 재해가 발생했을 때 상호 협력하는 관행이 이렇게 시작되었음을 알 수 있었다.

신의주역에서 북측 관계자와 함께

신의주로 전달한 옥수수

정주영 회장의 옥수수 1만t과 원산행

중국에서 옥수수를 싣고 부산을 거쳐 원산항에 입항하다

"이번 구호물자 전달은 배를 오래 타야 하니 멀미약을 준비하라."

24시간이 넘는 항해가 시작되었다.

1998년 5월, 정주영 현대 회장은 소 떼 방북 이벤트에 앞서 옥수수 1만t을 기증해 왔다. 25억 원에 달하는 큰 규모였다. 옥수수는 현대아산이 중국과 구매 계약을 체결해 한 달 동안 준비한 물품이었다. 중국 다롄항에서 출발한 배는 이틀 후인 5월 6일 부산항으로 들어왔고, 나는 현대 관계자와 함께 옥수수를 북한에 인도하기 위해 중국 국적선에 올랐다.

바다는 끝이 없었다. 낯설고 신기한 광경이 눈에 들었다. 끝없이 펼쳐진 푸른 바다 사이로 상어 떼가 배 주변을 춤추며 배회했다. 생전 처음 보는 광경에 놀라 연신 카메라 셔터를 눌렀다. 배는 육로와 달리 망망대해에 펼쳐진 끝 모를 바닷길을 미끄러진다. 선미에서 쉼없이 일어나는 물보라를 보며 수평선 너머 뛰노는 바닷물고기와 대화를 나눈다. 해상 군사 분계선을 지나며 선미의 중국 국적기를 내리고 적십자 깃발을 올렸다. 공해상으로 24시간을 달려 원산항 도선장pilot station

에 도착하니 도선사가 올라왔다. 이어 출입국관리사무소 직원들이 관련 절차를 밟은 후, 세관원들이 배의 구석구석을 살폈다.

절차가 끝나고 선장이 준비한 밥상에 둘러앉았다. 흰밥에 고기 반찬이 넉넉했고 중국산 고량주가 곁들여졌다. 북측 인원들과 함께 식사하며 우리는 한국에서 준비해 간 담배를 선물로 건넸다. 고맙다는 인사와 함께 원산항에 배를 대는 데 문제 없도록 절차를 밟아 줬다. 원산항에 접안하자 북한적십자회 직원들이 반갑게 맞아 주었다.

'자력갱생', 큰 글씨가 북한에 도착했음을 실감나게 했다. 간단한 인사와 설명이 끝나고 하역이 시작되었다. 짧은 머리에 깡마른 젊은 사람들이 대거 배에 올라 옥수수 포대를 짊어지고 작은 바지선에 싣기 시작했다. 한쪽에선 육중한 크레인으로 옥수수 포대를 끄집어 올려 야적장에 부렸고, 또 다른 인부는 야적장의 옥수수 포대를 트럭에 옮겨 실었다.

아름다운 항구, 원산항에서

멀리서 바라본 원산항은 아름다웠다. 먼 산 언덕 아래 크고 작은 아파트와 건물들이 아름답게 배치되어 한 폭의 그림을 연상케 했다. 북한 강원도의 최대 항구 도시. 내 고향 인근 통영과도 흡사하다는 느낌에 친근했다. 오래전에 가 본 블라디보스토크 풍경이 연상되기도 했다.

우리는 항구 옆에 잘 꾸려진 원산호텔에 여장을 풀고 저녁 만찬에 참석했다. 만찬장에는 인삼술, 인풍술, 백두산 들쭉술 등 북한 술 4종류와 10가지 이상의 북한식 요리들이 나왔다. 잘 차린 생일상 같았다. 구호물자 인도 인수 인원이 먹기에는 과하다고 생각했는데, 만찬 후 이 음식들을 일꾼들이 나눠 먹는다고 했다.

원산호텔은 외관은 멋있었지만 지은 지 오래되어 보였다. 외국인과 중국인 투숙객들이 몇 명 보였지만 한산했다. 한때는 일본에서 총련 동포들이 만경봉호를 타고 원산항으로 많이들 들어왔는데 요즘에는 뜸하다고 했다. 그날 밤 나는 현대 직원과 둘이 큰 방을 배정받아

사진 왼쪽 상단에서 시계 방향으로 원산항 옥수수 전달 후 인도인수증에 서명하는 양측 대표(왼쪽이 저자), 노을진 원산항, 원산의 전경, 원산호텔 내부, 원산항 구호물품 하역 장면

방에서 이런저런 얘기를 나눴다. 욕실 물은 뜨겁지 못하고 미지근했다. TV도 나오다 꺼지기를 반복했다. “왜 이럴까?” 중얼거렸는데 내 말을 도청이라도 한 걸까? 다음 날 아침 모든 것이 달라져 있었다. 텔레비전도 잘 나오고 뜨거운 물도 나왔다.

다음 날 하역 현장으로 가기 위해 로비까지 내려왔다가 깜박하고 방에 두고 온 카메라를 가지러 다시 방으로 올라갔다. 그런데 놀라운 일이 벌어졌다. 방 열쇠가 안 보여 다시 열쇠를 가지러 1층으로 내려가야겠다고 하니 북측 인수 요원이 문 앞 카펫 밑에서 열쇠를 꺼내 방문을 열어 주는 게 아닌가. 정신이 번쩍 들었다. 이 사람들이 내 방에 들어와 다 볼 수 있다는 얘기네…. 현장에 나가 하역 장면을 사진과 동영상으로 담았다.

원산 시내에서

호텔 내에 있자니 갑갑한 생각이 들었다. 시내를 나가 보자고 했다. 곧 연락을 주겠다고 했으나 답이 없었다. 북한은 사전에 약속되어 있지 않으면 즉석에서 무엇을 결정해 실행할 수 없다는 것을 알았다.

다음 날은 북한적십자회 인수 요원과 함께 원산 시내 노래방이 있는 식당으로 갔는데 접대원들이 직접 시중을 들며 정성을 다해 봉사했다. 메뉴는 단고기 코스 요리였다. 북한은 개고기를 단고기라 부르는데, 남한과 달리 국가가 나서 정책적으로 요리 개발을 독려한다고 했다. 다리, 배받이, 갈비 등 부위별로 나오다 마지막에 진국탕이 나왔다. 이 많은 걸 어찌 다 먹나 싶었는데 하나도 남기지 않고 다 먹고 말았다. 오후 하역 상황을 보며 물자를 검수한 나는 ‘인도인수증’

에 서명하여 교환했다.

원산항을 떠나기 전날은 우리가 북측 인수 요원들을 초대해 음식을 대접했다. 식사비는 1인당 50달러씩 모두 300달러로 해 온 관례를 따랐다. 음식값이 비싸다 생각했지만, 그 비용으로 이들의 체류 경비와 기름값 등에 보탠다는 것을 안 이상 그러려니 했다. 그들과 함께 하면서 민감한 정치 얘기보다는 주로 살아가는 이야기를 많이 나누었다. 북한 사람들은 농담을 좋아했다. 웃고 떠드는 사이 우리가 한 민족, 한 동포임을 실감했다. 구호물자를 전달하는 만남은 다른 때보다 한층 여유롭다. 우리는 준비해 간 응급약과 영양제를 선물로 전달했다. 고마웠는지 들쭉술 한 병씩 선물이라며 내놓았다.

원산에서의 5박 6일 일정이 순식간에 지나갔다. 배에 오르니 긴장감이 풀렸다. 침실에 누우니 스르르 눈이 감겼다. 뱃고동 소리와 함께 배는 원산항에서 점차 멀어져 갔다. 먼 산 언덕의 그림 같은 집들이 하나둘 희미해져 갔다. 배는 다시 남쪽을 향해 미끄러졌다.

분단을 넘은 소 떼

사람보다 앞서 소가 길을 열다

"소 떼가 판문점을 넘기로 했다."

통일부 담당 사무관이 적십자사가 해야 할 준비 사항에 대해 알려 주었다.

1998년 5월, 정주영 현대 명예회장이 기증한 옥수수 1만t을 전달한 후 우리는 곧바로 정 회장이 기증한 소 떼 전달 작업에 착수했다. 6월 초, 통일부는 철저한 보안 속에 정주영 회장 방북과 소 500마리 지원 구상을 알려 왔다. 적십자를 통해 지원한다는 내용이었다. 당시 모든 구호물자는 적십자 이름으로 북한에 통보되고 수송 절차 등 제반 사항은 남북 적십자 간 구호물자 전달 절차에 따라야 했다.

통일부는 연락 채널을 통해 북측과 판문점을 통한 수송 절차를 협의했고, 현대는 대북 지원 소와 이를 수송할 트럭을 준비해 대한적십자사에 기증하는 형식을 취했다. 수송 트럭에 사용할 적십자 깃발과 현수막을 준비했고, 서산 현지에서 판문점까지 적십자사가 안내를 책임져야 했다. 판문점을 통한 구호물자 전달은 1996년 11월 대북 구호 활동이 시작된 이후 처음이었다. 모두의 관심이 집중되었다.

준비는 착착 잘 진행되어 갔다. 현대 관계자는 "이동 중 스트레스로 소가 죽을 수도 있다"며 소 500마리를 대형 트럭 50대에 나누어 운송하기로 했다. 본격 이동 하루 전, 우리는 서산 현지 농장으로 내려갔다. 출발 준비 작업부터 함께하려는 의도였다. 소 판 돈 70원을 가지고 고향을 떠나온 지 65년 만에 소 떼를 몰고 돌아가는 정회장의 꿈을 실현하는 역사의 현장을 준비하는 사람들의 마음은 뜨거웠다.

6월 15일 밤 11시가 되자 출발 신호가 떨어졌고 드디어 북한행 소 떼의 선도 차가 출발했다. 나는 선도 차에 올랐다. 차량 옆면에는 '정주영 명예회장 방북 소 운반 차량'이란 현수막과 적십자 깃발이 부착되었다. 5t 트럭 40대와 10t 트럭 10대 기타 행사 차량이 포함된 수송 행렬은 끝이 보이지 않게 길었다. 선두와 후미 간 교신으로 차량 대열을 조정했다. 문산 이북 지역은 접경 지역이라 핸드폰 연결이 안 되었으므로 통신은 아마추어무선통신HAM으로 연결했다. 적십자 무선 봉사원 13명이 일주일 전부터 보안 속에 사전 연습을 거친 덕인지 도로 운송은 순조롭게 진행되었다.

자유로를 달려 6월 16일 아침 8시 드디어 임진각에 도착했다. 임진각 공터에서 정주영 명예회장은 잘생긴 암소 한 마리의 고삐를 잡고 인사말을 했다.

방북 전 인사말하는 정주영 명예회장

"아버지가 소 판 돈 70원을 갖고 남한으로 내려왔습니다. 이제 빚을 갚으러 고향 산천을 찾아갑니다. 이번 방문이 남북 간 화해와 평화를 이루는 초석이 되기를 진심으로 기대합니다."

소떼를 싣고 판문점 군사분계선을 넘는 차량들. 1998년 6월 16일

회장의 메시지는 굵고 짧았다. 많은 언론사와 현대 관계자의 주목을 받으며 행렬은 임진각을 떠나 판문점으로 향했다. CNN은 방북 장면을 생중계했다. 6월 16일 오전 9시 22분, 적십자 마크를 단 흰색 트럭 50대에 나누어 실은 소 떼가 판문점 북측 지역을 먼저 넘었고, 정주영 회장은 판문점 중립국감독위원회 회의실을 지나 도보로 군사분계선을 넘었다.

이날 인도인수서에는 부서장인 박병대 남북교류국장이 중립국감독위원회 동편 군사 분계선상에서 북측 연락관을 만나 서명했다. 남북 화해 협력 시대의 개막을 알린 상징적 사건인 소 떼 방북이 이뤄지는 순간이었다.

1천 1마리의 소, 끝이 아닌 시작

몇 달 후 전달한 소 떼가 어떻게 되었는지 소식이 궁금하던 차에 북한적십자회로부터 전화 통지 문건을 받고 깜짝 놀랐다. 보내 온 소 사진을 보니 '이럴 수 있나' 싶었다. 북한적십자회는 "지난 6월 16일 현대그룹 쪽으로부터 판문점에서 인수한 소 500마리 가운데 10월 6일 현재 71마리가 폐사됐다"며 "사실적 자료와 수의학적 검사에 의하면 소들에게 먹인 밧줄과 비닐 박막은 남쪽 지역에서 강제 주입한 것이 명백하다"고 주장한 것이다.

남쪽 지역에서 '불손한 행동'이 가해졌다는 북한 주장이 황당했다. 전화통을 붙잡고 현대 관계자와 통일부 등 관계 기관과 여러 차례 협의했지만 그럴 리 없다는 답변만 돌아올 뿐이었다. 나중에 현대 측으로부터 소의 위에서 나온 밧줄은 소에 매어진 고삐와 같은 성분의 PP 수지이며 소들이 먹을 수도 있다는 말을 들었다. 대학 교수 등 전문가들은 장시간 차량 이동으로 발생할 수 있는 '수송열'이 폐사의 직접 원인일 수 있다고 했다. 심한 패혈증을 동반하는 수송열의 전형적 임상 증상이라는 설명이 덧붙었다.

10월 말경 정주영 회장은 다시 소 501마리를 몰고 2차 방북했다. 두 차례 몰고 간 소 떼가 1,000마리가 아니라 1,001마리인 것은 끝이 아니라 새로운 시작을 상징하는 의미였다. 나중에 확인된 사실인데 정 회장은 2차 방북 시 김정일 국방위원장을 만나 그해 11월 18일 금강호를 금강산으로 출항시키기로 합의했다.

소 떼 방북을 위해 트럭과 사료를 포함 41억7,000만 원의 비용을 현대그룹이 부담했지만 이 덕분에 금강산 관광뿐 아니라 긴장의 남북 관계가 풀리며 화해 협력으로 가는 초석이 되었다. 향후 10년간 비약적으로 발전하게 될 남북 민간 교류의 물꼬를 트는 기념비적 사건이었다. 나는 그 현장을 지켰다는 사실이 뿌듯했다. 5년 후 정 회장은 유명을 달리했지만, 한우 100마리가 추가 지원되었다. '끝이 아니라 시작'이라는 약속을 지킨 셈이다.

민간 차원의 대북 지원

조건 없는 민간 차원 운동으로 시작된 대북 비료 지원 사업

"대북 비료 지원에 적십자사가 적극 나서 주기 바란다."

정부가 민간 차원의 대북 비료 지원을 독려하기 시작했다.

1998년 8월 1일, 강영훈 총재의 임기가 끝나고 제20대 총재로 정원식 전 국무총리가 취임했다. 취임사에서 정원식 총재는 "지난 날 남북 사이의 화해를 가져오기 위한 회담에 참여한 경험을 살려 남북 기본합의서 정신을 회복하고 이를 실현할 수 있는 계기를 마련하는 데 힘쓰겠다"면서 "특히 북한 동포 지원 사업에 역점을 두고 추진할 것"이라고 밝혔다.

여전히 진행되던 북한 기아 문제에 관해 '기아의 가장 큰 피해자는 어린이'라며 북한 어린이들의 열악한 현실이 언론에 노출되고 있었다. 남북 간에 합의한 구호물자가 차질 없이 지원되고 있었고, 구호물자를 실은 배가 인천에서 남포항으로 들어갔다. 10월 말에는 육로와 해로를 통해 전달하기 시작한 2차분 대북 구호물자가 옥수수 기준으로 5만2,000t 전달이 완료되었다. 1999년 들어 양측 모두 정부 차원의 지원이 여전히 부담스러웠는지 적십자를 통한 대북 구호물자 전달은 지속적으로 이루어졌다. 그런데 새로운 조치가 발표되었다.

1999년 2월 10일, 정부는 그동안 대한적십자사를 통해서만 가능했던 대북 지원을 "민간 단체가 독자적인 대북 채널을 개설해 시행할 때도 허용키로 했다"고 발표했다. 대한적십자사를 통한 창구 일원화 조치가 해제되어 다원화되기 시작한 것이다. 이와 동시에 일반 재난 구호물자만으로는 한계가 있었는지 정부는 북한의 식량 사정을 개선할 다른 방안을 고민하기 시작했다. 시민 사회 단체에서도 정부의 역할을 주문했다.

여수항을 출발해 남포항으로 떠난 대북 지원 비료

정부는 대북 비료 지원 카드를 만지작거리며 우선 적십자사를 통한 지원을 검토했다. 정부 재정이 들어가기 전에 적십자사를 통한 민간 모금을 구상한 것이다. 정부는 대한적십자사가 대북 비료 지원에 나서 달라 요청했다. 그러면서도 정부는 이러한 사실을 상당 기간 공식적으로 부인했다.

정부의 요청에 따라 정원식 총재가 1999년 3월 11일 오전 본사 강당에서 기자 회견을 하고 "순수한 인도적 차원에서 북한의 식량 증산에 기여할 수 있는 구호물자로 비료를 지원하기로 했다"고 밝혔다. 이어 그동안 모금된 성금으로 마련한 비료 5,000t을 우리 국적선 셀파호에 싣고 그해 3월 30일 여수항을 출발해 남포항으로 수송하게 되었다. 여수항에 많은 적십자 봉사원과 관계자들이 모여 구호물자를 싣고 떠나는 배를 향해 손을 흔들었다.

4월 8일, 적십자사는 전국 지사회장 회의를 열고 본격적인 '비료 보내기 운동' 진행을 결의하였다. 대한적십자사는 대국민 호소문을 통해 "식량 증산을 돕는 것이 직접 식량을 지원하는 것보다 효과적"이라며 "북한 비료 보내기 운동에 참여해 북한 식량난을 완화하고 한반도 긴장 완화에도 도움을 주자"고 참여를 요청했다.

우리 사무실에도 변화가 나타났다. 한시적 조직으로 별도의 대북지원본부를 만들어 여러 부서에서 인원을 차출하여 3개 팀으로 배치했다. 몇 달 만에 모금액이 빠르게 증가했다. 기업체를 비롯 종교, 사회단체들의 참여가 늘었다. 대한적십자사는 방송사와 공동으로 생방송 모금 활동을 펼치고 다양한 이벤트를 통해 국민들의 적극 참여를 이끌어냈다. KBS와 공동으로 "동포애를 나눕시다"라는 제목으로 방송을 진행했고, MBC에서는 "북한 동포에게 사랑의 비료"를, 극동방송과는 "나누는 사랑, 거두는 기쁨"이라는 제목으로 북한 비료 보내기 성금 모금 생방송을 내보냈다. 생방송에는 이종석 박사노무현 정부 통일부 장관 역임도 패널로 나와 비료 지원의 당위성을 호소했다. 법륜 스님은 "비료는 식량보다 몇 배의 효과가 있다. 통일 비용 아끼는 효과적인 투자"라며 대한적십자사의 비료 보내기 운동에 누구보다 앞장서 지원을 호소했다.

ARS를 통한 모금과 더불어 대한적십자사 각 지사별 바자회 등을 통해 모금 운동에 나섰다. 국민들의 참여 속에 모금 운동이 6월 15일 종료됐다. 정몽헌 현대그룹 회장이 10억 원을 내는 등 3개월 동안 130억 원의 성금이 모금되었다. 6월 파종기에 맞춰 북한에 전달한다는 일정에 따라 성금이 들어오는 즉시 비료를 구매해 신속히 전달했다. 전달은 기존에 맺은 남북 적십자 간 절차에 따라 진행되었다.

상호주의 대 조건 없는 지원

1998년 4월 베이징에서 개최된 당국 회담에서 대규모 비료 지원 용의가 있으니 최소한 이산가족 문제 등 이에 상응하는 조치를 요구했으나 북한이 호응해 오지 않아 정부 차원의 비료 지원이 이루어지지 않았었다. 이때까지만 해도 정부는 비료 지원에 상호주의를 적용하려 했지만, 결국 적십자를 통한 조건 없는 지원을 허용한 것이다.

정부는 비료 지원을 "인도주의와 동포애에 근거하여 조건 없이 돕겠다는 우리 국민의 의지를 실천한 것"이라며 "비록 인도적 차원에서 조건 없이 이루어지는 지원이지만 남북 관계 개선의 분위기 조성에 일조할 것"이라는 입장을 밝혔다.

김종필 국무총리도 "대한적십자사의 북한 비료 보내기 운동은 민간 차원에서 벌이는 동포애의 발로로 온 국민의 비료 한 포 보내기 운동으로 확대 발전되기를 희망한다"면서 "정부 차원에서도 여러 지원 방법을 강구해 보겠다"고 했다. 이 같은 적십자사의 노력이 있은 뒤 1999년 6월부터 정부는 남북협력기금으로 대한적십자사를 통한 비료 지원에 적극 나서게 된다.

북한 동포 지원 단체 초청 설명회

교전 중에도 지켜진 약속

연평해전 중에 비료를 싣고 바닷길을 통해 남포항으로

TV 화면에 뉴스 속보가 떴다. 비상 상황이 발생한 것이다.

1999년 6월 15일, 남북 간 서해에서 충돌이 벌어졌다제1연평해전. 조짐은 6월 11일부터 시작되었다. 남북한 경비정 간 밀어내기식 충돌이 있었고 15일에는 상호 총격전이 벌어졌다. 북한이 자기 측 어선을 보호한다며 북방 한계선을 침범하면서 일어난 사건이었다. 사무실이 비상 상황에 돌입했다. 대북 지원 비료 5,000t을 실은 화물선은 6월 11일 울산항에서 출발이 예정되어 있었다. 문제는 신경전이 계속되는 상황에서 인도 요원 3명과 한국인 선원 13명이 탄 배를 출항시키는 게 옳은지에 대한 걱정이었다.

출항 당일인 11일, 북한 경비정의 침범이 계속되자 우리 해군은 북한 경비정 4척에 대해 선체 뒷부분을 부딪치는 '함미艦尾 충돌 작전'을 실시했다. 일촉즉발의 상황이 전개되고 있었다. 분위기가 악화되면서 통일부 담당자와 상황을 협의했다. 일단 교전이 벌어진 것은 아니므로 구호물자를 예정대로 보내야 한다는 의견과 상황을 지켜보며 일단락된 후 수송하자는 의견으로 나뉘었다. 운송 연기 상황은 판문점 연락 채널을 통해 북한에 통보하면 되는 상황이었다. 물론 이러한 상황을 이유로 비료 전달을 연기하면 북한이 어떻게 나올지도 신경 쓰였다.

적십자 깃발을 달고 교전 해역을 통과하다

통일부 지침에 따르기로 하고 인도 요원들에게는 발생 가능한 여러 상황을 유선으로 전달했다. 남포항은 최대 갑문이 있고 접안 시설이 좋으므로 접안 후 하루 만에 비료 5,000t을 신속하게 하역하고 돌아올 것, 불필요한 오해가 생기지 않도록 북한 내에서의 언행을 특별히 조심할 것을 당부했다.

인도 단장인 대한적십자사 경남지사 사무국장은 "걱정할 것 없

비료 수송하는 인도 요원을 환송하며

다"며 "정부 지침에 따르겠다"고 했다. 함께 가는 통일부와 국정원 직원 역시 마찬가지로 긴장했지만 같은 생각이었다. 예정대로 출항 지시가 떨어졌다. 연락망을 통해 북측으로부터 안전 보장을 확약받았는지는 모를 일이지만 정부는 일정을 강행했다.

해상 군사 분계선을 지날 때까지는 핸드폰으로 연락을 취할 수 있지만 분계선 이후부터는 인말샛International Maritime Satellite Organization, 국제해사위성기구을 통해 선사로만 통화가 가능한 시스템이었다. 적십자 깃발을 선미에 달고 군사 분계선을 넘자마자 공해상으로 나갔다 들어가도록 사전에 알려 줬다. 관계 기관에도 구호물자 선박이 서해 항로를 이용해 남포항으로 운항한다는 내용이 공유되었다.

남북 간 충돌이 진행되는 와중에 구호물자를 실은 배로 서해상을 지나는 일은 매우 불안하고 신뢰가 없으면 불가능한 일이었다. 선사로부터 무사히 남포항에 도착해 하역 중이라는 연락을 받았다. 휴…, 안도와 기쁨이 밀려왔다.

어떤 상황에서도 인도주의적 기본 원칙은 지켜져야 한다

6월 13일에는 긴장감이 고조되던 서해는 아니지만 동해상으로 비료 5,000t을 실은 배를 원산항으로 출항시켰다. 그런데 15일 서해에서 총격이 벌어지자 불안해 하는 가족들이 전화를 걸어 걱정의 마음을 털어놓았다. "적십자 구호물자를 전달하러 갔는데 무슨 일이 있겠는가"라며 안심시켜 놓았지만, 분위기에 따라 상황이 어떻게 흐를지 몰라 불안한 마음은 우리 역시 마찬가지였다.

통일부 담당자와 계속 협의하며 상황을 예의 주시했다. 금강산 관광객 585명도 아직 북한에 체류 중이라며 “너무 걱정하지 말라”고 했다. 위안이 되었다. 금강산 관광객도 그렇게 많이 체류하고 있는 상황에서 더군다나 ‘구호물자를 실은 배인데 설마 무슨 일이야 있겠나’ 생각하며 마음을 가다듬었다.

비료 전달을 마치고 공해상을 빠져나온 배에서 전화가 걸려 왔다. 그쪽 분위기가 어땠느냐고 물었다. 뜻밖에도 남포항에 체류하는 동안 남북 간 교전이 있었다는 사실조차 몰랐다고 했다. 비료 하역을 마친 15일 오후에 남포항을 떠났는데 “체류하는 동안 북한적십자회 관계자들의 행동도 평소와 다름없어 이상한 느낌을 받지는 못했다”고 했다. 마음을 쓸어 내렸다.

적어도 이때까지는 인도적 차원의 구호물자 전달이 남북 간 정치·군사적 상황에 연계되지 않고 추진될 수 있었다. 우리 정부의 강력한 의지 덕분에 가능한 일이기도 했지만 인도적 활동을 기본으로 하는 적십자사의 기본 원칙에 부합하는 일이기도 했다.

리설주와 남북 청소년 나무 심기

남북 청소년적십자 단원들이 금강산에서 나눈 우정

"학용품을 북한 학생들에게 보내자."

2002년. 적십자 청소년 단원들이 사용하던 학용품을 북한에 나눠주고 싶어한다는 의견이 우리에게 전달되었다. 우리는 "사용하던 중고품은 안 된다. 새 상품을 보내되 상표는 안 보이게 해야 한다"고 해당 부서에 권고했다. 2000년 남북 이산가족 상봉이 성사되자 본사 RCY 본부에서 북한 어린이들에게 학용품이 든 '우정의 선물' 상자를 제작해 전달하고 싶은데 어떻게 하면 될지 협의하는 내용이었다.

'우정의 선물' 상자는 청소년적십자 단원들이 해마다 각국 청소년들과 우정을 나누는 의미로 제작해 왔는데, 1991년부터 지금까지 33개국에 10만5,000상자 이상을 제작해 보냈다고 했다. 북한 어린이들에게도 보내면 좋겠다는 생각이 들었다. 그런데 다른 나라에 보내는 방식대로 똑같이 보내기에는 왠지 북한이 받아들일 성싶지 않았다. 북측 의사를 타진했다. 뜻밖에도 몇 가지 조건이 충족되면 받겠다는 연락이 왔다. 우리는 기쁜 마음으로 우정의 선물 상자를 제작하기로 했다. 해당 부서에 몇 가지 일반적 주의사항을 당부했다.

우정의 선물과 청소년 교류의 물꼬

‘우정의 선물’ 한 상자에 북한 어린이 10명이 나누어 쓸 수 있도록 공책 10권, 연필 10자루, 지우개 10개, 자 10개를 담자고 했다. 일선에서는 상자 안에 편지도 써 전달하자는 요구사항도 있었다. 하지만 “편지에 혹시라도 오해를 살 만한 내용이라도 있게 되면 곤란해질 수 있다”는 실무진의 의견에 따라 편지를 넣는 것은 다음 기회로 미루기로 했다. 선물 상자 포장지는 따로 제작했고 내용물에 표기된 상표는 그대로 보내기로 했다. 물자 전달 인도 요원은 3명으로 정했다. 해당 부서장인 윤미혜 청소년본부장과 전국 RCY지도교사협의회 회장 그리고 RCY단원협의회 고등부 회장이 북한을 직접 방문하기로 하고 북측으로부터 신변 안전 보장 각서를 받아 냈다.

인천항에서 남포항으로 출발하는 날 아침, 마중 나온 학생들과 봉사원들은 북한으로 가는 이들을 환송해 줬다. 그동안 구호물자 전달 차 인도 요원으로 우리 직원들 수십 명이 방북한 바 있었지만, 고등학생의 방북은 처음이었다. 출발 전에 학생은 “북한에 가는 게 위험하다고 만류하는 어머니를 설득하는 일이 가장 힘들었다”고 말했다. 아직 남북 간 인적 교류가 많지 않은 상태였으니 만류하는 부모의 마음을 모르지 않았다.

이후에도 청소년들의 마음을 담은 우정의 선물 전달이 몇 차례 더 있었고 이때마다 청소년적십자 관계자가 함께 북한을 방문했다. 2001년 서영훈 총재가 남북 적십자 간 교류 협력을 강조한 후 다양한 방면으로 교류가 성사되며 학생 간 교류도 시작된 것이다.

세계가 함께 진행한 남북 청소년적십자 단원 나무 심기

대한적십자사는 몇 년 전부터 북한적십자회가 진행하고 있던 '나무 심기 사업'을 알고 남북이 함께할 수 있는 방안을 고민해 왔다. 마침 2002년 9월, 중국 베이징에서 동아시아 5개국 사무총장 회의가 열렸는데 여기에 참석한 대한적십자사 이영구 사무총장이 북측 관계자를 설득하면서 나무 심기 프로젝트가 본격 가동됐다.

매해 봄마다 산에 나무 심기 행사를 진행했던 청소년적십자 담당 부서는 환영했다. 한 해 전 단원들이 모은 우정의 선물 상자를 보낸 경험을 살려 잣나무 묘목 30만 그루를 남포항으로 보내고 남북 청소년들이 직접 만날 날을 기다렸다.

드디어 계획이 실행 단계로 들어서자 기부 단체들도 관심을 보이기 시작했다. 2003년 3월 22일, 남북 청소년적십자 단원들이 금강산에 모여 평화를 염원하고 우정을 쌓는 나무 심기 행사가 열렸다. 분단 이후 처음으로 남북의 청소년들이 금강산에 모여 평화와 통일을 염원하는 나무를 함께 심는다고 하니 언론의 관심도 커졌다. 이즈음 이산가족면회소를 금강산에 건설하기로 남북 적십자사가 합의한 상황이었기에 그 자리에 남북의 청소년들이 함께 나무를 심는다면 자연스럽고 의미 있는 일이 아니겠는가.

해안가 토양에도 잘 견딜 수 있게 사전에 많은 준비를 거쳐 해송과 느티나무, 잣나무를 심기로 하고 500그루는 금강산으로, 나머지 묘목 30만 그루는 남포항으로 보냈다. 대한적십자사는 이영구 사무총장을 단장으로 18명의 대표단이 참가했고, 북한적십자회도 민병관 부서기장을 행사단장으로 청소년적십자 단원 10명이 나왔다. 출발전 북측이 보내 온 명단을 확인하니 적십자 회담 수행원으로 나왔던 황철 선생, 남북 행사에 많이 나타났던 김 선생과 구호물자 인도 인수 현장에 많이 나왔던 리 선생도 보장성원으로 들어 있었다. '북한도 이 행사에 많은 관심을 갖고 있구나' 생각되었다. 금강산 나무 심기 행사는 남북 인사들뿐 아니라 그동안 몇 차례 북적과 함께한 국제적십자사연맹 관계자 그리고 노르웨이적십자사 대표도 참가해 국제적 행사가 되었다.

소녀 리설주의 추억

행사에 참여한 RCY 단원들은 초등학생부터 고등학생까지 다양했다. 처음 만난 북한 아이들과 낯섦 때문인지 서먹서먹했으나 금세 친해졌다. 2박 3일간 같이 나무를 심고 친선 활동 프로그램으로 구룡연과 삼일포를 함께 관광하며 우의를 다졌다. 눈이 녹지 않은 금강산을 등반하면서 서로 손을 잡고 저녁 만찬장에서는 함께 노래를 부르며 친목을 쌓았다. 그때 눈에 띈 아이가 당시 11세 소녀 '리설주'였다.

2012년 벽두에 북한 김정은 위원장의 부인 리설주가 남한 언론에 오르내리면서 갑자기 '2003년 금강산 남북 식목 행사'가 주목받기 시작했다. 연합뉴스가 "소녀 리설주가 2003년 남북 적십자 식목 행사에 참여"했다는 기사를 내보냈기 때문이다. 나는 언론사의 확인 요청에 북측 참가자 명단에 '리설주'라는 이름이 있는 것은 사실이라고 확인해 줬다. 그러면서 우리에게 보낸 명단에는 당시 리설주는 11세로 되어 있어 보도와는 한 살 정도 차이가 난다는 점도 확인해 줬다. 그 내용이 기사화되면서 김정은 위원장의 부인 리설주가 맞다

금강산에서 함께 나무 심는
리설주(오른쪽)와 박용희

고 확신하여 말하는 사람들이 늘었다.

진짜 리설주인지 동명이인인지 북한에서 직접 확인해 줄 리 없으니 단언할 수는 없지만, 사진으로 보면 리설주 여사는 어린 시절 리설주 소녀와 이목구비가 빼닮았다. 당시 리설주와 곁에서 함께 나무를 심었던 대한적십자사 청소년적십자본부 박용희 단원도 그때 기억을 떠올리며 리설주와 함께 '우리의 소원은 통일' 노래를 불렀다고 회상했다.

청소년적십자본부 직원뿐 아니라 그 이후 이 사진을 본 총재도 "이건 매우 중요한 자료"라며 사진을 확대해 집무실에 걸어 두고 방문자들에게 보여 주며 자랑하곤 했다. 남북이 적은 인원으로 시작한 이 나무 심기 행사는 해를 거듭할수록 인원을 늘려 2007년에는 100명이 참가하기도 했다. 남북 적십자 간 별도의 교류 협력 프로그램이 없던 차에 앞으로 자라날 청소년들에게 더 없이 평화와 통일의 소중함을 알려 주는 행사라 모두 좋아했다.

남북 청소년들이 함께한 나무 심기 행사는 단순히 나무 한 그루 심는 데 그치지 않고 남북한 청소년들의 마음속에 이해와 평화의 상징으로서 또 다른 나무를 심기 시작한 것이다. 짧은 시간 정이 든 아이들은 버스가 출발하려 하자 창문을 사이에 두고 서로의 이름을 부르며 다시 만날 것을 기약했다. 통일되면 다시 만나자며….

2박 3일 동안 함께하며 친해져 헤어질 때 아쉬움의 눈물을 흘리던 아이들은 이제 어른이 되었다. 남북 청소년적십자 나무 심기 행사에 참석한 그 소녀가 리설주가 맞다면 그 또한 당시의 활동과 함께했던 아이들을 좋은 추억으로 회상하고 있지 않을까?

정부와 민간, 남과 북의 입장 차이들

용천역 폭발 사고와 대한적십자사 총재의 첫 북한 방문

"사전에 구두로 한 약속도 약속이니 합의서에 서명하라."

북측이 억지를 부리며 강압적으로 나왔다. 황당한 일이 평양에서 벌어진 것이다.

대한적십자사 총재가 평양과 용천을 방문하는 획기적인 계기가 만들어졌다. 내가 잠시 대북 관련 업무를 떠나 다른 부서에서 근무할 때의 일이지만 그때의 자료와 얘기들을 모아 정리한다.

2003년 12월에 서영훈 총재가 퇴임하고 유니세프 등 국제 기구에서 20여 년간 활동해 왔고 한국월드비전 회장과 다양한 시민 단체에서 활동한 경력이 있던 이윤구 총재가 취임했다. 취임 두 달여 만인 2004년 2월에 북적으로부터 평양 방문 초청장이 왔다. 남북 적십자 간에는 1971년도부터 접촉과 교류가 있었으나 총재급 초청은 없어 북한을 공식 방문할 기회는 없었다. 북한적십자회 장재언 위원장은 총재를 초청하면서 평양 적십자병원에 사용할 의약품과 의료 장비 명세서를 보내는 것도 잊지 않았다.

평양 방문 초청장을 받은 적십자사는 국내 제약회사에 연락해 필요한 약품을 요청하였다. 27개 제약회사에서 흔쾌히 기부해 25억 원 상당의 의약품이 마련되었다. 대한적십자사는 의료계 관계자를 포함 21명의 방북 대표단을 구성해 2004년 4월 20일부터 3박 4일간 북측의 따뜻한 환대 속에 평양 적십자병원을 둘러볼 수 있었다. 일정 중 최고인민회의 김영남 상임위원장과의 면담이 이루어졌고 인민대학습당과 장광유치원, 김정숙 탁아소, 만경대 학생소년궁전, 평양산원, 만수대창작사 등을 방문하였다. 북한은 평양 적십자병원 현대화 계획에 대한 지원과 더불어 특히 식량 지원을 요청하였다.

용천역 기차 폭발 사고, 재난을 구호하라

총재 일행이 평양 체류 중이던 2004년 4월 22일, 북한 용천역에서 대규모 열차 폭발 사고가 일어났다. 이 사고로 엄청난 피해를 입은 현장의 목소리를 가장 먼저 접한 총재는 돌아오자마자 대국민 호소를 통해 대북 구호 활동을 펼쳤다. 유례없는 긴급 재난 상황을 맞아 국제적십자사연맹도 적극적 구호 활동에 나섰다. 정부 역시 대한적십자사 창구를 통해 북측이 요청한 복구 장비 및 자재를 보내 민관 합동으로 용천역 재난에 대응하였다. 대한적십자사는 사고 발생 직후 설치한 용천재해지원대책본부를 중심으로 생방송까지 펼치며 대국민 모금 운동을 통한 구호 활동에 전력을 기울였다.

대책본부에는 북한 동포를 돕기 위한 각종 기업과 단체, 개인 등의 성금 접수 및 기증품 문의가 끊이질 않았다. 수송반에서는 긴급 의약품 및 구호 세트 등을 인천항을 통해 남포항으로 보냈고 의약품과 생필품 등은 항공편으로 평양에 보냈다. 구매에 시간이 걸린 복구 자재 및 장비들은 경의선 임시 도로를 통해 개성으로, 건설 자재 및 장비는 해로를 이용해 중국 단둥을 거쳐 신의주로 보냈다. 1997년 구호물자 전달 절차가 마련된 이후 육해공 모든 수송 경로가 총동원된 것이다. 중장비 전달은 그 조작법도 함께 전수해야 했으므로 기술 요원이 신의주를 방문하기도 했다. 구호물자가 수십 차례 나누어 전달될 때마다 인도 요원들이 북한 지역으로 들어갔으며 북한 측 인수 요원들은 고마움을 표했다. 여기까지는 좋았다. 약 한 달쯤 지난 뒤 새로운 문제들이 불거졌다.

국제적십자사연맹에서 파견하는 현지 답사 파견단 일원으로 이윤구 총재가 6월 5일부터 용천 재해 지역을 방문하여 현장을 둘러보기로 했다. 북한이 재난 현장에 우리 대표단을 초청해 보여 준 일은 이례적 조치로 기록될 만하였다. 남측 인사로는 첫 용천 방문이었다. 현장 방문단은 해외 원조국 적십자사 4명, 국제적십자사연맹 3명, 대한적십자사 4명으로 구성되었다. 평양에 도착한 우리 측 대표단을 영접하기 위해 나온 인사들은 북한적십자회 백용호 부위원장이나 장재언 위원장이 아니라 최성익 상무위원과 황철 선생 등 남북 적십자 회담에 얼굴을 비쳤던 사람들이었다.

도착 다음 날, 대표단은 북측이 제공한 헬기를 이용해 용천 현지에 도착해 용천시 적십자회 관계자로부터 피해 상황을 보고받았다. 북한적십자회 관계자는 브리핑을 통해 4월 22일 사고는 비료 화차와 유조선의 선로 교체 과정에서 선로원 부주의로 발생했으며 폭발과 화재로 큰 피해를 보았으나 복구 중이라며 감사를 전했다. 현장에서 2시간 머물며 상황을 파악하고 평양으로 돌아왔는데 갑자기 상황이 달라졌다.

북측 관계자가 일정을 재협의하자며 나왔다. 애초의 방문 목적은 국제적십자사연맹 대표단의 일원으로 폭발 사고 현장을 방문해 복구 상황 등을 점검하는 것이었다. 그런데 북측이 제시한 재협의에는 남북적십자 간 인도적 차원의 쌍무적 지원에 관한 회담에 초점을 맞추고 있었다.

우리 측 대표단은 국제적십자사연맹 대표단이 수최하는 만찬에도 참석하지 못하고 따로 움직여야 했다. 북측 관계자는 "민족 내부 문제가 국제적십자사연맹과의 관계보다 중요하고 대한적십자사 총재의 위상을 보더라도 국제적십자사연맹 대표단과 함께하는 것은 맞지 않다"면서 "국제적십자사연맹 대표단에는 양해를 구했으니 남북적십자사 간 상호 협력 문제를 빨리 매듭짓자"고 종용했다.

여기서 북측이 내세운 조건은 엉뚱하게도 "지난 3월 금강산에서 있었던 제9차 남북 이산가족 상봉 행사에서 총재가 약속한 10만t 식량 지원 약속을 합의서에 공식 서명해 줘야 한다"면서 제10차 남북 이산가족 상봉 문제와 연계하여 총재를 압박한 것이었다. 북한적십자회 위원장도 다음 날 양강도호텔을 방문하더니 지난번 금강산에서 약속한 10만t 식량 지원을 문서로 남겨 줄 것을 거듭 주장했다. 이미 상부에 보고되어 굳어진 문제이므로 "문서로서 타결되어야 한다"는 입장을 강조했다.

총재는 "10차 상봉은 이미 합의한 사항이고 식량 지원 규모는 지금 당장 정하기 어려우며, 민간 차원의 운동을 전개하고자 한다"고 달랬다. 더불어 "문서로 약속하여 부담감에 일을 추진하기보다 이곳에 와 보니 식량 지원이 절실히 필요하다는 느낌을 우리 국민에게 호소하는 것이 효과적"이라는 논리로 북측을 설득했다.

북한 당국의 최 상무위원은 초기의 덕담을 주고받던 태도에서 벗어나 "총재의 말씀을 듣고 보니 실망감을 감출 수 없다. 총재가 사전에 약속한 식량 10만t 문제를 이번에는 반드시 타결 짓자"며 다소 강압적 태도로 들고 나왔다. 뜻하지 않은 북측의 요구에 총재는 모든 일정을 취소하고 호텔로 돌아와 식사도 하지 않으며 버텼다. 결국 북측이 강하게 주장한 식량 지원 문제는 삭제하고 10차 상봉 행사 개최와 평양 적십자병원 현대화를 위한 적극적 협력을 내용으로 한 수정안에 서명하고 돌아왔다.

귀국 후 가진 기자 회견에서 총재는 "용천 현장에서 만난 북한적십자회 관계자들과 주민들이 남측에서 보내 준 구호물자와 인도적 지원에 여러 번 감사의 뜻을 전달했다"고 밝혔다. 그러나 마음은 편치 않았던 것으로 보였다. 서울로 돌아온 지 20여 일이 지난 7월에 총재는 서울 YMCA 출신 인사를 사무총장에 전격 임명하면서 일부 직원들과 마찰을 빚기도 했다. 이 총재는 민간 차원에서의 대북 식량 지원을 정책으로 밀고 나가려고 하였으나 여의치 않았고, 건강상의 이유로 취임 1년도 채 안 돼 사퇴하였다.

퇴임식에서 이 총재는 "총재로 재임했던 삼백 열흘 동안 적십자사가 많은 수난을 겪었는데 이렇게 갑작스럽게 떠나게 되어 너무나 죄스럽다"며 "내년도 100주년과 국제적십자사연맹 총회를 앞두고 전국에 적십자 깃발이 날릴 수 있도록 정진해 주시길 바란다"는 마지막 당부를 끝으로 적십자사를 떠났다.

대북 업무는 적십자사 독자적으로 너무 앞서 나가면 힘들어진다.

그렇다고 정부 결정의 뒤처리만 담당하는 것도 문제다. 그러므로 여타의 NGO와 달리 적십자 고유의 7대 원칙을 기준으로 정부와 협력하되 독립성을 유지하며 일을 진행하지 않으면 생각지도 못한 일에 휘말릴 수 있다. 정부 간 대화가 원활하게 진행되면서 적십자 간 협력도 속도가 붙었다. 총재가 바뀌고 또다시 평양 방문 기회가 찾아왔다.

한완상 총재의 평양, 용천 방문

2005년 6월 하순, 남북 관계가 좋아지자 한완상 총재가 적십자 및 관계 기관 직원 몇 명과 함께 평양과 용천을 방문했다. 자신들이 어려울 때 비료뿐 아니라 용천 지역 긴급 재난에 신속히 대응한 조치에 북측이 초청한 것이다. 당시 남북 간에는 6·15 남북공동선언 5주년 통일대축전이 협력 분위기 속에서 진행되었고, 남북 장관급 회담에서 이산가족 문제에 대한 논의가 진전되는 등 우호적 분위기였다. 더욱이 우리 측으로서는 2004년 4월에 발생한 용천역 폭발 사고에 대한 물품 지원이 완료된 시점에서 현장을 방문할 필요성도 있었다. 북측 입장에서는 15만t의 비료 추가 지원이 필요한 상황이기도 했다.

우리 대표단은 장관급 회담에 참가하기 위해 북측 대표단이 타고 온 고려민항 직항 편으로 인천공항을 출발해 늦은 오후 평양 순안 공항에 도착했다. 북한적십자회 부위원장과 평양 적십자병원장 등의 영접을 받으며 승용차 편으로 고려호텔로 이동했다. 호텔 종업원들이 입구에 늘어서 환영하는 가운데 우리 일행을 영접한 장재언 북적 위원장은 환영 만찬을 베풀어 주었다.

둘째 날 아침 일찍 북한적십자회를 방문한 자리에서 장재언 위원장은 “이번 통일 대축전 이후 양 적십자사 간에도 진전이 이루어져야 한다”면서 그동안 남측 적십자사의 여러 지원에 감사를 표했다. 특히 용천 재해 시 신속하게 구호품 및 복구 장비 등을 보내 준 데 대해 인민들이 감사하고 있다는 점을 강조해 언급했다. 더불어 남측의 비료 지원에 관심을 표하면서 7월 중에 추가 15만t 지원이 이루어지기를 희망했다. 또한 그해 11월 서울에서 개최될 예정인 국제적십자사연맹 총회에도 참석할 의향을 밝혔다.

한완상 총재는 이산가족들의 화상 상봉을 적극적으로 지지하면서 “더 많은 기회 제공을 위해 면회소가 조기 착공되어야 한다”는 점을 강조했다. 북측은 비료 지원을 에둘러 요청했고 우리 측은 당면한 연맹 총회에 북적 위원장의 참석과 이산가족 화상 상봉, 면회소 조기 착공을 요청한 것이다.

이후 우리 일행은 북적의 안내로 평양 적십자병원을 방문해 참관했다. 이 자리에서 평양 적십자병원 심일철 병원장은 “대한적십자사에서 소화기 전문 병원의 현대화를 지원해 달라”고 요청했다. 이 요청에 대해 한완상 총재는 “물품 지원도 좋지만, 병원 간 인적 교류를 통해 지원 사업을 협의하는 게 좋겠다”고 말했다. 병원 현대화 추진을 위해서는 많은 예산이 예상되므로 확약이 어려운 부분을 고려한 발언이었다. 오후에는 김일성대학교와 남포 서해갑문을 방문했다. 저녁 늦게 아태평화위원회 리종혁 부위원장을 만났다. 이 부위원장 역시 입을 맞춘 듯 비료 지원이 절실하다며 7월 중에 15만t 지원이 이루어지도록 빨리 조치해 줄 것을 요청했다. 다음 날 아침 방북단은 헬기 편으로 용천 재해 현장으로 날아갔다.

처음으로 북한 가정집을 방문하다

지난 해 폭발 사고로 전파되어 재건립한 용천소학교를 비롯, 용천농업전문학교, 용천군 보건소 방문 일정에 이어 사고 후 새롭게 단장된 아파트에 거주하는 가정집 방문 일정이 잡혔다. 남측에 가정집을 소개한 것은 북한으로서는 이례적이다. 짜여진 각본대로 공개한다 해도 지금까지 자신들의 내밀한 공간을 보여 주려 하지 않았던 북측의 이 같은 일정은 실제로 적십자 간 사업 추진에 힘을 실어 준다.

용천소학교 학생들은 대한적십자사가 보내 준 책상과 걸상에서 공부하고 있었다. 아이들이 공부하는 모습을 보며 격려하고 인근 용천농업전문학교와 보건소를 참관한 후 북측이 안내하는 아파트의 한 가정을 방문했다. 큰 폭발로 재해를 입었을 모녀를 격려하며 집안을 둘러보는데, 주방에 대한적십자사가 지원했던 응급 구호 세트에 포함된 가스레인지가 설치되어 있었다. 유례없는 재난을 당한 북한 주민들에게 십시일반 구호 성금을 모아 신속하게 구호에 나선 우리의 조치가 북측의 마음을 열게 한 듯하여 성금을 모아 준 우리 국민들에게 고마웠다.

북한 소학교를 방문하여 어린이들을 격려하는 한완상 총재

학교와 보건소, 새로 단장된 주거 시설을 둘러보는 동안 1년 전 재해의 참상은 더 이상 찾아볼

수 없었다. 도로 포장 현장에는 지난 해 우리가 기증한 현대 굴착기가 굉음을 내며 부지런히 움직이고 있었다. 사고 발생 지점인 용천역에 선 화물 열차에는 대한적십자사가 기증한 비료가 실려 있었다.

용천에서의 일정을 마치고 우리 일행은 김영남 최고인민회의 상임위원장을 예방하였다. 김영남 위원장은 용천 재해 피해 지역에 대한 감사 표시와 더불어 민족 통일 대축전, 이산가족 상봉, 면회소 건설 착공식, 화상 상봉 등 현안에 대한 이야기를 주고 받았다. 북한 방문 마지막 날에 '남북 적십자 간 교류 협력에 관한 합의서'를 채택했다. 실무진들의 2차례 접촉 끝에 합의된 초안에 양 적십자 총재[위원장]가 서명하여 교환했다.

한완상 총재는 2006년 5월, 평양 적십자병원 지원과 관련하여 국내 제약업체와 의료업계 대표, 후원 인사 등으로 구성된 대표단 41명과 함께 전세기 편으로 또다시 방북하여 적십자 간 협력을 공고히 하였다. 이러한 적십자 간 교류 협력이 강화된 데는 남북 간 신뢰가 구축되고 분위기가 그 어느 때보다 좋았던 것이 한몫한 것으로 생각된다. 나는 국제남북본부장 시절 퇴임한 한 총재를 찾아 인사드릴 기회가 있었다. 여전히 남북 관계에 대한 애정과 열정이 넘쳤고 대한적십자사의 역할을 기대하였다.

신종 인플루엔자 치료제와 분유

남북 보건 의료 협력으로 생명을 살리자

"인도적 차원의 치료제 지원을 강구하라."

북한에 신종 플루 환자가 발생하자 청와대가 발빠르게 움직이기 시작했다.

2009년에 신종 플루가 전 세계를 강타했다. 멕시코에서 시작된 신종 플루는 2009년 5월 한국에서 첫 확진자가 나온 뒤 기승을 부리며 11월에는 국가 전염병 위기 최고 단계인 '심각'으로 격상됐다. 북한도 예외가 아니었다. 11월 초 신의주에서 첫 환자가 발생한 뒤 급속히 확산되면서 사망자가 속출한다는 소식이 대북 인권 단체 '좋은 벗들'을 통해 흘러 나왔다. 이명박 대통령은 12월 8일 국무회의에서 조건 없는 인도적 차원의 치료제 지원을 지시했고, 다음 날 북한은 관영 매체를 통해 신종 플루 발병 사실을 인정했다.

정부가 치료제 지원 의사를 통보하고 북측이 바로 받아들이면서 다음 날 통일부가 긴급 회의를 소집했다. 통일부 남북회담본부 회의실에 나를 포함해 복지부, 질병관리본부 등 관계 부처 사람들이 모두 모였다. 대한적십자사가 치료제 전달 창구가 되어 진행하기로 의견을 모았다. 정부는 최대한 신속 전달을 목표로 정부 비축분을 우선 사용하고 구매 후 보충하는 형식으로 진행하기로 했다.

정부 비축 물자 창고에 보관된 타미플루와 리렌자 등 치료제를 확인한 후, 신속한 전달을 준비하기 위해 의약품 전달 상자에 적십자 마크와 기증 단체명으로 '대한민국 정부'를 스티커로 인쇄하여 붙였다. 정부는 북측 관계자에게 의약품 사용법을 설명해 주어야 하므로 의사와 약사가 인도 요원에 포함되어 같이 가야 한다고 했다.

그 참, 손난로(핫팩)가 신기한 물건입니다

통일부, 적십자사, 복지부, 질병관리본부의 인원 9명으로 인도 요원을 구성했다. 대통령이 지시한 지 열흘 만인 2009년 12월 18일, 모든 절차를 마무리하고 냉장 트럭 8대를 이용하여 신종 플루 치료제 타미플루 40만 명분과 리렌자 10만 명분을 개성으로 수송했다.

북측에서 보건성 관계자와 적십자 직원 4명이 물자를 인수했다. 인도 인수 장소인 개성 봉동역 앞은 그날따라 추위가 얼마나 매서운지 20분도 서 있기 힘든 상황이었다. 그런 한겨울 벌판의 매서운 바람에도 북측 관계자는 잠시도 쉬지도 않고 물량이 제대로 맞는지 하나하나 확인했다.

구호물자 전달 현장에서 자주 만났던 북적의 박 선생에게 걱정스런 마음에 "추운데 잠시 차 안에 들어와 몸 좀 녹이고 가라" 해도 박 선생은 말을 듣지 않고 작업에 열중했다. 나는 준비해 간 일회용 핫팩 2개를 하나는 박 선생의 목 뒷덜미, 하나는 주머니에 넣어 줬다. 모든 작업을 마무리짓고 자남산려관에 들어왔는데 박 선생이 "그 참, 손난로[핫팩]가 신기한 물건입니다. 덕분에 살았습니다"며 내게 농담을 던졌다.

자남산려관에서 치료제 샘플을 꺼내 보건복지부 권준욱 과장과 질병관리본부 관계자가 북측 보건성 사람들에게 그 효능과 사용법에 관해 설명했고 그들은 경청하며 메모했다. 북측 인도 단장은 "신종 플루 환자가 발생해 국가 차원에서 비상방역위원회를 설치해 예방에 최선을 다하고 있다"며 치료제 지원에 연신 감사의 마음을 전했다.

이런 식으로 긴급 구호물자를 신속히 전달한 예는 전에 볼 수 없었던 새로운 사례였다. 이명박 정부 출범 이후 얼어붙었던 남북 관계에서도 정부가 나서 인도적 지원 물자를 직접 북한에 제공한 첫 사례였다. 남북 관계에 북풍한설이 몰아치던 2009년, 조건 없이 이루어진 신종 플루 치료제 지원은 손난로[핫팩]와 같이 엄혹한 추위를 녹이는, 작지만 따뜻한 희망이었다. 남북 관계가 얼어붙을 대로 얼어붙은 상황에서도 작은 희망을 이어갈 수 있었던 것은 이처럼 물 밑에서 차분히 시도된 인도주의 사업 때문이었다.

분유를 싣고 개성으로, 그런데 옥수수는?

2009년 10월 말, 북한에 취약 계층을 대상으로 한 인도적 지원 계획을 알렸는데 두 달 만에 수용 의사를 밝혀 왔다. 옥수수 1만t과 분유 20t, 약간의 의약품이 우리가 전달하고자 하는 품목이었다.

정부는 옥수수를 준비하고 적십자사는 분유 20t을 전달하는 것으로 했다. 남북 관계가 경색된 분위기에서 물자 지원이 이루어지다 보니 준비 단계부터 전달까지 계획이 자꾸 변경되는 등 우여곡절

이 많았다. 2010년 3월 10일, 대한적십자사 여성봉사특별자문위원회[위원장 김선향]가 마련한 탈지분유 20t을 11t 트럭 2대에 나눠 싣고 김영자 부총재가 김선향 자문위원장 등 몇 분의 자문위원들과 함께 경의선 육로를 통해 개성으로 들어갔다. 비상 경계 속에서 진행된 까다로운 출입국 심사를 마치고 개성공단에 들어서자 북한 근로자들을 태운 수십 대의 차량들이 이동하고 있었다. 100만 평 부지에 근로자 5만 3,000명이 근무하는 개성공단의 출퇴근 이동 장면이 장관이었다.

인도단이 인도 인수 장소인 개성 봉동역에 도착하자 박용일 단장이 반갑게 맞아 주었다. 박용일 단장은 우리 일행에게 "지금 북한은 비상 경계 태세로 정신이 없는 상황이지만 특별히 부탁해 문제없도록 해결해 놓았으니 물자 인도를 마친 후 개성을 두루 둘러보고 갔으면 좋겠다"고 말했다.

하역 작업과 인도 인수 절차를 마치고 북측이 주최한 오찬에 참여했다. 잔칫날에나 나올 법한 오찬 음식들을 보며 우리 일행 모두 입을 다물지 못했다. 냉면까지 후식으로 곁들인 오찬 음식에 박용일 단

분유 전달 후 인도인수증에 서명하는 박용일 단장과 김영자 부총재(왼쪽 사진에서 오른쪽 끝이 김선향 위원장)와 북에 전달한 탈지분유(2010년 3월 10일)

장은 "이번에 여성 지도자분들이 오신다고 신경을 많이 썼습니다"며 너스레를 떨었다. 후한 환대에 감사를 표한 후 우리 일행은 선죽교, 개성박물관 등 개성 일대를 둘러보며 일정을 순조롭게 마쳤다. 그런데 부총재의 얼굴이 약간 굳어 있어 상황을 확인해 보니 이동하는 동안 부총재 차에 함께 탄 박용일 단장이 정색하며 말했다는 것이다.

"지난번에 약속한 옥수수 1만t은 왜 아직도 안 보내고 있습니까? 우리가 이렇게 1만t 옥수수 지원을 수용했는데, 고거 얼마 안 되는 것 갖고 우리를 우롱하는 것도 아니고…. 이 말 반드시 당국에도 전해 주시오."

서울로 돌아와 통일부 담당 과장에게 옥수수 구매 문제는 어떻게 진행되고 있는지 문의했지만, 절차가 까다롭다는 말만 되풀이할 뿐 뾰족한 수가 없었다. 나중에 확인한 결과, 옥수수 1만t을 구매하기 위

구호물자 전달 후 선죽교를 찾은 남측 대표단 일행

해 통일부와 농수산물유통공사 간 업무 위탁 계약을 체결하고 공개 경쟁 입찰을 했는데 중국의 수출 쿼터 배정이 지연되면서 유찰되었기 때문이었다. 이후 중국 정부와 접촉하여 수출 쿼터를 배정받았으나 이번에는 업체와의 가격 협상이 결렬되어 더 이상 추진할 수 없게 되었다. 이 과정을 북측 관계자에게 설명하여 이해를 구하기는 실로 어려운 일이었다. 그냥 보내면 되지 1만t밖에 안 되는 옥수수 구매에 무슨 중국 측 핑계를 대느냐며 정치적 의도로 불신하고 있었다.

2010년 3월 26일 서해상에서 발생한 천안함 사건은 한반도에서의 긴장감을 최고조로 끌어올렸고, 정부는 남북 경협 중단 조치를 포함한 '5·24조치'를 발표하였다. 또다시 남북 당국 간 대화 단절은 물론 인도 분야 협력들도 줄줄이 멈춰서야 했다.

새로운 방식의 대북 쌀 지원

5,000t의 쌀을 5kg 포대에 나눠 지원하다

"쌀을 5kg 포대에서 나눠 담고 '대한민국 기증'을 표시하라."

'대한민국 정부 지원'을 명확히 표시하라는 지시가 내려왔다.

2010년 3월 26일 발생한 천안함 사건으로 남북 간 대화가 완전 단절되었다. 그 와중에 북한 신의주 지역에서 8월 말에 수해로 큰 피해를 입는 일이 발생했다. 유종하 대한적십자사 총재가 개성공단관리위원회를 통해 장재언 북한적십자회 위원장에게 적십자 차원의 수해 지원 의사를 알리는 통지문을 보냈다. 우리가 제안한 지원 물자는 비상식량 외에 생활용품과 의약품 등 긴급 구호 세트 등이었다.

그런데 북한적십자회에서 회신이 왔다.

"남측이 수해 물자를 제공할 바에는 쌀과 수해 복구에 필요한 물자와 장비들을 제공하면 좋겠다."

총재는 2010년 9월 13일 대한적십자사 본사에서 기자 회견을 열고 정부의 견해를 담은 수해 지원 계획을 발표했다. 이번에 북한에 지원하는 물자는 쌀 5,000t과 40kg 시멘트 25만 포, 컵라면 300만

개 등 금액으로는 100억 원 정도였다. 운송비 포함 110억 원 중 90% 이상은 정부 예산인 남북협력기금에서 지원된다는 내용이었다.

언론들은 정부 예산이 투입된다는 발표에 주목하여 이명박 정부에서 처음으로 정부 차원의 식량 지원이 이루어진다는 점을 강조하는 기사를 내보냈다. 이명박 정부 들어 2008년도에 옥수수 5만t 지원을 제안했으나 북한이 거부했고, 2009년에 제안했던 옥수수 1만t 지원은 북한도 수용했으나 옥수수 구입 문제로 지연되다 천안함 사건으로 흐지부지된 적이 있었다.

'대한민국 기증' 명시, 주민들에게 직접

이번 대북 지원 내용 중 언론이 가장 관심을 가진 부분은 북한의 지원 요청 항목 중 굴착기 등 중장비를 배제한 이유였다. 적십자사는 굴착기 등 중장비 지원에는 고민해야 할 또 다른 문제들이 있어 적십자가 아니라 정부 차원에서 고민해야 할 사안으로 본다고 설명했다.

통일부는 이명박 정부에서 추진하는 첫 식량 지원이라며 과거와 다른 시스템으로 구호물자 지원을 직접 챙겼다. 적십자사가 위탁 전달하더라도 정부 지원이라는 사실을 뻔히 알고 있는 상황에서 정부는 국회 등 외부에 '적십자 차원의 긴급 구호물자 지원'이라고 알렸다. 그러면서도 지원 절차에는 정부가 나서 직접 관여했다.

지원되는 쌀은 5kg들이 포대에 재작업하느라 업체를 통해 판형을 다시 짜야 했고 관련 부대비용 또한 과거와 달리 엄청나게 증가했다. 40kg들이 쌀 포대가 5kg으로 줄어들었으니 수공이 많이 들어 인건비가 더 들어가야 했던 것이다. 새로 제작하는 쌀 포대에는 적십자 표장 아래에 '대한민국 기증'이라는 글씨가 새겨졌다.

이러한 전달 방식은 전무후무한 기록이었다. 외국에서 옥수수를 북한 남포항으로 수송할 때는 벌크를 사용하기도 한다. 벌크 형태로 운송한 옥수수를 항구에서 포대에 옮겨 담는 방식과 달리 이번 쌀 지원에는 소형 마이크로 시스템을 적용한 것이었다. 5kg 포대 지원 아이디어는 대통령이 직접 냈다는 말들이 돌았다.

"40㎏ 포대에 쌀을 담으면 아주 무겁다. 북한 주민들의 체력으론 들고 가지도 못한다. 이것을 트럭으로 옮겨야 하니 군부대로 싣고 갈지도 모르고, 주민들에겐 얼마 안 돌아갈 수도 있다. 5㎏으로 담아야 포대의 개수도 늘어나고, '대한민국에서 보냈구나'라는 홍보 효과도 크다."

이번 쌀 전달은 중국 단둥을 통해 신의주 지역에 전달하는 것으로 통일부는 처음에 한두 번 적십자사 직원의 도움을 받더니 정부 사람들로 인도 요원을 편성해 적십자 표장을 가슴에 달고 활동하며 쌀을 전달했다. 이러다 보니 통일부 해당 부서와 우리 부서 간에 다툼이 잦았다.

'대한민국 기증' 표기 5kg 쌀 포대 묶음

긴급 구호물자가 전달되면 어쨌거나 북한으로부터 고맙다는 말을 들었다. 하지만 2006년 수해 지원용으로 쌀 10만t을 지원했을 때처럼 이번 과정에서도 북측에서 좋은 소리가 나오지 않았다. 정부는 북측에 5,000t은 합리적 계산에 의한 거라고 주장했다. 신의주 지역에 알려진 수재민이 8~9만 명 정도 되는데 넉넉잡아 10만 명이라 해도 5,000t의 쌀은 이들이 100일간 식용할 수 있는 양으로 긴급 구호로는 적절한 양이라고 판단한 것이다. 남북 관계의 경직이나 진전과 상관없는 순수 수해 구호물자였지만, 과거와는 다른 계산법이 적용된다는 사실을 북측도 알게 되었을 것이다.

발상의 전환

남북 관계가 좋지 않은 상황에서 구호물자 지원이 이산가족 상봉 등으로 분위기를 반전시키는 경우도 있었다. 이번 5kg 포대 쌀 지원은 긴급 구호 활동이라 할지라도 너무도 힘든 과정이었다. 그럼에도 분배 투명성 문제에 따른 상호 불신이 있는 상황에서 구호가 필요한 북한 주민들에게 제대로 전달될 수 있게 하는 동시에 대한민국에서 보냈다는 사실까지 북한 주민에게 직접 홍보할 수도 있다는 생각은 과거에는 생각지도 못한 발상의 전환이었다.

정부 당국자는 우리가 지원한 비료 포대가 북한 주민 가정집 창문틀에 바람막이로 재사용되었듯 우리 정부가 보낸 쌀 포대가 북한 집집마다 퍼져 여러 용도로 사용되고 대한민국에서 이런 좋은 쌀을 보내 줬다는 선전 효과까지 기대했다. 하지만 그나마 상대적으로 소량이기에 가능했지 몇 십만t 규모로 이루어지는 차관 형식의 쌀 지원 시에는 비효율적이라 누구도 제안하기 어려운 방식이었다.

물론 일부에서는 구호물자로 쌀을 지원하는 것이 적절치 않다는 지적도 있었다. 하지만 이런 식으로 제한하면 남북 간에 할 수 있는 일은 아무것도 없을 것이다. 북한 수재민에 대한 쌀 지원은 사실 1984년 남한의 대규모 수해 때 북측이 먼저 제안하고 우리 정부가 수용해 받은 쌀 5만 석의 사례를 언급하지 않더라도 이해할 만하다는 의견이 많았다.

구호물자가 아프리카로 간 까닭

엇갈리는 마음들

"일단 시간이 많이 걸릴 테니 영양식 제작에 들어갑시다."

정부 당국자가 자신 있게 말했다.

2011년 8월에 발생한 북한의 수해로 대한적십자사와 정부 간에 한바탕 소동이 일었다. 지원 품목에 대한 이견 때문이었다. 정상적 절차라면 남북 적십자사가 만나 수해 지원에 관련된 협의에 나선다. 그런데 직접 만나 대화를 못 하고 수해 물자 지원을 위한 협의 창구로 판문점 적십자 연락 채널이 가동되었다.

당초 우리 측은 대한적십자사 유종하 총재 명의의 대북 통지문을 통해 생필품과 의약품 등 50억 원 상당의 물품을 경의선과 동해선 육로로 지원하겠다고 제의했다. 북한적십자회는 다음 날 우리 측에게 식량과 시멘트 등 물자와 장비를 요구했다. 그러나 건설 장비와 물자는 지원해 줄 수 없다는 정부의 입장은 요지부동이었다.

나를 찾는다는 전언에 관련 자료를 들고 올라가니 총재가 전화통을 잡고 소리를 지르고 있었다. 쩌렁쩌렁 울리는 총재의 소리를 옆에서 듣고 있는 내내 '이러다 큰일 나는 것 아닌가?' 하는 생각이 들 정도였다. 정부가 구호물자로 제시한 과자와 초코파이에 대해 총재가 문제를 제기한 것이다. 유종하 총재는 전화기에 대고 "북한에서 꼭 필요한 물품이 식량과 시멘트 등 물자와 장비라는데 왜 과자와 초코파이냐"며 "도대체 이번 지원을 통해 남북 관계 개선을 바라기는 하는 것이냐"고 따져 물었다. 그런 뜻이 아니라면 마음대로 하라는 말을 끝으로 총재는 전화를 끊어 버렸다. 청와대 외교안보수석이 우리가 지원하는 물품이 군사용으로 전용될 것을 우려한 것이었다.

결국 대한적십자사 총재 명의로 북측에 구체적 지원 품목을 담은 통지문을 전달했는데, 포함된 품목으로는 당초 지원하기로 했던 생필품, 의약품은 빠지고 영유아용 영양식 140만 개, 과자 30만 개, 초코파이 192만 개, 라면 160만 개 등 총 50억 원 규모였다. 하지만 시간이 지나도 북한 측 반응은 없었다.

아프리카로 넘어간 영유아용 영양식

우리는 통일부에 북한적십자회의 회신을 받은 후 구체적 일정을 잡고 구매 절차를 진행하자고 건의했지만, 통일부는 "지난번처럼 북측이 수용할 것"이라며 "절차를 신속히 진행하자"며 나섰다.

결국 북측의 회신을 받지 않은 상황에서 대한적십자사는 쌀가루, 분유 등 각종 영양분이 들어간 곡물들을 넣어 만든 영양식을 별도 가공해야 했다. 그렇게 예정치 140만 개 중 83만 개를 만들었으나 북측으로부터 아무런 회신을 받지 못했다. 어쩔 수 없이 이미 가공한 영양식을 공매 처분해야 했다. 일부라도 사용할 수 있는지 각 지역 적십자봉사회에 문의하니 "취약 계층에게 제공하기에도 부적합하다"며 거절하는 것이었다. 처분을 고민하던 우리는 국제팀의 협조를 얻어 일부는 엘살바도르와 케냐 적십자사와 접촉하여 수송비 등 제반 비용을 대한적십자사가 부담하는 조건으로 어렵게 해외로 돌려야 했다.

유종하 총재는 몇 달 후 임기를 마치고 퇴임하는 자리에서 기자들이 있음에도 불구하고 "좌절감을 느꼈다"며 쓴소리했다. 대한적십자사가 대북 사업에서 적극적으로 이끌어 나가지 못하는 상황에 대한 아쉬움으로 들렸다. 당국 간 대화가 막혀 있는 상황에서 적십자가 움직일 수 있는 여지를 만들어 줘야 하는데 그러지 못한 상황에 대한 아쉬움이리라. 유 총재는 대한적십자사가 "독립성을 갖고 일을 추진할 수 있어야 한다"며 정부와의 관계 재정립을 공개적으로 강조한 분이었다.

2012년에 북한에 또 다시 수해가 발생했다. 우리는 북측이 원하는 물품이 아니라 군사적으로 전용되지 않는 라면 등을 제시했고, 북한의 거절로 지원은 결국 무산되었다. 천안함, 연평도 도발에 따른 사과와 재발 방지 등의 조치가 선행되지 않으니 긴급 구호물자 전달에도 문제가 발생했다. 실제 이 시기에 우리 정부는 북한 주민들을 대상으로 하는 식량쌀, 밀가루, 옥수수 등과 아동 급식용 원자재콩, 식용유, 설탕 등, 보건의료 기자재 등의 지원을 허용하지 않았다. 인도적 대북 지원은 '정치·군사적 상황과 관계없이 인도주의와 동포애적 차원에서 조건 없이 추진한다'는 것이 정부 방침이었지만, 실제로는 남북의 정치·군사적 관계와 강하게 연계되었다. 남북 간 틀어진 마음을 돌리기에는 더 많은 시간이 필요했다.

대북 지원 뱃길의 종착지에서

이제는 마음마저 편안해진 남포항과 서해갑문

대북 구호물자 전달 시 가장 많이 들어가는 곳이 남포항이다. 초창기에는 신의주와 만포, 남양으로 드나들다 2000년대 들어 남포, 해주, 원산, 청진 등으로 다녔다. 구호물자 지원을 위해 남포를 방문할 기회가 몇 차례 있었는데 남북 인원들이 남포 선원구락부에서 며칠 동안 생활하다 보면 매우 친해진다.

남포 선원구락부는 배를 타고 온 외국 선원들이 쉬어 갈 수 있도록 잘 꾸려진 호텔식 휴양 시설이었다. 초창기에는 우리 측 인원이 구호물자를 실은 배에서 내리지 못하다 북측을 설득해 합의하면서 선원구락부에 숙박하게 되었다. 숙박 시설은 물론 식당과 상점 등 편의시설이 잘 갖추어져 있어 잠시 머물기에 불편함이 없었다. 당구와 탁구, 족구 등 체육시설을 이용할 수 있었다. 마침 구호물자 전달 때마다 북측 실무자로 나왔던 인원이 함께 남포로 나와 줘 마음도 편했다. 물자 검수를 마치고 나면 북측 인수 요원과 함께 시내에 나가 식사도 같이했다. 한번은 김 선생이 당구를 잘 치기에 어떻게 이렇게 잘 치냐고 물었더니 “누구나 즐기는 운동이다. 같이 치자”고 권유하기도 했다.

북한이 한참 아리랑 공연을 선전할 때가 있었다. 우리 정부도 참관을 공식적으로 허용한 사항이라 비용 문제만 해결되면 부담 없이 보고 올 수 있었다. 문제는 아리랑 공연을 보려면 평양으로 가야 하는데, 그러기 위해서는 사전에 북측 인수 요원과 협상을 잘 해야 했다. 누가 북측 인수 요원으로 나오는지에 따라 달라질 수도 있고, 남북 간 갈등적 상황이 없어야 했으며 이동하는 경비와 식사 비용, 공연 관람 비용 등이 원만히 타협되어야 가능한 일이었다. 나는 당시 북측 인수 요원에게 관람을 요청하여 어느 정도 이야기가 진행되면서 기대에 부풀어 있었다. 하지만 최종적으로 준비가 여의치 않다며 다음을 기약하자는 바람에 끝내 보지 못하고 이후에 남포에 들어간 인도 요원부터 관람할 수 있었다.

나는 물자 인도 시 자주 만났던 정 선생에게 고맙다며 삼성 카메라를 선물했다. 디지털 카메라가 유행할 즈음이었는데, 내가 가지고 간 카메라는 집에서 사용하지 않고 보관만 해 왔던 구식 필름 카메라였다. 정 선생을 따로 만나 조용히 건네는데 어떻게 감사해야 할지 모르겠다며 고마워했다. 조만간 딸 결혼식이 있는데 유용하게 사용할 수 있을 거라며 좋아하는 모습에 나도 흐뭇했다.

서해갑문에 올라

남포 선원구락부에 머무를 때면 주로 근처의 서해갑문을 구경하곤 했다. 하역 작업이 진행되는 것을 확인한 우리는 북측 안내에 따라 한 시간 거리에 있는 서해갑문으로 향했다. 남포 시내를 지나 서해 갑문까지는 비포장도로라 빗물에 파인 곳이 많아 승용차가 천천히 달렸다. 전문 해설사가 서해갑문을 한 번에 이해할 수 있는 기록 영화를 보여 준 후 갑문에 올라 조망할 수 있게 해 줬다.

서해갑문

남포시에 있는 대동강과 서해를 가로막은 서해갑문은 1981년에 공사를 시작해 5년에 걸친 난공사 끝에 완공했다며 북한이 자랑하는 댐 축조물이라고 했다. 5만t급 선박 통행이 가능한 서해갑문은 농공업 용수 확보와 대동강 하류 홍수 방지 기능도 한다. 30만 정보의 간석지를 조성해 만든 댐으로 북한이 외국인 방문객에게 자랑하는 참관지 중 하나이다. 우리가 갔을 때도 외국인들이 단체로 둘러보는 모습이 보였다.

서해갑문에서 뱃길로 1시간 정도 가야 남포항에 도착한다. 구호물자를 실은 배가 파일럿스테이션에 대기하면 도선사가 안내하여 갑문을 통과하는데 문이 열리고 닫히는 장면이 인상적이었다. 서해갑문에서 우리 일행은 해수욕장을 바라보며 식사했다. 잘 차려진 음식이었지만 우리 돈으로 1만 원도 안 되었다. 저녁에는 남포 시내로 나가 '숭어국집'이라는 식당에서 식사를 함께했다. 식당에는 노래방 시설이 잘 갖추어져 있었고 접대원한테 노래를 청하자 일상인 듯 거절하지 않고 노래를 불렀다. 우리가 부를 만한 노래는 없었다. 북한 유행가 '심장에 남는 사람' 정도가 눈에 들어왔지만 사양했다. 접대원들은 가수 뺨치게 노래를 잘한다.

몇 년 후, 임용훈 본부장과 함께 차량 전달차 남포를 방문했다. 그날은 급히 북한적십자회 서기장이 나왔다. 그는 조선적십자 내 실

SUV 차량 전달 후 북측 인수 요원과 함께.
2003년 8월 2일

력자였는데 우리가 전달한 SUV 테라칸 2대를 인도적 활동에 사용하게 되었다며 매우 좋아했다. 당시에 그가 휴대전화기를 갖고 나왔는데 자유롭게 전화하는 장면이 여기가 북쪽인지 의심스러울 정도였다. 우리가 쓰던 휴대전화기와 다를 바 없었는데 현장에서 북측 요원들이 휴대전화기를 자유롭게 사용하는 장면은 그 이전에는 볼 수 없었다. 지금이야 누구나 사용하는 휴대전화라지만 2000년대 초반까지만 해도 귀한 물건이었다.

북한지원국회의(CAS) 합의서

새로운 다자간 대북 지원 방식을 도입하다

국제회의장에 참석한 북한적십자회 직원이 개발 협력 사업 추진 계획을 발표하며 회원사들의 질문을 받았다. 자신들의 강약점을 솔직히 이야기하고 회원사들의 적극적 지원을 요청하는 것이었다. 대한적십자사는 이 같은 새로운 다자간 대북 지원 방식을 고민하게 되었다.

국제적십자사연맹은 북한적십자회와 사업을 진행하면서 북한에 대한 인도적 지원을 위한 11개국 컨소시엄인 CAS[Cooperation Agreement Strategy, 북한지원국회의]라는 협의체를 만들었다. CAS에 참여하는 주요 회원사는 북유럽 쪽 적십자사들이었다. 북한과 오랜 외교 관계를 유지한 노르딕 국가 중심의 협의체에 스웨덴, 노르웨이, 핀란드 적십자사가 적극 참여했고 전체 사업 예산 대부분을 담당했다. 협력체의 활동을 알고 있었던 대한적십자사는 정부가 위탁하는 비료 지원 사업뿐 아니라 소규모 단체들이 기증한 물자 등을 양자 간에 직접 주고받았으므로 대한적십자사 국제팀은 가끔 CAS 회의에 옵서버로서만 참석했다.

남북 관계가 꼬이는 상황에서는 남북 적십자 간 직접 구호 활동을 진행하기 어려운 상황이 발생한다. 화해 협력 정책을 폈던 김대중, 노무현 정부에서는 문제되지 않았던 상황이 이명박, 박근혜 정부 들어서면서 북한의 핵실험과 미사일 발사로 남북 간 긴장이 고조되며 정부 간 단절은 곧 적십자 간 단절로 이어졌다. 이러한 상황에서 우리는 다시 국제적십자사연맹이라는 다자간 채널 방식을 병행하는 방법을 모색했다.

경색 정국에서도 인도주의적 지원의 활로를 찾아

나는 2009년에 국제적십자사연맹이 진행하는 CAS 회의에 참석한 적이 있지만, 옵서버 자격으로 둘러본 것 외에 관심을 두고 있지 않다가 2013년부터 본격 참여를 검토하기 시작했다. 2014년, 국제적십자사연맹 주최로 영국 윈저Windsor에서 열린 CAS에 참석한 나는 신선한 충격을 받았다.

남북 적십자 간에는 인도적 지원 등을 주제로 토론 한 번 진행한 적 없이 단순한 물자 전달에 머물렀었다. 북한적십자회는 CAS에서 열리는 토론에 온전히 참여하고 있었다. 사업 방식 역시 단순 물자 전달을 벗어난 개발 협력 사업으로 규모 있는 사업들이 논의되고 있었다. 참석자들은 회의장에서 북한적십자회 관계자의 프레젠테이션이 끝나자 질문을 이어 갔고, 사업이 계획대로 진행되고 있는지 하나하나 점검하고 토론하며 예산을 편성하는 것이었다.

특히 북한적십자회 관계자가 분야별로 프레젠테이션하고 회원사에 사업 참여를 간곡히 호소하기까지 했다. 나는 이러한 토론 방식의 유용성을 확인하고 남북 간 대립 상황에서 국제적십자사연맹을 통해 우회하는 방법이 안정적으로 인도적 사업을 전개하는 방법의 하나라 판단했다.

북한적십자회와 협의했다. 그들은 현 상황에서 양자 지원이 여의치않으므로 우리에게 IFRC-CAS를 통한 다자 지원 참여를 공식적으로 요청하였다. 대단한 변화였다. 그동안에는 참여를 거부해 왔는데 다른 회원사들과 차별받지 않으면서 사업 현장인 북한 방문이 가능할 것이라는 기대를 갖게 했다. 이렇게 하여 우선 시범적으로 CAS 사업에 10만 달러를 제공하고 참여를 결정했다.

북한의 변화, 함께하는 길을 열다

해를 넘겨 이 사업을 새로 취임한 김성주 총재에게 보고하니 양자 사업뿐 아니라 CAS 협의체 회원사 가입을 추진하라는 지시가 내려졌다. 나는 통일부 관계자를 만나 이 협의체에 참여하는 경우 정부 지원의 필요성을 설명하고 베이징에서 열린 국제적십자사연맹 CAS 회의에서 정식 회원사 가입을 추진하겠다고 했다.

2015년 9월 베이징에서 개최된 회의에 참석한 대한적십자사는

CAS 합의서 서명 후 회원사들과 함께

북한, 영국, 중국, 핀란드, 독일, 스웨덴, 호주, 캐나다, 덴마크 적십자사의 호응하에 정식 회원사로 가입했다. 하비에르 카스테아노스Xavier Castellanos Mosquera국제적십자사연맹 아태 지역 본부장은 인사말을 통해 이제 대한적십자사는 다른 회원사들과 같은 권리를 가지고 책임과 역할을 다할 것이라고 강조했다.

회원사로 가입하기까지 국제적십자사연맹 평양 사무소장으로 근무한 크리스 스테인즈Chris Staines 단장은 여러 차례 만나 많은 대화를 나누는 동안 북한의 최근 상황을 비교적 소상하게 알 수 있게 큰 도움을 주었다. 소피아 스토이메노바Sofia Stoimenova 동아시아 지역 대표 단장과 마틴 팔러Martin Faller 아태지역본부 사업총괄국장도 많이 도와주었다. 베이징 회의에 함께한 정재은 과장과 장윤정 과장이 실무적으로 관련 업무를 잘 챙겼다. 북한적십자회 리호림 서기장은 대한적십자사가 회원사로 참여한 데 감사를 표했다. 특히 국제적십자사연맹은 대한적십자사의 회원사 참여는 역사상 아주 중요한 사건으로 남을 것이라며, CAS 협력 단체들과 함께 대한적십자사를 공식적인 CAS의 일원으로 인정했다.

우리는 리호림 서기장과 함께 온 북한적십자회 대표들의 박수를 받으며 앞으로의 활동을 함께 협의했다. 리호림 서기장은 프레젠테이션을 통해 각종 재난 재해와 남북 간 긴장 상황 등 북한이 직면한 여러 문제들을 소상히 설명하면서 자신들의 강점과 약점을 정확히 분석해 가장 집중해야 할 사업이 무엇인지 제시하고 협력을 요청했다. 북한적십자회의 최종 목적은 "지역 사회 회복력을 높이는 일"이라고 밝혔다. 우리는 평안남도 신양군의 마을 단위 통합 지원 사업에 참여하고 싶다는 의향을 밝히고 협조를 요청했다.

'신양군 통합 지원 사업'은 평양으로부터 북동쪽 80km 외곽 지역인 신양군 1만6,000명 주민들에 대한 생활 개선 서비스 제공 사업이었다. 정수 장치를 이용한 물 공급, 양묘장 묘목 생산으로 산사태 방지와 임업을 통한 수입 증진, 다양한 채소 재배를 위한 8개의 온실 운영, 의약품 지원, 기타 재난 방지 대책과 봉사원 교육 훈련이 포함된, 과거 우리나라의 새마을 운동 같은 통합 지원 사업이었다. 이로써 대한적십자사는 북한적십자회와 양자와 다자간 협력 사업이 가능해졌다.

저녁에는 별도로 베이징 시내 중식당에서 함께 식사하며 앞으로의 협력 관계를 기대하며 자축하는 시간을 보냈다. 나는 이후 국제적십자사연맹의 CAS 회의가 열렸던 중국 베이징, 말레이시아 쿠알라룸푸르, 스웨덴 스톡홀름, 덴마크 코펜하겐을 방문하여 북한적십자회 관계자와 머리를 맞대고 협력 사업을 토론하며 앞으로의 일들을 챙겨 나갔다.

양자 지원과는 별도로 CAS를 통해 북한 현지 사업 현장을 방문하는 구상과 리더십의 평양 공식 방문을 추진했다. 이후 코로나-19로 국경이 패쇄되고 현지 대표단이 철수하면서 다자간 지원 협력 사업들도 속도를 내지 못하였다. 하지만 국경이 다시 열리고 IFRC 평양 사무소가 문을 여는 날 협력 사업들이 다시 재개되리라 기대한다.

민간 기구와 정부 당국 사이에서

인도주의적 기관으로서의 정체성을 위하여

"인도적 차원의 대북 지원도 안 됩니다."

통일부는 일찌감치 선을 긋고 있었다.

2016년 9월, 북한 두만강 일대에 100년 만의 최악의 홍수가 발생했다. "건국 이래 최악의 재난"이라는 홍수에 사망 138명, 실종 400명, 2만9,000호의 가옥이 수해를 입었다. 가장 피해를 많이 입은 곳은 회령 지역이었다. 북한이 이례적으로 홍수 피해 현장을 신속히 국제 사회에 공개하며 "이번 홍수는 해방 후 처음 있는 대재앙"이라는 표현까지 쓰며 국제 사회의 지원을 호소했다.

수해 열흘 전 5차 핵실험을 강행하면서 북한을 바라보는 우리 국민의 시선은 싸늘했다. 국내 시선과 달리 국제적십자사연맹은 긴급 구호에 나섰고 유엔 세계식량계획도 북한 주민 15만 명에게 긴급 구호 식량을 지원하는 등 국제 사회가 지원에 나섰다. 통일부는 북한이 요청해도 지원은 어렵다는 견해였지만 시민 단체 등을 중심으로 인도적 차원의 지원은 허용돼야 한다는 목소리와 함께 모금 운동이 진행되었다. 국제적십자사연맹은 북한 지원 계획을 확정하고 공식적으로 각국

적십자사에 지원을 호소했다. 대규모 지원이 필요한 상황이었다.

우리는 딜레마에 빠졌다. 최악의 홍수 상황에서 우리마저 눈감아 버리면 어떻게 될지 걱정스러운 목소리가 나왔다. 정부에 타진하니 어떤 경우에도 지원은 어렵다는 말만 반복했다. 국제적십자 차원의 지원이 이루어지고 있는데 대한적십자사만 빠진다면 회원사로서의 책임을 다하지 못해 나중에 변명할 여지도 없겠다는 생각이 들었다. 그간의 관례를 고려해 아동용품과 응급 처치 세트 구매비로 30만 달러를 국제적십자사연맹을 통해 지원하기로 마음을 굳혔다.

대한적십자사가 뭐하는 기관이냐!

'문제가 되면 내가 책임지겠다'는 생각으로 나는 먼저 강호권 사무총장을 설득했다. 총장은 "힘들 텐데" 하면서도 우리가 한번 해 보자며 힘을 실어 주었다. 마침 민간 단체 '우리민족서로돕기운동'에서 모금액을 전달할 방법을 못 찾았는지 국제적십자사연맹을 통한 지원이 가능한지 문의해 왔다. 국제적십자사연맹과 상의하니 조건 없이 지원하면 전달할 수 있다는 답변이 와 송금할 수 있도록 중재해 줬다.

이제 대한적십자사가 문제였다. 김성주 총재에게 보고하자 내 의견을 물었다. 나는 정부가 유지하고 있던 부정적 견해를 설명하고 "지금 시점에서는 총재의 결심이 중요하다"고 했다. 그러자 총재가 조용히 지시했다.

"우선 미화 10만 달러를 국제적십자사연맹을 통해 조용히 지원할 수 있도록 준비하라."

나는 사무총장에게 보고하고 신속히 '남북교류기금위원회'에 안건으로 올려 승인받은 후 남북교류팀장과 함께 보안 속에 국제적십자사연맹에 10만 달러를 송금했다. 다음 날 통일부를 찾아 우리가 국제적십자사연맹에 10만 달러를 송금할 수밖에 없었던 불가피성을 설명했다. 통일부 정승훈 공동체기반조성국장은 내 이야기에 무척 당황해하며 "그렇게 유의해 달라고 부탁까지 했는데 난감하다"며 청와대에 보고해야 한다며 안절부절못했다. 이어 통일부 장관실에 들어가니 홍용표 장관이 불쾌감을 표시하며 "우선은 국제적십자사연맹에 지원된 돈이 사용되지 않도록 총재를 설득해 달라"고 했다. 총재에게 상황을 보고하니 "그러지 않아도 여기저기서 전화를 받았다"고 했다.

다시 되돌려 버리면 어쩌나 하는 고민이었는데 총재는 끝까지 방어해 주었다. 며칠 후 뜻밖에도 청와대에서 나를 찾았다. 통일비서관실이 아닌 보건복지비서관실이었다. 급히 들어가 자리에 앉자마자 처음 마주한 김 비서관과 최 행정관이 이번 북한 홍수 건으로 물어볼 게 있다며 "언제 어떻게 통일부와 소통하고 무슨 말을 들었는지" 따지듯 세세하게 묻는 게 아닌가. 통일부와 적십자사의 잘잘못을 가리려는 언행은 그간의 사정을 설명해도 들을 생각도 없다는 태도였다. 함께 갔던 우광호 남북교류팀장이 정색하며 항의했다.

"우린 그런 식으로 일하지 않습니다. 몇 시 몇 분에 누굴 만났는지 기록하지 않습니다."

그러더니 가지고 있던 수첩을 확 닫아 버렸다. 동석한 행정관이 불쾌했는지 목소리를 높여 따져 물었다.

"대한적십자사는 뭐 하는 기관이냐?"

나는 "대한적십자는 인도적 중립 기관 아닌가. 북한에서 일어난 최악의 홍수로 국제적십자사연맹이 우리에게 참여를 요청했는데 어떻게 모른 채 넘어갈 수 있느냐"며 "우리는 정치적 상황과 무관하게 순수한 인도적 차원에서 성의를 보인 것인데 잘못되었느냐"고 되물었다.

어려움 속에서도 원칙을 유지한 결단과 행동, 그리고 보람

뒤탈이 있을 줄 알았는데 총재와 사무총장까지 나서 끝까지 방어해 준 덕에 상황은 더 악화되지 않았고, 우리는 추가로 2차례에 걸쳐 아동용 누비이불, 위생 키트, 응급 처치 세트 구매 비용을 지원하였다. 그중 한 차례는 총재가 기부한 금액으로 추진했다.

몇 달 후 스웨덴에서 개최된 국제적십자사연맹 주최 북한 지원국 회의에 참석했다. 참석자들은 "어려운 상황에서 대한적십자사가 국제적십자사연맹 호소에 호응해 준 데 대해 감사를 표하며 자신들의 참여 결정에도 많은 도움이 되었다"고 했다. 북한적십자회 리호림 서기장이 먼저 다가와 웃으며 인사했다. "지원해 줘서 고마웠다"며 비닐봉지에 쌓인 무언가를 선물이라며 건네주었다. 국제회의장에서 여러 번 만났어도 북한적십자회로부터 선물을 받은 것은 처음이었다. 포장지를 열어 보니 북한이 발행한 기념 우표와 들쭉술이었다. 북한 측도 국제적십자사연맹으로부터 우리의 노력을 전해 들은 모양이었다.

국제적십자 운동 기본 원칙 중 하나로 '독립'의 원칙이 있다.

"적십자 운동은 독립적이다. 각국 적십자사는 정부의 인도주의 사업에 대한 보조자로서 국내 법규를 준수하지만, 어느 때든지 적십자 원칙에 따라 행동할 수 있도록 항상 자율성을 유지해야 한다."

남북 관계 탓에 대북 사업 과정에서 독자적 판단이 쉽지 않았는데 총재 덕분에 처음으로 정부의 반대에도 불구하고 작지만 무언가를 할 수 있었다. 정부의 반대에도 북한 홍수 피해 지원이라는 인도주의 원칙이 있었고, 이를 지키려는 총재의 의지와 뚝심이 뒷받침됐기에 가능했다. 국제적십자사로부터 어려운 가운데 대한적십자사가 보여 준 인도적 결단을 높이 평가한다는 찬사를 들었다. 청와대와 통일부도 우리의 의도와 당위성에 대해서는 인정했다.

해가 바뀌어 국회 국정 감사를 받았다. 여야를 막론하고 국회의원들은 "북한의 재난에 대한 인도적 차원의 적십자사 대응은 잘한 일이었다"며 총재를 칭찬했다. 심지어 저간의 사정을 몰랐던 몇몇 국회의원은 "왜 그 정도밖에 지원하지 못했느냐"며 질책했다.

나는 그간의 사정을 다 설명하지는 않았다. 인도주의 기관으로서 대한적십자사의 행동은 제 할 바를 다한 결단과 용기에서 비롯되었음을 많은 사람이 알 때가 있으리라 생각하며 국정 감사장을 빠져나왔다.

4

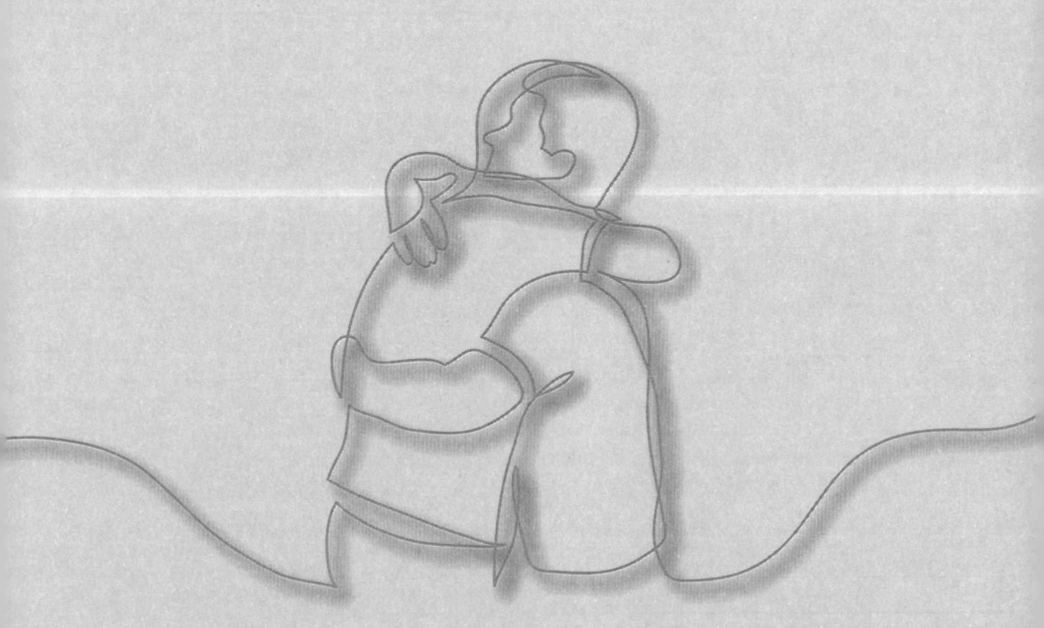

협력(協力)

한반도에는 아픈 사람들이 있다. 분단 탓에 어쩔 수 없이 남북으로 흩어져 살아온 오래된 이산가족들이 있는 한편, 1990년대 후반 식량난으로 조국을 버리고 살길을 찾아 나선 북한 이탈 주민들 역시 분단의 희생자들이다. 일제 강점기 자의 또는 타의에 의해 일본으로 건너가 살던 한국인 중 광복과 더불어 고국으로 돌아오지 못하고 일본 땅에 그대로 남아 살던 사람들의 아픔도 헤아려야 한다. 자유를 찾아 군사 분계선을 넘어온 사람들, 기관 고장으로 남쪽으로 표류해 내려왔다 북으로 돌아간 사람들도 있다. 북녘 가족 상봉을 위한 해외 이산가족들의 염원이 국제적 노력으로 이어졌다. 우리와 같은 분단국이었으나 세기적 통일을 이루어낸 독일에서 그들의 분단 극복 노력과 함께 한반도 통일을 위해 해야 할 바를 국제 인도주의 차원에서 돌아보기도 했다.

북·중 월경자 구호

먹거리를 찾아 중국으로 월경한 북한 주민들을 구호하라

북한의 이른바 '고난의 행군' 시기였던 1990년대 후반에 아사자가 속출하자 우리는 북·중 국경 지역에서 탈북자들을 위한 긴급 구호를 수행하기로 했다. 서영훈 총재의 특별 지시로 비밀리에 진행한 식량 지원 프로젝트는 적십자사 이름은 드러내지 않고 국내 민간 단체를 활용했다. 믿을 만한 단체여야 했고, 언론에 보도되지 않아야 한다는 두 가지 사항을 고려하여 당시로는 북·중 국경 지역에서 대북 구호 활동에 활발히 나서고 있던 '좋은벗들'과 함께하기로 했다.

서초구에 자리한 정토회 '좋은벗들' 사무실을 찾았을 때 관계자는 몇 가지 조건을 붙였다. 굶주림으로 국경을 넘어 중국으로 나오는 사람들에게는 구호품뿐 아니라 돌아가서 쓸 현금이 함께 지원되어야 한다는 거였다. 구호품은 쌀을 기본으로 한 식량과 의약품이 든 5kg들이 보자기에 중국 인민폐 100위안이 들어가는데 이것을 '생명의 선물 보따리'라 명명했다.

우리는 북한에 대한 식량 지원 못지않게 식량 부족으로 국경을 넘은 북한 주민들에게도 식량을 쥐고 돌아갈 수 있게 하는 단체의 취지에 공감했다. 더군다나 이 단체는 법륜 스님이 운영한다는 사실 하나로도 신뢰할 수 있다고 생각해 이 사업을 함께 추진하기로 했다. 우리는 이 사업 종료 후 6개월 이내에 사업 결과 보고서를 제출한다는 조건을 제시하고 합의하에 비밀 프로젝트를 진행하였다.

인도주의적 비밀 프로젝트 '생명의 선물 보따리'

서영훈 총재도 "국경을 넘는 사람은 탈북자가 아니라 식량이 모자라 단순히 국경을 넘어온 월경자"라는 인식을 갖고 있었다. 중국 단둥, 지안, 만포 등 북·중 국경 지역에서 중국 공안의 눈을 피해 활동해야 하므로 어느 정도 위험을 감수할 수밖에 없겠지만 북한 동포들의 위급한 생명을 살릴 수 있다는 확실한 믿음이 있었다. 대한적십자사는 국회 국정 감사 등 외부 감사를 받아야 하는 기관이라 부담이 없지는 않았지만 활동 사진과 보고서로 설득할 수 있다는 판단하에 적지 않은 프로젝트 비용을 사단법인 '좋은벗들'에게 송금했다.

프로젝트 참가 1년 후인 2000년 1월, 북한 주민들이 주로 월경하는 북·중 국경 지역 현장에 대한 실사를 위해 영하 20도가 넘는 북풍한설 칼바람 이는 단둥의 압록강과 두만강 인근을 찾았다. 몇 겹의 옷을 껴입고 현지 활동가와 함께 북·중 국경선에서 저 멀리 북한 땅을 바라보며 월경자들이 많이 넘는 곳과 거주 지역 등을 차례로 돌아 현지 사정을 살폈다. 혹시라도 중국 공안에 발각되면 모두 위

생명의 선물 보따리 내용물

험해진다는 말에 신경이 곤두섰지만, 오랫동안 활동했던 현지인의 말을 믿고 긴장하며 승용차 편으로 국경 지역을 옮겨 다녔다.

멀리 보이는 북한 땅 산기슭은 나무들이 사라진 민둥산이었고 많은 인민들이 죽어 나가 하나둘 묘지로 바뀌었다는 설명을 들었다. 평안북도 삭주군 수풍면 수풍댐이 보이는 곳을 지나자 산기슭에 세워진 '위대한 김정일 동지 만세'라는 선전 구호판이 눈길을 끌었다. 수풍댐에서 단둥시를 향해 차로 한 시간 정도 이동하자 강폭이 좁아지며 북한 삭주군을 보다 가까이서 볼 수 있었다. 몇십 미터만 걸으면 건너올 수 있는 곳, 이렇게 강폭이 좁은 곳마다 '생명의 선물 보따리'를 두어 목숨 걸고 중국 땅으로 넘어온 북한 주민들이 식량을 챙겨 다시 돌아갈 수 있도록 조치했다.

강 하나를 사이에 둔 거리일 뿐인데

압록강 상류로 올라가는 도로에 북한 주민들의 불법 도강을 막기 위해 설치된 철조망이 을씨년스러웠다. 강폭이 넓어지는 구역에 들어서면 철조망이 사라져 북한 지역을 한눈에 볼 수 있었다. 의주군이 보이는 산악 지역인 이곳은 대부분 민둥산이어서 두꺼운 옷을 껴입은 북한 주민들이 걸음을 재촉하는 모습이 가까이 보였다. 자전거에 짐을 한가득 싣고 이동하거나 손수레를 끌고 가는 주민도 보였다.

단둥과 신의주는 밤이 되면 대비된다. 북의 전력난 탓으로 신의주의 조명이 단둥과는 다를 수밖에 없었다. 밤이 되어 월경한 북한 주민이 머물고 있다는 민가를 방문했다. 허름한 집 냉방에서 불안한 모습의 20대 여성 한 명과 마주했다. 넘어온 지 3일째라고 했다. 나는 무슨 말을 어떻게 해야 할지 몰랐다. “어떻게 이곳으로 오게 되었는지”, “앞으로 어떻게 할 계획인지” 물었던 것 같다. 여성은 “먹고 살기 위해 목숨을 걸고 왔다”며 “인차 가족이 있는 곳으로 돌아가고 싶은데 아직 어떻게 해야 좋을지 모르겠다”고 했다. 나는 준비한 ‘생명의 선물 보따리’를 내밀었다. 지갑에서 인민폐 몇 장을 더 꺼내 쥐어 주면서 “가족이 있는 북한으로 쏙 돌아가셔야죠”라고 했다. 그녀는 북한으로 돌아간다 해도 딱히 먹고살 형편이 안 되는지 불안한 모습으로 우리를 지켜봤다. 공안이 덮치면 위험하니 빨리 이동할 것을 종용하는 바람에 서둘러 방을 빠져나왔다. 첫눈에 보아도 어린 여성이 얼마나 배가 고팠으면 이곳까지 넘어왔을까 마음이 아팠다.

차를 타고 이동하면서 주머니에 있는 돈을 좀 더 쥐어 주고 올 걸 하는 후회가 들었다. 방을 나설 때 우리를 쳐다보는 간절한 그 눈빛을 잊을 수가 없다. 행여라도 붙잡혀 남쪽에서 온 사람을 만났다는 사실이 문제되는 건 아닐까 걱정되었다. 현지 활동가는 “이렇게 국경을 넘어오는 북한 주민들이 너무 많다”며 “국경 지역 곳곳에 생명의 선물 보자기를 수없이 뿌려 놓아도 금세 없어진다”고 했다.

다음 날 우리는 월경하여 단둥 시내에 머물며 북한으로 돌아갈 날을 기다리는 사람들 10여 명이 모여 있다는 곳으로 향했다. 탈북자들에게 생명의 음식 한 끼를 제공하는 것이 좋겠다는 활동가의 말에 식당 한구석에서 불안에 숨죽이고 있는 이들에게 음식을 제공하며 간단한 인사와 용기를 잃지 말라는 말 한마디를 건네고 나왔다. 또 다른 탈북자들이 있다는 아파트와 민가 몇 군데를 옮겨 다니며 숨어 사는 사람들을 만나 대화를 나누었다. 한결같이 숨어 사는 신세라 식량과 현금을 지원하고 나왔다. 한 번은 어렵사리 산기슭으로 올라가 움막을 짓고 사는 북한 주민을 만났다. 이곳에 온 지 좀 되었다는데 중국 공안을 피해 힘들게 살고 있다고 했다.

우리와 함께한 '좋은벗들'은 북한 사정을 비교적 상세히 파악하고 있었다. 1997년 가을부터 중국 연변을 중심으로 탈북자 지원 활동에 나섰고 주로 두만강이나 압록강변을 다니면서 당시까지 2만 명 이상의 난민을 지원했다. 그럼에도 우리는 이 같은 지원 방식의 위험성과 더불어 북한 내 인도적 상황이 너무 위태로워지면서 북한에 대한 직접 지원을 위한 구호물자 전달 방식에 집중하기 시작했다.

또 하나의 이방인, 조총련 교포

가깝고도 먼 나라 일본의 조총련 동포들 고향을 방문하다

"앞으로 고향도 방문하고 가족 친지들과 함께 성묘도 가능하다."

북한 주민이 아니라 조총련계 재일동포 이야기다.

2000년 남북 정상 회담 이후 평양에서 개최된 제1차 남북 장관급 회담에서 뜻밖에도 총련 동포 고향 방문이 합의되었다. 2000년 8월 10일, 국가안전보장회의는 총련 동포들의 모국 방문 협력 창구를 대한적십자사로 결정하였다.

조총련[재일본조선인총연합회]계 재일교포. 이들이 누구인가. 일제 강점기 자의 또는 타의에 의해 일본으로 건너가 살던 한국인은 수백만 명에 이르렀다. 광복과 함께 많은 사람이 고국으로 돌아왔으나 60만 명 정도의 동포들은 일본 땅에 그대로 남아 있었다. 이들 대부분은 남한 출신이다. 한반도 분단은 이들 60만 명의 재일 동포들을 좌우로 갈라놓았다. 한국을 지지하는 재일 동포 40여만 명은 재일본대한민국민단[민단]의 기치 아래 있었고, 북한을 지지하는 동포들은 재일본조선인총연합회의 기치 아래 있었다. 그들도 이렇게 한반도 분단과 함께 각각 남한과 북한의 체제를 지지하는 민단과 조총련으로 갈라져 대립과

반목 속에 살아 왔다.

이념이 가로막은 그리운 고향

조총련 중에도 남한 출신들이 많았으나 체제와 이념 등 정치적 이유로 그동안 고향을 방문하지 못했다. 총련 간부들은 도쿄에 있는 한국 총영사관을 방문하여 그들의 희망 사항을 전해 왔다. 대한적십자사는 총련 동포들의 방문에 필요한 제반 절차를 구체적으로 협의하기 위해 박정규 남북교류국장과 위원 1명이 도쿄를 방문해 총련 측과 2차례 접촉하고 세부 사항을 합의했다. 고향 방문에 필요한 항공료와 체재비는 조총련 측에서, 오·만찬과 차량 임대, 고궁 등 입장료 등은 대한적십자사가 부담하기로 합의하였다. 남북 관련 사업을 두 갈래로 진행하던 우리 부서는 사할린 동포 모국 방문 사업을 맡던 재외동포과에서 이 일을 맡아 진행하기로 했다.

오른쪽 가슴에 김일성 배지를 달아 북한 사람처럼 보이는 1차 고향 방문단 63명이 2000년 9월 22일부터 5박 6일 일정으로 남한 고향 땅을 밟았다. 남북이 분단되면서 이념 차이로 수십 년 동안 모국에 돌아오지 못했던 사람들이었다. 장관급 회담에서 합의된 사항이기에 정부에서도 전폭적으로 지원했다. 나는 첫 조총련 모국 방문단이 입국하자 워커힐 호텔에 나가 일을 도왔다. 이들의 방문 일정은 가족과 친척 면회, 성묘를 위주로 5박 6일 일정으로 잘 짜여 있었다. 남북 이산가족 고향 방문이 이루어지면 그대로 반영해도 될 성싶다는 생각이 들었다. 적십자사 직원들이 가족과 친척들에게 당사자들의 고향 방문 사실을 알리고 서울의 지정 호텔에 모일 수 있게 안내했다. 남북 이산가족 상봉과는 다르게 단체 상봉을 없애고 호텔 방에서의 개별 상봉을 주선했다.

50~70년 만에 대한해협을 건너 혈육을 만난 가족 친지들은 한동안 기쁨의 눈물로 말을 잇지 못했다. 헤어져 있던 가족이 만나는 감동은 남북 이산가족 상봉 때나 마찬가지였다. 한바탕 회오리바람이 시나 인근 식당에서 자연스럽게 식사할 수 있는 자리를 마련했다. 남북 이산가족들이 함께 식사했던 강남구 신사동 삼원가든에서 불고기와 냉면을 대접하고 적십자 총재 주최 환영 만찬을 베풀었다.

다음 날은 가족, 친지들과 함께 고향을 방문하는 일정이었다. 국내에 있는 가족들이 준비해 온 승용차 편이나 대중교통을 이용해 이동했으며, 지역 봉사원들이 안내해 주기도 했다. 고향에서는 다른 가족, 친지들과 함께 성묘도 하고 함께 지내다 서울로 집결해 서울 관광을 마친 후 돌아가도록 했다. 이들이 불편함을 느끼는 일이 없도록 적십자 봉사원들이 열심히 도왔다.

이념과 장벽을 넘어설 날은 언제쯤이나

조총련계 재일 동포들의 모국 방문 사업은 사실 처음이 아니었다. 1975년부터 비공식적으로 실시해 왔다. 1971년 8월 이후 개최된 남북 적십자 회담에서 북한적십자회 측이 정치적 선결 조건반공법, 국가보안법 철폐, 반공 정책 중지, 반공 단체 해산 등을 내세워 회담이 교착 상태에 빠지면서 한국으로서는 국내법이 인도주의 문제에 실제로 지장을 주지 않는다는 것을 실증해 보일 필요성에서 제안된 조치였다. 물론 우리의 성공적 경제 건설과 발전상을 보여 줘도 좋겠다는 자신감이 이런 조치로 이어진 것이었다.

1975년 9월, 추석을 기해 처음 실현된 재일 동포 모국 방문이 정부 주도에서 민간으로 이양되었는데 그즈음 대한적십자사 총재가 '재일동포모국방문추진위원회' 위원장을 맡으며 대한적십자사가 간접적으로 관여하게 되었다. 이 단체는 1977년 3월, '해외동포모국방문후원회'로 확대 개편되어 해외 동포들의 모국 방문을 후원하며 행사를 이끌어 왔다. 이후에도 조총련 고향 방문 사업은 대한적십자사 주관으로 15차례 더 진행되었으며 1,000여 명이 고향을 방문했다.

이들의 고향 방문 및 성묘 방문 시마다 나는 남북의 이산가족들은 언제쯤 이들처럼 고향 땅을 방문해 성묘할 수 있을까 하는 생각에 마음이 심란했다.

경계를 넘은 사람들

경계를 넘으며 외친 한마디, “공화국 만세!”

동해상이나 서해상에서 표류하다 우리 해경에 구조된 북한 주민들은 관계 기관 합동 심문[합심]을 거쳐 자의에 의한 월선인지 기관 고장이나 조류에 의한 단순 월선인지에 따라 한국에 남거나 돌려보내지곤 한다. 수해가 발생한 해에는 유독 북한 주민 사체가 많이 떠내려 왔고, 먹고살기 어려운 상황에서 기름이 떨어지거나 기관 고장으로 고기잡이 민간인이 월선해 오는 경우가 종종 있다.

북으로의 귀환을 원하는 사람들은 관계 기관의 절차를 거쳐 송환 조치되며, 판문점 적십자 연락 채널을 통해 그 의사를 북한적십자회에 통보한다. 통상 남북 적십자 연락관이 판문점에서 만나 송환 절차를 협의하고 정해진 날짜에 판문점을 통해 송환 절차를 밟는다. 통일부로부터 관련 사항이 접수되면 우리 팀은 신속히 인도팀을 꾸려 판문점에 나간다.

2000년 이후 일 년에 한두 차례는 단순 월선으로 주민을 송환하는 경우가 발생했다. 어떤 해에는 다섯 차례 이상 발생한 적도 있었다. 1999년 4월에 정부가 마련한 지침에 따라 송환 업무는 군인이면 국방부, 민간인이면 적십자가 담당한다. 이들이 표류하여 송환할 때까지 입을 옷이 여의치 않은 경우에는 당장 입을 옷을 사 주기도 했다.

표류는 동해와 서해를 가리지 않았다. 선원뿐 아니라 선박에 대한 처리도 문제였다. 쓸 만한 선박은 '군사정전위원회'를 통해 공해상에서 넘겨주는 경우도 있고 파손 선박일 경우 폐기 처분하여 북한에 통보한다.

불안한 사람들

표류하다 발견된 선원들은 잠깐이나마 남한 사회의 모습들을 직접 경험하며 송환까지 초조한 시간을 보낸다. 단순 표류일 경우 기를 쓰고 북한으로 돌아가 가족들을 만나겠다는 생각이 확고하지만, 일부는 남쪽의 여유로운 환경을 접하고 심적 갈등을 겪을 수 있다. 합심 결과는 당사자의 자유 의사를 존중하여 공정하게 처리한다.

자유 의사에 따라 송환하는 경우 보게 되는 재미있는 장면이 있다. 남쪽에서 온갖 성의를 다해 대해 줬건만 판문점을 통해 북한에 인계되는 이들이 한결같이 감사의 표현 대신 보이는 장면이다. 이들은 중립국감독위원회 통로를 지나 북한 땅을 밟은 순간 많은 사람들이 보는 앞에서 '공화국 만세!'를 외친다.

판문점 연락관이 이름을 부르고 자의에 의한 판단인지 마지막으로 묻는 절차 중에 분명히 자신의 의사라고 큰소리로 확인하면서도 마중 나온 북측 관계자의 눈치를 보듯 어떤 이는 우리 측에서 사 준 점퍼마저 집어 던지고 넘어가는 이도 있었다. 혹시라도 북한에서 받을 혹독한 심문을 대비하려는 불안한 마음 때문일까.

남북 관계가 좋을 때는 이러한 송환 절차도 일사천리로 진행된다. 남북 간 대결 구조가 심화되는 상황에서는 합심 과정이 엄격하게 진행되어 시간이 많이 걸리기도 한다. 북한 주민 송환 관련해 총재 명의의 전화 통지문을 발송하겠다고 보고하면, 총재는 한결같이 이들이 따뜻하게 돌아갈 수 있도록 필요한 지원을 다 해 주라고 당부했다.

최선의 예우를

북한 주민이 사체로 발견되는 경우 역시 비슷한 절차를 거쳐 조치된다. 북한 주민 사체 처리 지침에 따라 대한적십자사가 인도 요원을 구성하여 판문점에서 북한적십자회에 넘기는데, 합심에서 대공 용의점이 없는 민간인이면 즉시 인도 절차를 밟는다. 대북 통지문을 통해 공화국 인민증이나 지폐 등 인적 사항이나 특이 사항 등을 알려 주면 대개의 경우는 바로 인도받겠다는 연락이 온다.

적십자사 인도 요원들이 정해진 시간에 북한 주민 사체를 나무관에 안장하고 예를 갖춰 판문점 중립국감독위원회 통로를 통해 북한적십자회 인수 요원에게 넘긴다. 북측에서 대답이 없는 경우는 관련 절차를 밟아 화장한 후 용미리 납골당에 안장한다. 군인일 경우는 국방부가 화장한 후 '북한군·중국군 묘지'에 안장한다.

한번은 북한의 고난의 행군 시기에 북한 해역에서 우리 측 주민 사체가 발견되어 판문점으로 인수하러 나간 적이 있었다. 어떤 행사이건 절차이건 군사 분계선에서 진행하는 경우, 늘 발을 잘못 디디지 않도록 조심하라는 주의를 당부한다. 헛디디면 경계를 넘어 북한 땅에 발을 디딜 수 있기 때문이다. 우리 직원들이 우리 측 주민 사체를 인도받으려고 두 줄을 섰는데 어이없게도 북한 측이 나무관에 운구용 광목도 두르지 않고 달랑 막대기 3개를 받쳐 넘겨주는 게 아닌가. 그네들로서도 어지간히 힘들었던 모양이었다. 우리는 한 손으론 관을 받치고 한 손으로는 막대기를 부여잡으며 애써 균형을 잡아 간신히 영구차에 실을 수 있었다. 그날 하도 고생한 직원들을 위해 돌아오는 길에 임진각 나루에서 식사를 대접하며 위로했지만 돌아오는 내내 마음은 개운치 않았다.

군사분계선 넘어 북한 주민 사체 송환을 위해 운구하는 적십자사 인원들

어떤 경우는 경찰서에서 대공 용의점 경위에 대한 조사를 한참 진행할 때도 있는데, 나는 이런저런 경유로 인계받았다는 설명 끝에 조사서에 사인하고 나서야 가족들 품에 무사히 보내 드릴 수 있었다. 남북 적십자 간에는 이러한 인도적 사건들이 수시로 발생한다. 대한적십자사 본사 직원들과 접경 지역인 파주시 적십자 봉사회가 조를 짜 이러한 일들을 처리하곤 했다.

함께하는 통일 연습

탈북자와 함께하는 봉사 활동

북한 이탈 주민들이 느끼는 어려움은 무엇일까. 적십자사가 통일부 하나원과 손잡고 적십자 봉사관에서 매월 직접 반찬과 빵을 만들어 근처 소외된 어르신들을 찾아 뵙고 음식을 나누는 봉사 활동을 진행했던 시기가 있었다.

김형석 훗날 통일부 차관 역임 하나원장은 적십자사와 함께 봉사 활동에 적극적이었다. 그러나 탈북자들의 외부 봉사 활동에는 챙겨야 할 것들이 많았다. 2014년 가을, 하루 일정이었지만 집단 교육 시설인 '하나원' 밖에서 하는 봉사 활동이라 그런지 진행하는 통일부 하나원 직원이 불안해했다. 봉사관 밖에는 사복 경찰의 감시의 눈초리와 함께 통제 아닌 통제가 심했지만, 적십자 봉사원들이 친엄마처럼 얘기도 나누고 밑반찬과 전을 만들며 즐겁게 봉사 활동을 진행했다. 봉사 활동 진행에 앞서 간단한 사전 의식이 있었다. 통일부 하나원장 인사말에 이어 말을 해야 하는데, 무슨 말을 할까 고민하다 나는 봉사 활동의 의미를 강조했다.

"봉사 활동은 여유 있어서, 넉넉해서 하는 게 아니다."

"우리 사회에도 돌봄이 필요한 어려운 사람들이 많다. 그렇지만 함께 조금씩 도울 때 용기 잃지 않고 살아갈 수 있다."

그러면서 모든 것이 낯선 이곳에서 적응하는 데 꽤 많은 시간이 필요하겠지만 손쉬운 유혹에 빠지지 말고, 자본주의 자유 경제 체제에서는 노력하기 나름이며, 스스로 노력하는 것이 중요하다는 점을 강조했다.

낯선 문화 적응의 어려움

함께 봉사하면서 그들에게 "남한에 와서 겪는 어려움이 뭐냐"고 물었더니 "북한에서 잘 사용하지 않는 한자어와 영어에서 유래한 외래어, 줄임말 때문에 알아듣기 어렵다"고 하소연했다. 억양과 발음도 달라 낯설게 느껴진다는 것이었다. 이런 것들은 시간이 지나면 곧 나아진다며 "세상에 갓 태어난 아기처럼 한국에 대해 하나하나 배워 나가면 되니 너무 걱정할 것 없다"고 말해 줬다. 다만 탈북자들을 보는 우리 사회의 시선, 편견이 넘어야 할 과제일 수 있는데, 서로 다른 체제와 문화로 인해 생기는 현상이므로 남북 간 관계가 좋아지고 교류 협력이 늘어나면 자연히 해결될 수 있을 거라고 말해 주었다.

그런데 돌이켜 생각해 보면 이러한 우리 사회의 시선은 지금도 별반 달라진 것은 없는 듯하다. 한편 북한식 발음과 억양을 사용한다고 해서 사회적 차별을 받는다고 느낄 수 있는데 어쩌면 자신감과 자존감이 위축되어 나타나는 현상은 아닐까? 어쨌거나 탈북자로서는 남한의 언어에 일방적으로 적응할 수밖에 없다.

탈북자들은 그동안 경험해 보지 못했던 낯선 체제와 문화, 법규에 따라 돌아 가는 남한이라는 사회에 동화되어야 하는 스트레스에 노출된다. 그 과정에서 자신들에게 익숙한 북한 문화가 남한에 비해 열등하다고 인정할 것을 은연중에 강요받는다. 더는 돌아갈 곳 없는 탈북자들에게 적응은 곧 생존의 문제이기에 그 스트레스는 상상을 넘어선다. 남북이 교류하고 통일을 지향해 나간다면 남한 문화만이 세련되고 우월하다는 남한 중심 시선에서 벗어날 필요가 있다. 남북이 왕래하게 되면 어느 한쪽이 일방적 소수로 남아 적응의 책임을 온전히 짊어지지 않아도 될 텐데 말이다.

가는 길 험난해도 웃으며

탈북자의 삶에 관심이 많았던 유중근 총재가 이들에게 필요한 것들이 무엇인지 알아 보기 위한 별도의 대화 시간을 마련한 적이 있었다. 총재는 적십자 봉사관에서 80명이 3개 조로 나눠 빵 굽기, 전 부치기, 밑반찬 만들기 등 봉사원들과 함께 요리하며 대화를 나눴다. 음식이 준비되면 홀로 사는 노인 아파트를 방문하여 마사지와 말벗도 해 드리며 집안 청소도 하니 평가가 좋았다.

이 행사는 통일부 장관과 북한이탈주민재단 이사장 등 여러 인사도 함께 참여한 프로그램이다. 나는 어떻게 말하고 행동해야 할지 몰라 힘들어 보이는 탈북자들과 봉사에 나서며 그들에게 북한에 다녀온 경험을 이야기하며 분위기를 풀고자 했다. 그제야 서서히 말문이 트이고 행동도 자연스럽게 되었다. 나중엔 내게 의미 있는 농담까지 던진다.

“가는 길 험난해도 웃으며 가자.”

한국에 오면서 크건 작건 일종의 꿈이나 계획을 가졌던 북한 이탈 주민들도 이제 사회에 나가 직면해야 할 현실 문제에 많은 걱정을 가지고 있었다. 우리는 이들의 거주 지역에 봉사원들을 매칭해 진행하는 지역 봉사 프로그램을 기획해 추진했다. 전국적으로 탈북자들이 함께하는 봉사 단체가 늘고 힘든 가운데서도 우리 사회에 잘 적응하여 사는 작은 성공 사례들이 나올 때마다 이 일에 커다란 보람을 느꼈다. 나는 해마다 탈북자를 초청해 간담회를 진행하는 등 북한의 실상을 가까이에서 듣고 문화적 차이를 줄여 나가는 또 하나의 통일 준비 과정에 빠지지 않고 참석했다.

재미 이산가족

해외 이산가족들의 염원을 해결하라

미국에 거주하는 이산가족들은 기회 있을 때마다 북한에 있는 가족들과의 상봉을 위해 다양한 채널을 통해 노력해 왔다. 남쪽 이산가족들의 직접 상봉이 어려웠던 1990년대에는 남한에서도 제3국을 통한 확인을 시도했었다. 재미 이산가족도 이 같은 방식으로 간접적으로 생사 확인과 상봉을 추진했었다. 이렇게 이뤄지는 간접 만남은 북한 당국이 알면서도 눈감아 주거나 비공식 협조하에 진행되었다. 일부 경제 능력이 있는 재미 이산가족들은 사업차 북한을 드나드는 사람들과 중계 브로커를 통해 가족들의 생사를 확인하고 편지를 교환했으며 북한을 직접 방문해 가족들을 만나기도 했다.

2000년 들어 남북 간 이산가족 상봉이 공식적으로 이루어지자 "우리도 가족 상봉을 할 수 있게 해 달라"는 재미 가족들의 요구가 분출했다. 이러한 요구에 따라 남한 측 가족들을 대상으로 하는 100명 그룹에는 못 들어도 북측에서 찾는 이산가족들의 가족 단위 방북 시 한두 명씩 끼어 만나는 경우도 있었다. 북측이 제시한 가족을 찾는 과정에서 대상자가 미국 거주민이라면 가족 5명의 금강산 방문이 가능하므로 가족 간에 협의해 방북 인원을 정하는 형식으로 상봉이 이뤄졌다.

하지만 이렇게 상봉 행사에 참여한 재미 한인은 120여 명에 불과했다.

미국적십자사의 비밀 프로젝트

미국 내 이산가족들은 미국적십자사나 미국 행정부가 별도로 가족 상봉 해결에 나서 주길 원했다. 재미한인회는 2000년 이후 줄기차게 의회를 통해 상봉 성사를 위한 노력을 강력히 촉구했고, 일부 의원들이 동참해 관련 법안을 제출하기도 했다.

2011년 들어 미국적십자사가 움직이기 시작했다. 뉴욕 채널을 통해 북한 관리자와 비밀리에 협상에 나서, 먼저 재미 이산가족들의 생사 소재 확인부터 시범적으로 시작하자는 데 어느 정도 의견 일치를 봤다. 비밀리에 추진된 이 프로젝트는 인도적 사안으로 북한 당국과 북한적십자회도 관여하는 상황이라 성과를 기대했다. 시범 사업으로 우선 10가족의 생사를 확인한 후 메시지를 교환하고 방북하여 상봉하는 프로세스였다. 남북 적십자 간에 진행되었던 고유한 방식의 가족 찾기 과정을 적용하기로 한 것이다.

레드크로스 메시지Red Cross Message는 국제적십자위원회ICRC가 사용하는 양식으로 간단히 인적 사항과 전달 사항을 적어 보내면 상대국 적십자사가 소식을 추적하여 그 양식 한쪽 여백에 간단히 답변하는 공개 메시지다. 이러한 메시지 형식의 교환 방식은 2차 세계대전 시 억류된 사람들과 가족 간 서신을 주고받았던 인도적 방식이기도 했다.

우리는 이렇게 진행되는 비밀 접촉 진행 상황을 파악하고 있었지만 최종 결과가 확인되지 않아 정부 당국에 공유하지 않았는데 문제는 엉뚱한 곳에서 터졌다. 재미한인회에서 언론에 흘렸는지 주말에

쉬고 있는데 국내 모 신문사 기자로부터 취재 전화가 왔다.

"미국적십자사가 재미동포들의 상봉을 북한적십자회와 추진하고 있는데, 언제 만나느냐?"

얼떨결에 나는 "지금 상황이 만날 만큼 진척되지 않은 걸로 알고 있다"고 대수롭지 않게 생각하고 응대했는데 다음 날 아침 해당 신문에 "대한적십자사 관계자에 의하면…" 이란 전제가 붙은 채 크게 보도되었다. 여기저기서 문의 전화가 쏟아졌고 심지어 국제팀으로부터는 미국적십자사로부터 항의 전화를 받았다는 푸념까지 들었다. 자초지종을 설명해도 그때 분위기로선 참 황당한 상황이라 뭐라 말하기 어려웠다.

관련 사항을 기자가 어떻게 알게 되었는지 추적해 보니 미국 내 한인 이산가족 모임인 '한인이산가족 상봉추진위원회' 관계자의 입을 빌려 〈미국의소리〉 방송이 북한과 이산가족 서신 시범 교환 사업에 참가할 미국 측 명단을 작성 중이라고 보도했던 것이다. 이 단체 관계자가 방송 인터뷰에서 미국적십자사와 논의 중이라는 말을 살짝 언급한 것이 보도가 되어 버린 모양이었다.

기자들은 하나의 사실을 확인하면 미리 짐작하여 집요하게 파고들고 조그마한 여지를 주면 바로 보도할 수 있다는 사실을 그때 새삼 확인했다. 비공개로 추진한 일들이 알려지게 되면 북한은 움츠러든다. 재미 이산가족 상봉 문제는 오바마 행정부에 이어 바이든 행정부에서도 거론해 2018년 남북 적십자 회담에서 의제로 제기하기도 했다. 그러나 북측은 남북과 북미 이산가족 문제는 별개로 다뤄야 한다는 입장이었다. 쉬운 일이 하나도 없다.

국제 구호 활동

필리핀, 케냐, 탄자니아에 심은 인도주의적 희망의 꽃

태풍 하이엔이 필리핀을 휩쓸어 순식간에 7,300명 이상의 목숨을 앗아갔다. 2013년 11월의 일이었다. 국제 사회가 도움의 손길을 내밀었고 대한적십자사도 밀려 드는 구호 성금과 함께 즉각 필리핀 태풍 피해민을 돕기 위한 활동에 나섰다. 급한 대로 200만 달러 상당의 구호 물품을 긴급 지원하고 현지에 긴급 대응단을 파견했다. 현장을 둘러본 후 긴급 의료단을 운영하는 것이 좋겠다는 대응단의 건의를 받아들여 대한적십자사는 긴급 의료단을 태풍 피해 지역에 파견했다. 국민과 기업을 대상으로 100억 원 규모의 범국민 모금 운동이 진행되었다. 긴급 지원이 마무리되고 장기 사업들이 이어졌다.

국제적십자사연맹을 비롯한 선진국들은 각자 필리핀에 사무소를 두고 태풍 피해 주민들을 위한 재건 복구 사업에 뛰어들었다. 대한적십자사도 필리핀 일로일로Iloilo 주에 대표단을 설치하고 본격 재건 복구 사업에 들어갔다. 피해 지역의 가옥 및 학교 건설, 병원 재건, 재난 대응통합센터 건립을 지원했다.

국제 구호 활동에 용기를 얻은 필리핀 수해 지역 사람들

하이엔 재난 1주년이 되는 시점에 사업 현장을 점검하고 우리가 지원하는 보건소와 고등학교 기공식에 참석하기 위해 필리핀 현장을 방문했다. 재난의 참상은 다소 사라졌지만, 곳곳에 여전히 흔적들이 일부 남아 있었다. 인간의 존엄성을 존중하고 생명을 보호하기 위한 국제적십자운동 기본 원칙에 따라 펼친 긴급 구호 및 국제 원조를 펼치는 각국 적십자사의 노력도 함께 볼 수 있었다.

우리가 지원한 예산들이 제대로 쓰이는지 감시하는 일은 국제 구호 현장에서는 당연한 절차다. 필리핀적십자사와 주 정부, 시 정부가 합의서를 조인하고 지역 내 의료 지원과 교육 지원을 합의하는 현장에 함께했다. 보건소가 무너져 새로 건설한 '분만 클리닉' 기공식에 많은 사람들이 참석하여 대한적십자사의 지원을 고마워했다.

우리가 지원하는 학교 재건 사업 현장은 주로 섬 지역이었는데 무너진 학교 건물 복구 작업이 계속되고 있었다. 쪽배를 타고 1시간을 달려 도착한 조그마한 학교는 우리가 방문한다는 소식에 지역의 많은 사람들이 나와 한바탕 잔치를 벌였다. 감자와 과일, 해산물을 준비하고 함께 먹으며 감사를 표했다. 현장을 둘러보고 떠나는 길에 한참을 손을 흔들던 어린 학생들을 잊을 수 없다.

마지막 일정으로 재난이 반복되는 필리핀 일로일로 주 파시 시市에 '재난대응통합센터'를 건립하자는 필리핀 적십자사의 계획을 둘러보기 위해 현장을 방문했다. 1,500평 규모의 부지에 긴급 구호품 보관용 물류 창고와 재난 관리 교육 훈련장, 중장비 주차장과 관리본부 사무실 등으로 구성되어 완공되면 재난 대응에 큰 힘이 되겠다 생각했다.

필리핀 구호 현장에서 어린이들과 함께

2017년 4월, 드디어 우리가 지원한 구호금으로 필리핀에 재난대응통합센터와 훈련센터, 구호 창고 등 재난 대비 시설을 갖춘 훌륭한 시설을 완공하여 개소식을 했다.

북한에서도 많은 재난이 발생한다. 북한이 우리의 지원을 받아들였다면 필리핀 하이엔 태풍 지원과 같이 긴급 대응단과 긴급 의료단을 파견하여 활동할 수 있으며, 현지에 대표단을 설치하고 체계적 지원이 이루어질 수 있을 텐데 생각하니 언제쯤 남북 간에도 이런 국제적십자 간 협력이 진행될 수 있을까 하는 아쉬움이 남았다.

두 얼굴의 케냐에서 확인한 협력 사업의 희망

2013년 6월, 대한적십자사가 아프리카 지역에서 추진한 개발 협력 사업 현장을 둘러보기 위해 언론사 한 곳과 함께 케냐와 탄자니아를 방문했다. 각국 적십자사가 추진하는 국제 개발 협력 사업이 해당국의 환경에 따라 조금씩 다르긴 해도 국제적십자사연맹이라는 구조와 국제 표준이 있는데, 나로서는 케냐와 탄자니아 적십자사에서 추진하는 개발 협력 사업들이 북한적십자회가 추진하고 있는 사업과는 어떻게 다른지 평가할 좋은 기회였다. 케냐에서는 대한적십자사가 지원한 세 가지 협력 사업이 진행 중이었다. 비닐 하우스 온실을 만들어 생계를 지원하는 사업과 난민 캠프 내 취약 아동에 대한 영유아용 영양식 지원, 구급차 운영 등 보건 의료 사업이었다.

아프리카는 처음 방문하는 곳이라 모든 것이 낯설었지만 궁금했다. 13시간의 비행 끝에 케냐에 도착했다. 아프리카는 두 얼굴로 나를 맞았다. 한낮의 뜨거운 햇빛과 아침 저녁으로 서늘한 기운이 번갈아 나를 감싸고 돌았다. 케냐의 수도 나이로비 도심은 차량 정체가 심했다. 돌려드는 자동차는 주로 도요타였고 고층 건물이 즐비했다. 도심을 벗어나면 상황은 완전히 달랐다.

우리가 지원한 프로그램인 앰뷸런스 사업과 생계 지원 프로젝트에 대한 설명을 들을 수 있었다. 특이한 것은 생계 지원 프로젝트로 계획된 온실을 단순 구호 활동을 넘어 지역 사회와 학교를 통합하는 모범적 사업으로 운영하고 있었다는 것이다. 방문 기간 찾은 지방 도시에 건설한 온실은 학교와 지역 사회가 공동으로 관리 운영했다. 거기서 나오는 토마토 등 생산물은 학교 기숙사 식량으로 사용할 뿐 아니라 시장에 내다 팔아 수익을 창출하기도 했다. 식량이 부족하면 학교에 갈 수 없고 학교에 가지 못하면 가난에 빠지는 악순환을 극복할 수 있는 대안 프로젝트로 일반 기부자들에게도 어필할 수 있는 케냐 적십자사의 고유한 사고가 반영된 사업이라는 생각이 들었다. 구급차 운영은 케냐적십자사만의 강점을 살려 회원제로 운영하며 필요한 긴급 상황에 적절히 대응하는 시스템을 갖추고 있었다.

수도 외곽에 거대한 빈민촌들이 들어서 있는데 그중 가장 악명 높은 곳이 나이로비 외곽에 있는 키베라 Kibera 지역이다. 제주도 1/3 면적에 100만 명 이상의 빈민이 거주하지만 케냐 정부의 지원을 거의 받지 못한다. 대표적 슬럼가인 키베라 지역에서 적십자사의 역할은 미비하지만, 이곳에서도 학생들이 비좁은 공간에서 공부하는 모습을 보며 나는 조그만 희망을 발견했다. 한 교실에 들러 학생들과 대화를 시작했다. 자기 집이 철거될 위기를 걱정하며 지원을 호소하는 아이의 모습을 보며 케냐적십자사의 역할이 너무도 크다는 생각이 들었다. 앞으로 관심을 두고 보건 위생 분야 및 학교 학생 지원, 봉사 활동 전개 등 새로운 사업을 추진할 수 있지 않을까 하는 생각도 들었다. RCY 해외 봉사 활동이 아시아를 넘어 아프리카까지 확대된다면, 슬럼가 지역에서 학생들을 상대로 봉사 활동도 할 수 있고 함께 온실 프로젝트도 추진할 수도 있을 듯싶었다. 슬럼가 소재 학교들은 시설과 기자재가 열악해 다음 방문 기회에 학용품을 전달하면 좋겠다고 생각했다.

케냐에 있는 케냐타병원을 둘러봤다. 우리가 지원한 의료 장비와 구급차는 잘 운영되고 있었다. 대한적십자사와 의료진 교환 등 지속 협력을 원했지만, 아프리카 최대 병원을 지원하기에는 우리의 역량만으론 한계가 있고 관심 있는 국내 병원과 연계해 줄 방안이 있지 않을까 생각했다. 케냐는 전 세계의 지원이 몰리는 곳으로 케냐적십자사에는 12개 나라 적십자사의 현지 사무소가 있었다.

고난 속에 피어나는 희망의 꽃들

탄자니아에서는 사회복지공동모금회와 삼성에서 지원한 금액을 기초로 식수 및 위생 사업을 진행하고 있었다. 수동 펌프와 개인 화장실, 마을 화장실을 지어 주는 위생 사업이었다. 탄자니아 사업 현장을 다 둘러보기에는 시간이 부족했다. 탄자니아에서 수행 중인 물 관련 위생 사업은 잔지바르섬에서 이루어지고 있었다. 탄자니아 수도 도도

마Dodoma에서 사업 현장인 잔지바르Zanzibar 섬에 가기 위해 헬기를 이용했다.

잔지바르섬도 두 얼굴로 우리를 맞았다. 관광객들이 많이 찾는 해변 휴양지는 부족함이 없어 보였다. 하지만 섬 내륙으로 들어가면 물 부족이 심하고 환경도 좋지 않았다. 당연히 인터넷 등 통신 시설도 부속했다. 탄자니아 적십자사는 잔지바르 섬 깊숙한 또 다른 섬에도 우물 시설이 더 필요하다고 호소했다.

탄자니아 외곽 다르에스살람Dar es Salaam 이주민 촌에는 수재민들이 정착한 지 2년이 지났지만 여전히 힘겨운 생활을 이어 가고 있었다. 정부가 수도와 전기를 설치해 주고 기본적인 보건 점검은 하지만, 슬럼가에서 이주해 온 600여 가구 주민은 스스로 삶을 개척해 나가야 한다. 삶의 거처인 텐트는 찢기어 비바람을 막지 못하고, 화장실은 무너져 물과 배설물이 구분되지 않았다. 탄자니아적십자사가 가끔 찾아 지원하지만 한계가 있어 보였다. 이곳 주민과 탄자니아적십자사는 주민들의 열악한 보건 위생 환경 개선을 위해 병원이나 보건소 건립을 희망하고 있었다.

아프리카 케냐와 탄자니아에서의 식수 사업

월드비전이 이곳에 학교를 건립했다. 힘든 삶의 여정 속에서도 이곳 아동들의 표정은 맑고 순수했다. 먼 곳 아시아에서 날아온 낯선 사람들 앞에 해맑은 아이들이 모여들었다. 어떤 아이는 내 머리를 만지더니 팔짱을 끼며 같이 사진 찍자고 했다. 해맑은 아이들의 모습을 보면서 우리 지원에 한계가 있음이 더 안타까웠다.

국제 개발 협력 사업은 긴급 구호 단계를 넘어 개발 협력 사업으로 진행되는데 안정적 재원과 지속적 지원이 관건이다. 현지 대표단을 설치하고 현지 맞춤형 사업을 제대로 진행하는 일이 무엇보다 중요한데 아프리카까지 손을 뻗기에는 현실이 너무 멀었다. 개발 협력 사업은 일회성으로 끝나는 사업이 아니기에 지속적 협력이 중요하다.

북한도 남쪽과 협력하여 협력 사업을 전개해 왔다. 그러나 대한적십자사와의 협력은 언제나 거리를 두었고 현장에서의 활동을 쉽사리 허용하지 않았다. 개발 협력 사업은 한 번 시작하면 몇 년 이상 중장기적 관점에서 진행되어야 한다. 향후 어떻게 하면 북한에서도 병원과 혈액원 건립 운영 등 보건 의료 분야 R&D 사업까지 해외에서 진행되는 프로젝트와 유사한 개발 협력 사업을 공동으로 펼칠 수 있을까 생각했다. 돌아오는 내내 해맑게 웃는 아이들의 모습이 머릿속을 떠나지 않았다.

ICRC, 문제 해결 메커니즘

인도주의 현안을 풀 중재자, ICRC의 새로운 제안

남북 간 대화가 잘 이루어지지 않을 때 국제적십자위원회ICRC의 역할이 중요해진다. ICRC는 1953년 정전협정으로 남북 양측에 억류되었던 포로와 실향 사민* 문제가 이슈로 등장했을 때 역할을 했었다. 정전협정이 발효되면서 남북 양측에 억류되었던 포로와 실향 사민이 고향과 가족의 품으로 돌아갈 수 있게 되었지만, 포로 교환은 어설프게 마무리되고 실향 사민의 송환은 사실상 무산되었다.

실향 사민 송환 교섭이 암초를 만나자 우리 정부는 외교부 장관을 제네바 현지로 보내 정전협정 제4조에 근거해 ICRC의 도움을 요청한다. ICRC는 남북 당국과 적십자사를 접촉하며 문제의 돌파구 마련을 위해 노력했다. 1956년, ICRC는 대한적십자사가 확보한 7,034명의 실향 사민 명단을 북한에 전달하는데 일조했으며, 북한이 작성한 월남인 1만4,132명의 행방 조사 요청 명단을 ICRC가 받아 우리 측에 보내 오는 등 한반도에서 중계 역할을 하기도 했다. ICRC는 이번에도 이산가족 문제를 풀어 나가는 데 역할을 하고 싶어했다.

* 실향 사민失鄕私民: 전시에 본의 아니게 나라 밖에 나가 있으면서 본국의 보호를 받아야 하는 민간인.

갈 길은 먼데 의견은 통일되지 못하고

2013년 8월 27일, 국제적십자위원회 피터 마우러 총재가 평양 방문 후 곧바로 서울을 찾아 박근혜 대통령을 만났다. 이산가족 문제 관련 국제적십자위원회의 역할을 기대하게 만드는 만남이었다.

늘 그래왔듯, 국제적십자위원회는 양 당국이 중재를 요청하면 역할을 하겠다는 것이 기본 입장이었다. ICRC는 이산가족 문제를 해결할 새로운 메커니즘으로 남북 당국과 국제적십자위원회 그리고 남북 적십자사가 참가하는 새로운 협력체를 만들어 한반도 비무장지대나 제3국에 공동 사무소를 두고 생사 소재와 상봉 등 인도적 문제를 하나씩 해결하는 방안을 가지고 고민했다. 비공개로 논의가 진행되었고 국제적십자위원회와 양 당국 간 협상이 우선이었다. 구상 단계를 넘어 협의가 진행되기까지 많은 검토가 있었는데 각자 생각은 달랐다.

청와대 외교안보수석 주재하에 관계 기관이 모여 의견을 교환했다. 정부 내에서는 다각적인 검토가 필요하다면서도 국제적십자위원회가 역할에 나서 주기를 기대했다. 정부 부처 간에도 의견은 약간씩 달랐다. 외교부는 국제 적십자사의 협력을 통해 해결해 나가자는 의견에 적극적이었던 반면, 통일부는 긍정적 역할을 기대하지만 국제 메커니즘 활용은 법적 지위 문제 등 검토할 부분이 많다는 견해를 비쳤다. 국방부는 유엔사 등 관계 기관 협력이 필요하고 관련 법적 문제가 선행돼야 한다는 점을 강조하였다.

새로운 문제 해결 방식

외교안보수석은 "새로운 메커니즘을 통해 이산가족 문제 해법을 모색하면 좋겠다"며 긍정적 검토를 주문했다. 주철기 수석은 과거 스위스 제네바에 근무했던 경험으로 ICRC에 대해 많이 알고 있었을 뿐 아니라 좋게 인식하고 있었다. 정부 내에 국제 적십자를 이해하는 사람들은 많지 않다. 국제적십자위원회ICRC와 국제적십자사연맹IFRC의 역할과 기능을 구분하지 못하고 법적 지위도 잘 모르기 때문에 기회 있을 때마다 설명해 주곤 했다.

국제 적십자 회의가 4년마다 열리는데 이때는 정부가 대표로 참석한다. 외교부는 이 회의를 잘 알지만, 문제는 통일부였다. 통일부는 2년마다 열리는 국제적십자사연맹 총회에는 옵서버로 참석하지만 4년마다 열리는 국제 적십자 회의에는 참가하지 않는다. 정부를 대표해 외교부가 공식적으로 참가하기 때문이다. 국제 적십자 회의에 참가해 본 정부 관계자는 적십자 활동에 있어 정부의 역할을 명확히 인지하게 된다. 통일부 직원들을 대상으로 적십자 국제회의에 참석할 기회를 마련하고 싶은 생각을 했었지만 실천하지 못했다.

제네바법을 준수하고 지켜 나가는 주체는 정부다. 국제 협약인 제네바법은 국내법과 같은 효력이 있다. 국제 적십자 운동의 기본 원칙들을 잘 이해하면 북한과의 협상 시 유용하게 사용할 수 있다. 적십자 모자를 쓰고 회담장에 나온 정부 관료들이 앞다투어 적십자 인도주의 원칙을 말하고 지켜야 한다고 강조하는 이유가 여기에 있다. 국제적십자위원회ICRC가 남북 이산가족 문제를 해결하고자 새로운 메커니즘으로 구상한 방안은 남북 당국의 승인이 있어야 가능한 사항이라

결국 실현되지 못했고 검토 단계를 넘어선 이상의 진전은 이루어지지 않았다. 하지만 국제적십자위원회는 평양과 서울에 사무소를 두고 있어 언젠가 한반도 내 인도적 문제 해결에 이바지할 것으로 기대한다.

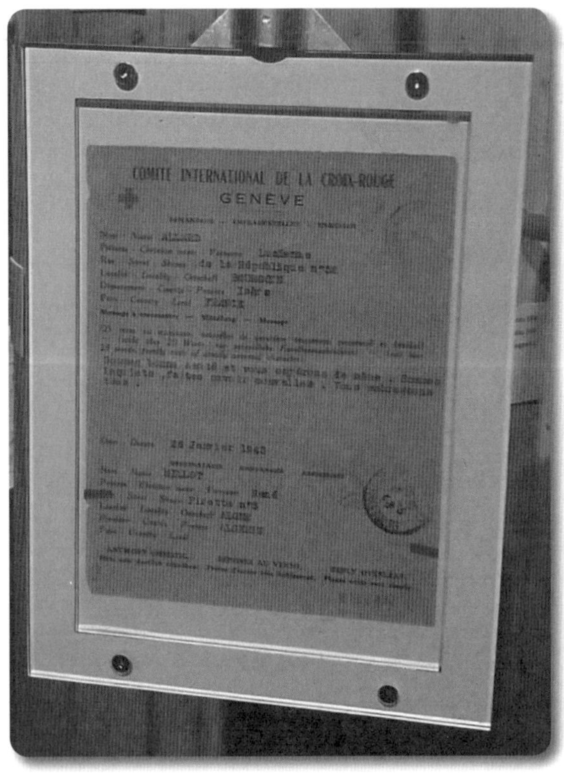

ICRC 중앙심인국에서 실향민들의 소식을 교환한 Red Cross Message 사진
(제네바 적십자박물관 소장)

평양에 사무소를

폐쇄된 환경에서도 인도적 협력을 이어 나가야

전 세계를 무대로 활동하는 국제 적십자사는 평양에도 사무소를 두고 활동하고 있다. 평양 사무소에 근무하던 국제적십자사연맹IFRC과 국제적십자위원회ICRC 대표는 베이징으로 나올 때면 서울에 들러 업무를 공유했고, 필요한 경우 우리가 넘어가 만나기도 했다. 북한 내에서 진행되는 인도적 활동에 관한 내용은 접근성에 제약이 있어 분명 한계도 있지만, 평양에 사무소를 두고 활동하는 유엔 등 관련 기관과 정보를 공유한다는 점에서 새겨들을 만한 내용들이 있었다.

내가 근무하는 기간 중에 가장 가깝게 지낸 사람으로 IFRC 평양 사무소장을 맡았던 크리스 스테인스Chris Staines가 있다. 특히 대한적십자사가 CAS에 가입을 준비하면서 더욱 긴밀하게 교류했다.

IFRC와 ICRC, 그리고 북한적십자회

국제적십자사연맹 평양 사무소는 1995년에 설치되어 2014년까지 평양시 외교 단지 내에 상주하다 2015년부터 북한적십자회 본사 건물로 이전했다. 근무 직원은 16명으로 북한적십자회를 돕는 지원국

적십자사와 협력 체계를 갖추고 긴급 재난 구호부터 북한적십자회의 역량 강화 지원까지 20년 이상 개발 협력 사업을 진행하고 있다. 코로나19 감염병 확산이 우려되면서 일시적으로 철수하기도 했다.

또 하나의 적십자 기구인 국제적십자위원회 평양 사무소는 2002년에 설립되어 평양시 외교 단지 내에 사무소를 두고 있다. 직원 22명으로 북한의 취약한 의료 서비스를 지원하고 있다. 락랑, 송림 신체재활센터에서 의수족 장착 사업을 벌이고 있으며 평성도립병원에서 의료 활동을 진행하고 있다. 오랫동안 북한 지역에서 인도주의 활동을 벌여 온 국제적십자위원회 사무소는 남북 간 채널이 중단된 상황에서 남북 간 소통을 이어 주는 역할을 하기도 했다.

알려진 바에 따르면, 평양 사무소의 업무 파트너인 북한적십자회는 14개 지사를 두고 195개 지역 사무소에서 150여 명의 직원과 10만 명의 봉사원, 35만 명의 RCY 단원들이 함께 활동하고 있다고 한다. 하지만 실제로는 북한적십자회가 대한적십자사와 같은 지사 개념을 갖고 활동하고 있는지는 명확하지 않다. 대한적십자사는 병원 및 혈액 사업까지 운영하고 있어 규모가 크다. 북한적십자회는 규모가 작고 가장 두드러진 활동으로 긴급 재난 대응 활동, 물과 위생 사업, 재난 위험 경감 사업과 보건 위생 사업, 청소년 적십자 활동과 국제협력 등 국제 적십자 운동 관련 사업들을 하고 있다.

신뢰의 상징, 평양 사무소 설치

평양을 방문하는 IFRC와 ICRC 대표들은 종종 서울에 들러 허용 범위 내에서 정보를 공유해 왔다. 2003년 8월에는 후안 마누엘 국제적십자사연맹IFRC 총재가 노무현 대통령을 예방하고 대한적십자사 총재를 면담했다. 2013년에는 고노에 총재가 방한했다. 피터 마우러 국제적십자위원회ICRC 총재가 평양을 거쳐 서울을 방문했을 때는 박근혜 대통령을 만나 한반도 인도주의 현안에 대해 의논하기도 했다. 마우러 총재는 2018년에도 방한했다.

2013년, 고노에 국제적십자사연맹 총재가 류길재 통일부 장관과 만날 때 배석한 적이 있었다. 고노에 총재는 북한을 둘러본 상황들을 공유하고 우리 정부에 국제적십자사연맹 사업에 참여해 달라고 요청했다. 세계 각국에서 발생하는 재난 상황에 신속하게 대응하기 위해서는 각국 정부의 기부금이 필요했기 때문이다. 선진국 적십자사는 각국 재난에 대응하기 위해 IFRC의 활동에 주목하고 직접 지원뿐 아니라 해당국 적십자사를 통한 지원을 아끼지 않는다.

국제적십자위원회ICRC는 수많은 분쟁 지역에서 인도적 활동을 하는 것으로 유명하다. 평양에 사무소를 설치한 후 서울에도 사무소를 설치하고자 많은 노력을 했는데 유종하 총재가 적극 나서 사무소 설치에 도움을 주었다. 2014년에 부임한 초대 서울 사무소 대표 지아니 볼핀Gianni Volpon과는 자주 만나 업무를 협의했다. 서울 사무소는 평양 사무소와 달리 당국과의 대화가 주요 업무 중 하나로 국제 인도법 보급과 한국군과의 협력 업무가 많다.

지아니 볼핀 서울 사무소 대표는 평양을 방문하기도 했는데 평양과는 수시로 연락할 수 있는 체제를 갖추고 있다. 이곳은 보안이 철저하기로 유명하다. 북한에 사무소를 둔다는 것은 완벽하게 자유로운 활동이 보장되는 것은 아니지만 북한 당국 및 북한적십자회와 협력할 수 있고 현장을 방문할 수 있다는 매우 큰 이점이 있다.

대한적십자사는 1970년대부터 이산가족 사업을 진행하면서 평양 사무소 개소를 구상해 왔지만, 실현되지 못했다. 대북 구호 활동에 나서는 과정에서도 같은 기대를 했지만 북한의 거부로 여전히 실현되지 못했다. 언제쯤 남북 적십자 간에 서울-평양 상호 사무소를 두고 활동할 수 있을까? 이산가족들이 자유롭게 남북을 오가는 날이 오면 가능하지 않을까 기대해 본다.

해외 북한 식당 종업원들의 집단 이탈

자의에 의한 탈북인가 공작에 의한 강제 유인인가

"강제로 끌고 간 우리 공민들을 가족들이 면회할 수 있도록 필요한 조치를 해 달라."

북측이 우리 측을 압박했다.

2016년 4월, 해외 식당에서 근무하던 북한 종업원 13명이 집단 탈북하면서 북한의 비난 성명이 줄을 이었다. 대개 이런 문제는 대남 사업을 담당하는 조국평화통일위원회[조평통]가 나서 입장을 밝혀 왔는데 이번에는 조선적십자회 중앙위원회 대변인이 먼저 나서 이 문제를 제기했다.

왜 적십자가 나섰을까? 이 문제를 인도적 문제로 접근하여 주장하겠다는 의도였다. 북한은 이들의 탈북이 자발적인 것이 아니라 남측의 '유인 납치'며 과정에 강제적 물리력이 행사되었다고 주장했다. 총선을 불과 닷새 앞두고 공개된 "북한 식당 여 종업원 집단 탈출"은 온갖 의혹이 난무하며 남북 관계뿐 아니라 한국 사회 내에서도 파장을 일으켰다. 북한은 북에 있는 가족이 판문점을 거쳐 남측에 잡혀 있는 가족을 직접 만나기 위해 서울로 갈 것이니 남측이 인도적 조치를 해 달라고 요청해 왔다. 통일부는 북한의 이 같은 주장을 '억지 주장'이라며 일축했다.

며칠 후 북한이 조선중앙통신을 통해 대한적십자사 총재 앞으로 북한적십자회 리충복 위원장 명의의 집단 탈북 문제 관련 서한을 보냈다는 내용이 공개되며 우리 부서 사무실에서는 한바탕 소동이 일었다. 북에서 서한을 보냈다면 사무실 팩스나 이메일을 통해 들어왔을 텐데 진짜 들어온 게 있는지 정부 관계자와 언론의 확인 전화가 쏟아졌다. 이러한 상황 전개는 개성공단이 폐쇄되면서 북측이 판문점 적십자 연락 채널을 일방적으로 끊음으로써 달리 연락할 방법이 마땅히 없는 데서 나온 결과였다. 과거와 달리 남북 간에 언론을 통하는 방법 말고는 마땅히 연락할 채널이 없는 상황이기 때문이었다.

인도적 차원과 정치적 갈등 사이에서

다행히 국제적십자위원회ICRC가 평양과 서울에 상주 사무소를 두고 있어 남북이 마음만 먹으면 언제든 중재 채널로 가동할 수 있다는 것이 그나마 위안이었다. 나중에 확인된 사실이지만 조선중앙통신에서 대한적십자사에 보냈다고 공개한 서한은 평양에 있는 ICRC 사무소를 통해 중국 베이징의 ICRC 사무소에 전달되었던 것이었다. 우리는 ICRC를 통해 우리의 입장을 설명했지만, 공식 연락 채널이 끊어진 상황에서 명확한 입장 전달은 쉽지 않았다.

남북 간 신뢰가 없는 상태에서 대결 상태가 지속되면 인도적 활동 또한 제 역할을 하기 쉽지 않다. 북한은 종업원 집단 탈출 문제를 이산가족 상봉 문제와 연계했다. 이 문제 해결 없이 상봉은 없다고 강력하게 나왔다. 2017년 들어서도 이 문제는 여전히 남북 관계 해결의 장애물로 작용했다. 이들의 집단 이동 과정의 문제를 제기한 '민주화를위한변호사모임[민변]'은 이들의 자유 의사를 고려해 송환할 필요성 있다며 대한적십자사 총재와의 면담을 요청해 왔다. 이 문제가 인도적 문제이기도 하지만 남북 간 정치적 문제로 비화되면서 변호사들의 주장을 어떻게 수용할지 지휘부는 고민에 빠졌다.

박경서 대한적십자사 총재가 사무실에 간부들을 불러 모아 민변의 면담 요청과 언론 대응을 물었다. 나는 그간의 탈북자 문제 처리 사례를 들어 우리 적십자사로서는 이번 사건에 대한 변호사 단체의 주장을 판단하기 어렵지만, 만나서 얘기를 듣고 요구하는 주장이 있다면 정부에 알려 주자는 의견을 냈다. 내 의견을 수용한 총재는 민변 변호사들을 만나 이야기를 듣고 통일부와 국정원에 관련 사항을 공유했지만 해결책은 없었다.

그럼에도 우리 적십자는 인도주의적 의제에 대한 다양한 의견을 듣고 전달하는 메신저 역할을 마다하지 말아야 한다는 기본 원칙에 충실해야 한다. 과거 북한적십자회에게 북한에 억류된 우리 국민의 안부를 확인하고 소식만이라도 전해 달라고 요청했으나 수용해 주지 않았던 적도 있지만, 고통에 처한 사람들에게 접근권을 허용하는 일은 엄연한 적십자의 책무이다.

난항에 빠진 안부와 소식 확인

여 종업원 집단 이탈 사건은 북한으로부터 수많은 중재 요청과 더불어 가족들이 안부를 주고받을 수 있도록 해 달라는 요구로 이어졌다.

그러한 상황에서도 우리가 마땅히 해 줄 수 있는 것은 없었다. 전쟁 중에도 인도적 활동을 하는 중립적·독립적 기관으로서 적십자의 역할이 중요하다고 이야기하지만 마주한 현실은 녹록지 않았다. 정치적 상황과 연계돼 인도적 요청이 무시되거나 뒷전으로 밀려나 버리는 경우가 허다했기 때문이다.

우리 측에 넘어온 북한 주민 중 일부가 남고 일부가 돌아가겠다는 상황이 생기면 상당한 어려움이 발생한다. 2011년 2월에 발생했던 집단 탈북 사례에서 보듯, 이러한 경우 문제 해결이 얼마나 어려운지 경험한 바 있었다. 당시 북한 주민 31명이 서해상에서 조개잡이 배를 타고 남쪽으로 내려왔다. 그중 27명은 돌아가길 원했고 4명은 자유 의사에 따라 남기를 원했다. 북한은 끈질기게 돌려보내 줄 것을 요구했다. 50여 일간 북한의 지속적인 위협이 있었다. 여러 제안도 해 왔다. 전원 송환을 위해 남북 적십자 실무 접촉을 제의하고 판문점에서 가족 간 직접 대면을 통해 자유 의사를 확인하겠다는 주장이 대표적이었다.

당시 우리는 총재 명의 통지문을 통해 "그동안 남북 간 편지를 전달한 관례가 없고, 북한 측이 과거 우리 측의 그러한 요구를 거부했다"는 점을 지적하고, 다만 남북의 가족 간 편지를 전달하는 새로운 관례를 만들어 나간다는 차원에서 "북측이 이 원칙에 동의한다면, 북측 가족의 편지를 당사자에게 전달할 것"임을 통지했다. 이후 북한은 다시는 이 문제를 거론하지 않았다. 당시 우리의 주장은 과거 역사를 통해 확인할 수 있는 판단에 근거한 것이었다.

과거 북한은 북에 억류된 우리 국민 김국기, 최춘길 씨 등의 송환을 요청하는 남측의 통지문을 판문점 남북 연락 채널에서 접수조차

하지 않았었다. 이후 대한적십자사는 국제적십자위원회ICRC를 통해 우리 측 가족이 보낸 편지를 북측에 전달하려 했으나 외면하고 일절 답을 주지 않았다.

이처럼 인도적 문제가 발생해도 가족의 편지 한 장 전달할 수 없는 것이 남북 관계의 현 주소다. 우리 측은 이러한 책임을 북한에 떠넘겼고 북한도 긴급 요청이 있을 때마다 인도주의를 거론하며 여론전에 나선다. 다른 요인을 앞세우지 않고 인도적 차원만 고려한다면 왜 편지 한 장 전달하지 못하겠는가?

시간이 흘러 탈북 종업원 문제로 이산가족 생사 확인과 상봉이 실현되지 못하다 2018년 남북 정상 회담을 계기로 다시 가족 상봉이 이루어질 수 있었다. 결국 여 종업원 탈북 사건으로 다시는 남북 이산가족 상봉이 어려워질 것이라 공언했던 북한도 대결보다 대화를 선택할 수밖에 없었던 큰 물결 앞에서 더 이상 이 문제를 거론하지 않았다. 인도적 이슈가 정치적 이슈가 되고 때론 정치적 이슈가 인도주의 사안으로 포장되는 남북 분단의 현실 앞에서 자의든 타의든 수 많은 사람들이 아직도 고통받고 있다.

베를린에서 임진각까지

통일 독일에서 한반도 통일을 생각하다

KBS와 함께 세계가 주목할 만한 특집 다큐멘터리를 제작하여 방영하자는 데 뜻을 같이하고 2017년, 김성주 총재와 KBS 사장 간에 협정서를 체결했다. 사업 프로그램으로는 〈베를린에서 임진각까지〉라는 이산가족 특집 프로그램을 제작하고 분단 국가인 독일 베를린에서 '이산가족 특별 전시회'를 개최하는 것이었다. 필요한 예산은 총재가 개인적으로 부담하기로 하면서 일사천리로 진행됐다.

분단과 통일의 상징 베를린에서

8·15 특집 방송을 위한 시간이 촉박해 서둘러 준비를 마치고 5월 초 이산가족 특집 프로그램을 제작하기 위해 KBS 제작팀과 독일 베를린으로 건너갔다. 분단 국가에서 통일을 이룬 독일의 분단 현장을 생생하게 영상에 담기 위해 제작진과 함 몸처럼 움직였다.

베를린 장벽 중 가장 유명한 검문소인 체크포인트 찰리Check-point Charlie. 한반도의 판문점에 비유될 만한 곳으로 서베를린으로의 월경을 방지하기 위해 1961년에 세워져 동독과 서독의 분단을 상징하는 장소이다. 통일 후 유명 관광지가 되어 찾는 이가 많았다. 2층 카페에서 차를 한 잔하고 또 다른 분단 현장으로 이동했다.

분단과 통일의 상징인 브란덴부르크 문 앞에 섰다. 문을 경계로 전후 45년간 동서를 가르던 장벽은 사라지고 지금은 시원하게 트인 대로에 자동차와 사람들의 이동이 거침없었다. 이 문은 판문점과 달리 시내 한복판에 있었다. 세계의 이목이 쏠린 곳에 세운 이유가 이런 것이었던가. 시민들이 모여 담소를 나누고 아이들이 잔디밭에서 뛰어노는 곳. 동독 정부가 자국민의 서독 탈출을 막기 위해 세운 155km의 베를린 장벽은 1989년에 무너지고 지금은 그 흔적만 남았다. 동서를 가르던 장벽이 서 있던 자리는 완전한 일상의 공간이 되었다.

동서독은 분단 시기에도 지금의 남북한과 달리 편지와 소포, 전화를 주고받고 심지어 서로의 텔레비전 프로그램 시청까지 가능했다. 어렵사리 동서독 분단 당시 이산가족을 직접 만나 인터뷰하고 독일적십자사를 방문하였다. 한반도 통일 시대를 위한 대한적십자사의 역할을 모색하는 다큐멘터리 제작 취지를 설명하고 분단과 통일을 경험한 독일적십자사의 사례와 교훈을 취재했다. 독일적십자사와 대한적십자사가 남북한 이산가족 문제 해결의 시급성을 알리는 공동 기자회견을 요청했으나 독일적십자사는 "취지에는 공감하나 추가 협의가 필요하다"며 즉답을 피했다. 정치적 문제로 이슈화될 것을 걱정하는 눈치였다.

독일적십자사 루돌프 자이더스[Rugolf Seiters] 총재는 우리의 취지에 공감하며 인터뷰에는 흔쾌히 응해줬다. 총재는 정부 내에서도 중요한 역할을 담당했던 인물로 통일 과정을 기억하고 있는 몇 안 되는 사람 중 한 명이었다.

제네바에 기록된 전쟁의 참상과 인도주의 활동

베를린 일정을 마무리짓고 우리는 스위스 제네바로 향했다. 제네바 국제적십자위원회ICRC를 집중 조명하기 위한 일정이었다. ICRC의 역사와 국제 인도법에 정통한 프랑스와 브니옹 위원과 함께 대화하며 ICRC의 역사에 대해 다시 한번 깊은 이해를 가지게 되었다.

전에도 만난 적이 있던 보리스 미셸 ICRC 국장과 아태지역국장, 부국장을 면담하고 한반도 이산가족 문제 등에 대해 의견을 교환했다. 당시 한국에서 북한 인권법 제정이 논의되던 시점이었으므로 국제 인권법 측면에서 북측이 이산가족 문제에 어떤 반응을 보일지 등 현안들에 대한 의견을 나눴다.

다음 날에도 인터뷰가 이어졌다. 인터뷰 대상은 ICRC의 역사를 집대성해 보관하고 있는 '기록물 관리소'의 미셸 호우였다. 수많은 전쟁 관련 기록물들이 매우 체계적으로 관리되고 있는 모습이 인상적이었다. 70년이 지난 빛바랜 흑백 사진 속에 전쟁의 참상이 고스란히 담겨 있었다. 가족과 집을 잃은 전쟁 고아들이 거리를 헤매는 장면이 오래된 과거의 일이었음에도 아프게 다가왔다.

우리는 1950년부터 1953년까지 6·25 전쟁 관련 문서와 기록을 확인하고 전쟁 중에 수행되었던 인도적 활동들을 영상에 담았다. 한국 전쟁의 상흔을 확인하는 내내 그 역사의 현장에 서 있는 듯했다. 1952년 판문점에서 이루어진 휴전 협상 사진 등 3년에 걸쳐 벌어진 전쟁의 실상이 담긴 생생한 사진들이 소중한 기록으로 보관되고 있었다. 한국 전쟁 후 파괴된 서울의 모습을 보여 주는 사진 앞에서는 시간을 거슬러 마치 내가 전쟁터에 와 있는 착각이 들기도 했다.

제네바에 가면 꼭 들러야 할 곳 중 하나가 국제적십자박물관이다. 전 세계 분쟁 지역에서 국제적십자위원회가 수행했던 심인尋人 사업*의 역사가 일목요연하게 정리되어 있다. 우리는 필요한 자료들을 확인하고 카메라에 담았다. 적십자 서신Red Cross Message을 통해 가족 간 생사를 확인하고 소식을 교환한 수천만 건의 기록들을 보면서 남북 이산가족 간에도 가장 기본적인 생사와 소재 확인이라도 할 수 있어야 하는데 하는 아쉬움과 더불어 해야 할 일에 대한 다짐을 새기는 시간이었다.

박물관에 보관된 심인 카드는 4,500만 장 가량으로 보불전쟁부터 시작해 1차 세계대전과 2차 세계대전, 베트남전, 한국전 등 국제전과 국지전에서 실종된 사람들에 대한 신상 카드이다. 원래 제네바에 있는 중앙 심인국에서 보관하고 있던 것을 박물관으로 이관하여 보관하고 있다. 지금은 신상 카드 대신 컴퓨터로 심인 사업이 진행된다.

국제적십자사연맹IFRC 본부에서 오래전 아태지역본부장으로 근무했던 자강 샤파강Jagan Chapagain 비서실장현 IFRC 사무총장을 1년 만에 다시 만나 협조를 구했다. 덕분에 국제적십자사연맹이 보관하고 있는 남북한 인도적 협력 사업과 관련한 과거 기록물들을 확인할 수 있었다. 특히 납북자 송환을 위해 남북 적십자 간 치열하게 펼쳤던 외교전 등 인도적 구호 활동을 위한 노력의 흔적들을 확인하면서 이 귀한 자료를 다음번에 더 많은 시간을 들여 다시 한번 찬찬히 살펴볼 수 있으면 좋겠다고 생각했다.

이러한 자료들을 바탕으로 KBS 한국방송에서 '만남의 강은 흐른

* 국제적십자사가 전쟁 등 재난으로 헤어지거나 실종된 사람들을 찾는 기본 방식. 생사 확인 → 서신 교환 → 상봉 → 재결합으로 이어지는 인도주의 방식을 지칭한다.

다'는 6·25 특집 다큐멘터리로 제작하여 3차례에 걸쳐 방영했다. 많은 이들이 방송을 보고 적십자 활동과 이산가족의 아픔에 대해 공감해 줬다. 통일이 되면 세계가 주목하는 특집 프로그램의 한 장면이 될 것으로 생각한다.

베를린에서 희망을 기원한 이산가족 특별전

2017년 6월, 우리는 김성주 총재의 기부금을 기반으로 KBS와 함께 특별전을 열기로 한 베를린으로 날아갔다. 남북 대화가 단절된 상황에서 이산가족 문제 해결을 위한 새로운 돌파구가 필요했다. KBS와 함께 한국 전쟁 67주년을 맞아 독일 베를린 한국문화원에서 보름 동안 〈이산가족 특별 전시회〉를 열었다. 동서 화합의 상징적 장소인 베를린에서 전시회를 열기로 한 것은 분단과 통일의 상징적 도시에서 전 세계를 대상으로 한반도 분단의 아픔을 드러냄으로써 이산가족 상봉과 한반도 평화 통일을 기원하자는 의미를 담은 결정이었다.

베를린 번화가 한복판에 마련된 특별 전시회는 한국 전쟁으로 인한 이별과 1983년부터 시작된 이산가족의 상봉, 꿈에 그리는 통일이라는 세 가지 주제로 구성했다. 한인문화원 2층과 3층에 마련된 전시장을 찾은 독일 시민과 한인들은 360도 VR가상현실 영상 기술로 재현한 북녘 땅을 보며 큰 관심을 보였고 이산가족의 아픔을 함께했다. 전시회에서 만난 베를린 시민 중 한 명은 베를린 장벽을 사이에 두고 가족과 생이별해야 했던 기억을 떠올리며 한반도 현실에 공감했다. 전시장 한편에 마련된 이산가족 상봉 기원 메시지에는 한반도 통일을 기원하는 관람객들의 희망 메시지가 영어, 독일어, 프랑스어, 한국어 등

제네바 ICRC에서의 인터뷰 장면을 담는 KBS 제작진(왼쪽)과 이산가족 베를린 특별전 개막식(오른쪽)

으로 빼곡히 적혔다. 세계 유일의 분단 국가로 남아 있는 우리나라에 대한 세계인의 관심과 화해와 평화의 메시지를 확인할 수 있었다.

김성주 총재는 기념식 축사를 통해 “독일은 통일의 기쁨을 이루었지만 한반도 분단의 상처는 현재 진행형이다”며 “헤어진 가족들이 서로 소식을 전하고 만날 수 있는 권리는 그 무엇도 막을 수 없는 천륜이다. 이산가족들의 상처를 치유하고, 평생의 소원을 이루기 위해 모두가 노력할 때”라고 강조했다. 대한적십자사가 국내를 넘어 해외까지 나가 이산가족 문제를 이슈화하고 공감대 형성을 유도한 것은 이때가 처음이었다. 이 프로젝트의 성공은 KBS 세계 유산 특별 프로젝트 방송 기획단과 우리 부서 우광호 팀장과 장윤정 과장이 KBS와 협력하며 많은 노력을 기울인 덕분이다.

난민위원회와 중국인 '쉰들러'

어렵게 난민으로 인정받은 중국인 탈북자의 대부

국제남북본부장을 맡으면서 법무부 '난민인정협의회'에 참석한 일이 계기가 되어 2011년부터 2018년까지 7년간 '난민위원회' 위원으로 활동했다. 난민위원회는 법무부 차관이 위원장을 맡고 법무부 출입국외국인본부장, 인권국장, 국정원 단장, 외교부 국제기구 국장, 보건복지부 복지정책관 그리고 대법원 추천 법관, 대한변호사협회 추천 변호사, 대한적십자사, 대한국제법학회, 인권 관련 시민 단체 추천 전문가와 난민 관련 교수 등의 위원으로 구성된다. 사실 나는 난민 전문가는 아닌데 어떻게 연임까지 하게 되었는지 모르지만, 적십자사에서 대북 업무와 국제 분야 쪽에서 일해 온 경력 때문이 아닌가 생각된다.

난민위원회는 난민 신청자 중 난민 불인정 결정을 받은 사람이 이의 신청하면 심의를 통해 그 인정 여부를 결정하는 중요한 기구이다. 업무의 난도가 높고 업무량이 많아 여간 신경 쓰이는 것이 아니었다. 특히 2016년부터는 난민위원회 분과위원장을 맡아 회의를 진행해야 하는 상황이라 신청자 한 사람 한 사람 꼼꼼히 보지 않으면 회의를 진행할 수 없었다. 난민위원회 위원들은 법조 및 행정부, 학계의 내로라 하는 인물들이라 모두 실력이 뛰어나 '이런 사람들과 대한적십자사에서 같이 일할 수 있다면 얼마나 좋을까' 하는 생각까지 하게 만들었다.

위원회에 올라온 이의 신청 건들 대부분이 절박한 사연들이어서 난민으로 인정받지 못하거나 인도적 체류자 신분을 얻지 못하면 사지로 돌아가야 하는 사람들이다. 물론 신청자 중에는 난민 인정 요건에 맞지 않는 사람 또한 많기에 이들 가려내는 일도 중요하였다. 난민 인정 여부에 따라 생명의 위협을 느끼는 사람이 있을 수 있어 소홀히 다룰 수 있는 문제가 아니었다.

난민위원회에서 만난 사람들

난민위원회와 분과위원회가 예정되면 200페이지 이상 되는 자료를 꼼꼼히 읽고 가야 했다. 준비하는 데 시간이 걸려도 위원회에서 내 주장이 받아들여질 때면 한 사람의 생명을 살렸다는 보람이 충만했다. 난민 신청자들은 대체로 아시아, 아프리카, 중동 국가 출신들로 눈여겨봐야 할 대상자들이었는데 우리 기준으로는 도저히 이해되지 않는 상황들이 많았다.

다수의 신청자가 우리와 문화가 다르고 환경이 달라 국제팀 직원의 조언을 많이 듣고 해당 국가 정황을 찾아 보며 전문가들의 발언에 귀 기울였다. 법무부는 난민 조사관의 조사를 기초로 필요하다면 청문 절차를 진행하여 객관적으로 판단할 수 있도록 정보를 제공했다. 청문 절차가 진행되면 난민 신청자가 동행한 변호사의 조력을 받아 위원들의 질문에 답변했는데 그것만으로는 진위를 가려내기 쉽지 않았다.

난민위원회는 위원들의 독자적이고 자기 판단에 따라 인정 여부에 관한 의사를 표하고 공정하게 회의를 진행하는 것으로 유명했다. 격렬한 토론 끝에 표결로 최종 처리하므로 한 사람 한 사람의 의사 결정이 무척 중요했다.

위원회를 주관하는 위원장은 위원들의 의견을 충분히 수렴했다. 그동안 위원장으로 난민위원회를 이끌었던 법무부 차관은 내가 위원으로 활동했던 7년간 여섯 명이었는데, 회의를 주재하고 진행하는 데 있어 최고의 전문가들이었다. 바쁜 일정 중에도 빠짐없이 참석하여 사안마다 다른 사연들을 이해하고 정리하는 모습이 나로서는 참 배울 점이 많았던 위원회였다.

중국인 '쉰들러' 이야기

위원회 활동 중 가장 아쉬웠던 일이 있었다. 2017년, 위원회에 상정된 신청자 중 중국에서 라오스, 태국 등으로 수많은 탈북자의 피신을 도운 중국 남성이 난민으로 인정받지 못했을 때였다. 중국 당국에 체포되어 구금당하기도 했던 신청자는 이후 중국을 떠나 방콕에서 유엔난민기구에 망명을 신청했지만 거부되자 라오스에 들어가 결혼하여 가정을 꾸려 살았다. 2016년 중국 공안에 체포될 것이 두려워 제주도로 입국하여 우리나라에 난민을 신청했다.

수많은 탈북자를 지원하다 감옥까지 갔다 온 사람이었기에 나는 난민 인정이 필요하다는 의견을 냈지만 심의 과정에서 아쉽게 인정을 못 받았다. 회의 전에 당사자의 이야기가 실린 책 『사람으로 살고 싶었다』를 읽은 나는 비록 난민 인정 요건에 애매한 부분이 있더라도 꼭

도와주고 싶었지만, 불인정되어 안타까운 마음이 들었다.

그런데 이 난민 신청자가 2018년 말 소송에서 승소하여 난민 인정 지위를 얻었다는 기사가 났다. "탈북자 500명을 구한 '중국인 쉰들러' 한국서 난민 인정"이라는 기사의 주인공은 투아이룽 씨다. 난민위원회에서 인정받지 못해 2년 동안 고생했다는 기사를 보면서 그 결정에 참여했던 한 명의 위원으로서 미안한 마음이 들었다. 이후 나는 난민법 관련 공청회와 국회 입법조사관 면담 등을 통해 난민법 개정에 대한 발전적 방안을 건의하기도 했다.

탈북자 500명 도운 '중국인 쉰들러', 우리나라서 난민 인정. 2018년 12월 24일 연합뉴스 TV 화면 캡처.

튀르키예 안탈리아 대화

국제회의장에서의 남북적십자 간 만남이 이렇게 어려울 수가

문재인 정부가 출범한 2017년 5월 이후 북한은 신형 중장거리 탄도미사일을 발사하며 긴장을 고조시켰다. 9월에는 6차 핵실험을 단행하며 국제 사회의 대북 제재가 더욱 가중되었다. 남북 간에는 연락 채널조차 끊어진 상태였고 적십자 간에도 대화가 단절된 지 오래였다. 이산가족 상봉은 2015년 10월 상봉 이후 중단된 상태에서 북한은 탈북 식당 여 종업원 12명 송환 없이는 이산가족 상봉이 없다고 공언한 상태였다. 남북 간 연락 채널 복원이 시급한 과제였다.

남북 간 직접 지원이 어려운 상황에서 다자 채널인 국제적십자사연맹 CAS를 통한 지원을 대폭 늘린다는 계획하에 평양을 방문하여 북한과 협의하고자 했다. 북한적십자회가 원한다면 혈액 사업도 함께 추진한다는 복안을 가지고 정부와 협의에 들어갔다. 2017년 10월 초, 덴마크 코펜하겐에서 CAS 회의가 열리는데 북한적십자회 리호림 서기장우리의 사무총장격이 나온다고 당시 박경서 총재에게 보고하자 회의에 참석하여 잘 협의해 보라고 했다.

리호림 서기장을 만나 남북 간 협력 방안을 타진했는데 반응은 나쁘지 않았다. 관련 동향을 보고하고 관계 기관과도 공유했다. 박경서 총재는 자신 있어 했다. 적십자 정신에 입각해 탈북 여 종업원 문제를 풀 수 있는 방법을 고민하던 총재는 조속한 연락 채널 복원이 시급한 과제라 판단하고 언제 어디서건 북측 사람을 만나고 싶어했다.

끊어진 연결을 복원하자

2017년 11월, 튀르키예 안탈리아에서 예정된 국제적십자사연맹 총회 참석을 준비하던 나는 총재와 함께 통일부 장관을 만나 북한 관계자와 논의할 의제를 협의했다. 장관도 적십자사가 대화의 물꼬를 터 주길 기대하며 북한과의 연락 채널 재가동은 필요하다고 했다.

장관과의 대화가 잘 풀리자 총재는 북측과 연결할 수 있는 다양한 아이디어를 고민하기 시작했다. 북이 관심을 가질 만한 혈액원 건립 방안과 설 계기 상봉을 제안하면 어떻겠냐는 등 대화 재개의 방안을 내게 물었다. 관련하여 총재가 국정원장 면담이 예정되어 있는데 배석하라고 지시했다. 마침 평소 친분이 있던 담당 국장도 나온다고 했다. 우리는 모처에서 만나 의견을 교환했다. 문재인 정부 당국자들은 과거 정부와 달리 기본적으로 협조적이었다. 끊어진 남북 간 연락 채널 복원이 무엇보다 중요하다는 데 의견을 함께했다. 우리는 총재와 평소 친분이 있던 북의 리 선생과 연결을 시도해 보기로 했다. 그는 북한에서 상당한 인지도가 있는 인물이었다.

총재가 리 선생에게 전달할 편지와 과거 평양 방문 시 김일성 주석과 함께 찍었던 사진도 챙기라고 지시했다. 그 사진을 보여 주면 "그쪽 사람도 호의적으로 나올 것"이라는 기대였다. 북한적십자회와의 연락 채널 구축에 대한 기대를 가지고 나는 튀르키예로 날아갔다.

물론 정부 관계자도 함께였다. 튀르키예 안탈리아는 지중해의 서늘한 바람이 불어 이국적이었다.

주석 사진까지 준비했건만

적십자 국제회의에는 북한적십자회 부위원장과 부서기장 등 몇 명이 참석했는데 첫날 부위원장을 만나 총재와의 만남을 타진하니 "남북 관계가 이렇게 복잡한데 총재 선생을 만나 무슨 성과가 있겠느냐"며 만남 자체를 피했다. 난감했다. 지난번 만남도 피해 이번에도 설마했는데 역시나였다. 회의 기간 내내 식사 등 양자 간 편한 만남을 가져보자 제안했지만, 생각해 보고 답을 주겠다 해 놓고 돌아오는 답은 언제나 역시나였다.

일주일 내내 한 차례도 만나지 못하고 국제회의장에서 다른 적십자사 관계자와 함께하는 자리에서 간접 대화만 나누었다. 총재도 "더 이상 구걸하지 마라"며 그쪽도 사정이 있을 텐데 부담스러워하면 만나지 않겠다고 했다. 대신 나와는 구면인 부서기장과는 자연스러운 대화를 나눌 수 있었다. 그는 주로 내가 하는 이야기를 듣는 편이었다. 특히 우리의 혈액 사업에 대해 알기 쉽게 얘기해 주고 남북 적십자 간 협력 사업으로 발전시킬 수 있는지를 타진한 대화는 의미가 있었다. 결국 별도로 준비해 간 편지도 전달하지 못했고 김일성 주석 사진도 펴 보지 못한 채 들고 간 그대로 갖고 돌아왔다. 과거와는 여러모로 달라진 현실을 반영하지 못했는가 하는 아쉬움이 들었다.

서울로 돌아온 나는 총재에게 1년간의 국방대학교 안보 과정 연수를 요청했다. "후배들을 위해서도 내가 자리를 비워 주는 게 맞다"

며 총재를 설득했다. 그럼 내가 하던 업무를 누구에게 맡길 수 있냐고 묻기에 나는 "그간 남북 관계의 맥락을 알고 함께 근무해 온 현 남북교류팀장에게 맡기면 아무 걱정 없이 더 잘할 것"이라고 대답했다. 남북교류팀장 자리는 오랫동안 실무를 맡아 온 담당 과장에게 맡기면 오늘 당장 남북 관계가 복원된다 해도 문제없이 잘 돌아갈 것이라고 추천했다. 한 직장에서 오랫동안 근무하면서 직원 인사 문제를 말해 본 것은 처음이었다.

후임 문제가 풀리면서 나는 민·관·군 최고 안보 전문가 양성을 목적으로 개설된 국방대학교 안보 과정에 2018년도에 입교할 수 있었다. 그해 4월, 평창 동계 올림픽을 계기로 남북 관계가 대화의 급물살을 타며 남북 정상 회담이 열렸고 6월에는 이산가족 상봉을 위한 남북 적십자 회담이 열렸다. 후배들이 그 일을 능히 감당해 나갔다.

박경서 회장이 수석대표로 박용일 조평통 부위원장과 회담했는데, 나는 급히 논산 국방대에서 서울로 올라와 통일부 남북회담본부 서울 상황실에서 전략팀과 함께 남북 적십자 회담 진행 상황을 실시간으로 모니터링했다. 지난 시기 회담하며 고민했던 주제들을 또다시 회상하며 이산가족들이 다시 만난다는 기쁨에 잠을 이룰 수가 없었다.

5

인도(人道)

전쟁터에서 부상자를 차별 없이 도우려는 열망에서 탄생한 국제 적십자 운동은 국제적·국내적 역량을 발휘하여 어디서건 인간의 고통을 덜어 주고 예방하기 위해 노력한다. 적십자 운동의 목적은 생명과 건강을 보호하며 인간의 존엄성을 존중하고 보장하는 데 있다. 이러한 적십자 운동은 모든 사람들 간의 이해, 우정, 협력 및 항구적 평화를 증진시킨다. 해결하기가 하늘의 별따기보다 어렵다는 납북자 및 억류자 송환을 비롯한 한반도 인도주의 문제들이 우리를 아프게 한다. 인도주의의 원칙은 정치적 유불리를 떠나 인간의 생명과 건강을 보호하고 인간의 존엄성을 존중하고 보장하는 데 있다는 점을 잊지 말아야 한다.

트집 잡힌 사고들

산을 집어삼키는 작은 불씨, 적나라한 체제 경쟁의 단면

사소한 일이 꼬투리가 되어 상봉이라는 이산가족의 염원이 무산될 뻔한 일이 있었다. 2000년 8월 15일, 대한적십자사 장충식 총재는 이산가족 상봉 행사차 평양을 방문하고 돌아왔다. 그런데 2000년 11월 3일, 갑자기 북한적십자회가 『월간 조선』 10월호에 실린 총재의 인터뷰 내용을 문제 삼고 나왔다. 북한 평양방송이 밝힌 북한적십자회 중앙위원회 성명은 충격적이었다. 이제 막 이산가족 사업을 시작하는 대한적십자사 총재를 맹비난하고 나섰기 때문이다.

"장 총재가 대표로 있는 한 적십자 회담을 재검토할 것이다."

사실상 물러나라는 주장이었다. 성명은 "북한에는 남한과 비교해 자유가 없다", "북한 사람들은 매일 같은 옷을 입더라", "이산가족 상봉은 남북 양쪽의 이질성과 체제의 우열을 비교할 수 있는 거울"이라는 총재의 발언을 문제 삼았다.

사무실은 일대 혼란에 휩싸였다. 『월간 조선』 10월호를 사 전문을 읽어 봤다. 인터뷰 전체 내용을 보면 일부 오해 살 만한 내용도 있었지만 대체로 북한을 이해하고 따뜻하게 대하자는 긍정적 취지의 이야기였다. 그런데 이 내용이 북측 주민들에게 상처를 줄 만한 사안으로 번져 북한적십자회 장재언 위원장이 연일 문제 삼고 나선 것이다. 정부도 곤혹스러워했다. 북한의 지나친 간섭이라는 입장을 펴면서도 이 문제가 앞으로 이산가족 상봉 행사에 어떤 영향을 줄지 걱정하는 분위기였다.

총재는 북한의 오해를 풀기 위해 다음 날 판문점을 통해 '유감 서한'을 보냈다. 이 시기에 열린 국회 보건복지위 국정 감사에서 대북 사과 의사를 묻는 의원의 질의에 총재는 사과할 사안이 아니라고 답했다. 그러자 북한은 방송을 통해 공개적으로 "수용할 의사가 없다"고 강하게 밝혔다.

꼬인 실타래를 풀어 보고자 했지만

일이 꼬여 갔다. 기자들은 사실 관계를 확인했고 뒤늦게 통일부가 시인하며 일이 더 커졌다. 11월 30일부터 2차 상봉이 합의된 상황에서 이 문제가 계속 부담으로 작용했다. 북측은 자신들의 요구가 받아들여지지 않으면 언제든 이산가족 상봉을 연기할 수도 있다는 분위기로 몰아 갔다. 박기륜 적십자 회담 수석대표[사무총장] 앞으로 전화 통지문을 보내 합의한 대로 2차 상봉을 진행할 뜻을 비치면서도 한편으론『월간 조선』인터뷰를 문제 삼으며 비판의 강도를 높였다.

그 와중에 상봉 행사를 위한 생사 확인 의뢰자 200명 명단이 판문점에서 교환되었다. 북측은 상봉 행사 때 허용할 수 있는 몇 가지 기념품과 금품에 대한 기준도 제시해 왔다. 북한의 강온 전략으로 2차 상봉이 순탄치 않을 거라는 전망도 나왔다. 그 누구도 평양행 비행기가 뜨기 전까지는 장담할 수 없는 상태였다.

최종 명단만 교환하면 상봉 행사는 예정대로 이루어질 가능성이 컸다. 상봉 행사가 임박하던 시점에 총재가 돌연 일본으로 출국했다. 그리고 2차 상봉 행사는 예정대로 남과 북에서 이루어졌다. 총재의 출국 소식이 언론에 알려지면서 야당과 보수 언론으로부터 "북에 너무 끌려다닌다"는 강한 비난에 직면했다. 적십자 내부도 혼란스러웠다. 박기륜 사무총장이 언론의 취재에 응대해 해명에 나섰다. 북한에서 비난 성명도 나오고 하니 이산가족 상봉 행사를 무사히 치르기 위해 한국에 없는 게 도움되지 않겠는가 하는 생각에 일본 출장을 결심한 것이라고 했다.

결국 장 총재는 사퇴하였다. 기자 인터뷰를 통해 "3차 이산가족 상봉에 지장 주지 않으려 사퇴했다"고 하면서도 북측에 비밀리에 전해진 '유감 서한'과 '도피성 일본행' 문제에 대해 박 총장과의 앙금이 가시지 않은 듯 격정 토로했다. 한편으로는 적절히 대응하지 못한 부분에 대해 후회하며 "대북 관계 전문가 영입이 절실하다. 현재 구조로는 정부나 정보기관의 간섭이 많아 대북 사업 진행 과정에 목소리를 제대로 낼 수 없다"며 아쉬움을 토로했다.

장 총재는 직원들에게 보내는 글을 통해 "월간지 인터뷰가 문제가 돼 남북 쌍방 간에 정치적 논쟁거리가 되고 남북 대화에 작으나마 걸림돌로 작용하는 일은 용납할 수 없어 사퇴하게 되었다"고 밝혔다. 8월 1일 취임사에서 장 총재는 이산가족 문제를 풀어 나가는 데 최선을 다하겠다고 밝혔지만, 아쉽게도 사실상 북한의 압력으로 취임 4개월 만에 물러나게 된 안타까운 사례로 기록되었다.

적십자 봉사원과 로또 추첨

이산의 아픔을 가장 가까이에서 보듬어 주는 이들

이산가족 상봉이 이루어지면 제일 바쁘게 활동하는 분들이 있다. 바로 적십자 봉사원들이다. 상봉이 재개되면 많은 이산가족이 적십자를 찾아오거나 전화 문의가 이어진다. 박근혜 정부 때 끊어진 이산가족 상봉이 간신히 이어진 극적 상황 때문인지 대한적십자사에 나이 지긋하신 어르신들이 찾아오기 시작했다. 이미 등록은 되어 있지만 어떻게 되나 궁금해서 방문한 것이었다.

"제발 이번에는 꼭 만나게 해 주게."

접수처 직원을 바라보는 85세 김 할아버지의 간절한 눈빛에 마음이 아렸다. 휠체어를 타고 접수처로 들어선 88세 박 할아버지는 상기된 표정으로 "이번 대상자 선정에는 나이가 많으니까 유리하지 않을까?" 하며 들떠 있었다. 그런데 신청자 중 90대 어르신이 수천 명에 달하는데 뭐라고 설명할까 고민됐다. 안타깝기도 했지만 그래도 희망을 놓게 할 수는 없기에 나는 "할아버지 힘내세요. 아무래도 연세도 있으시고 북에 있는 형제들을 2명이나 찾는다고 했으니 유리하지 않겠어요" 하고 말씀드렸다. 할아버지는 "북에 있는 형제들도 이제 고령이라 살아나 있을까 모르겠다. 남쪽보다 평균 수명이 열 살이나 차이 난다는데…” 하며 말끝을 흐렸다. 휠체어를 타고 나가시는 할아버지를 봉사원이 안내해 줬다. 할아버지의 뒷모습은 북에 남은 형제를 그리워하며 견뎌 온 긴 세월을 얘기하는 듯했다.

이산가족의 애환을 함께하는 노란 조끼의 사람들

남북 이산가족 신청은 1988년부터 시작됐다. 1988년은 노태우 대통령의 ‘민족 자존과 통일 번영을 위한 특별 선언[7·7선언]’에서 남북 동포의 상호 교류를 강조한 시기이다. 이산가족 상봉이 시작된 2000년부터 신청자가 꾸준히 늘어 지금까지 13만3,000명 정도가 된다. 교류 주선 대상자들이다. 이 중에서 사망자를 제외하는데 2016년을 기점으로 생존자보다 사망자 수가 더 많아졌다. 평균 수명으로 보건대 짧게는 5년, 길게는 10년이 지나면 이들 대부분이 한을 품은 채 역사의 뒤안길로 사라질지 모른다. 그래서 이산가족 문제는 한시가 절박하다.

‘이산가족’ 하면 적십자 봉사원의 역할을 빼놓을 수 없다. 1983년 KBS-TV 이산가족 찾기 특별 생방송 때부터 적십자 봉사원들은 20여 일간 철야 작업으로 신청서를 접수하고 신청서를 제출하기 위해 모여든 이산가족들을 위한 급수 봉사 활동의 역사를 가지고 있다. 2000년부터 본격적인 이산가족 상봉이 시작되자 봉사원들은 처음부터 신청서 접수 현장을 지켰다.

헤어진 가족을 찾겠다는 일념으로 신청서를 작성하는 현장에서 노란 조끼 입은 적십자 봉사원이 가족처럼 크고 작은 일들을 일일이 안내해 준다. 명동역에서 내려 남산 본사 비탈길을 힘들게 올라오신 많은 분을 내 가족처럼 안내하며 챙겨 주신 분들도 적십자 부녀 봉사원들이다. 컴퓨터 추첨을 통해 확정된 대상자들에게 준비 사항을 안내하는 일도 봉사원들의 몫이었고, 가족 상봉을 위해 선물을 사고 짐을 꾸려 집결장인 속초에 모이게 되면 접수 창구에서 가장 먼저 도움을 주는 사람도 적십자 봉사회원들이다.

전국에서 모여든 이산가족들의 편의를 위해 속초 터미널에서 차량을 지원해 봉사하고 한화 콘도에 들어서면 접수부터 객실 배정, 교육장 및 식사 장소 안내 등을 속초 봉사회에서 전담했다. 오랫동안 이 일을 해 오신 최돈일 적십자 속초 봉사회 회장은 상봉 프로세스를 누구보다 잘 알고 있었고 금강산까지 직접 방문해 봉사한 경험을 살려 출발부터 귀환까지 모든 일정에서 어르신들이 궁금해하는 사항들을 내 일처럼 해결해 주곤 했다.

속초 봉사회는 상봉 행사 현장에서 일어날 수 있는 모든 일들에 대처할 수 있게 적십자 봉사원들을 교육한다. 이러다 보니 이산가족 상봉 행사를 마치고 나면 상봉하신 많은 가족들이 봉사원들의 노고가 고마워 대한적십자사를 위해 어떤 도움이건 주고 싶다는 말을 많이 듣게 되었다. 실제로 남북 이산가족 상봉이 성사되고 나면 적십자회비가 더 잘 걷히고 이미지도 좋아졌다.

직원들이 감당하기 어려운 부분을 봉사원들이 나서서 해 준 덕분에 분위기도 좋아졌다. 이렇게 되자 이산가족 상봉 행사 안내 인원으로 절반 이상은 직원 대신 적십자 봉사원들로 구성해 금강산으로 간 적도 있다. 봉사원들의 활동은 북한적십자회 관계자들에게도 놀라움을 주었다. 처음엔 '정보기관 사람들인가' 하고 의심의 눈초리로 쳐다

봤지만 순수한 적십자 봉사원이라는 사실을 알고 깜짝 놀라기도 했다.

로또 당첨 같은 컴퓨터 추첨

이산가족 상봉 대상자 선정 방식에 대해서는 늘 말이 많았다. 상봉 대상자는 많지만 선정해야 할 인원은 워낙 적다 보니 '로또'라는 얘기도 나왔다. 남북 적십자가 2000년부터 합의한 1회 상봉 인원이 100명이다 보니 대상자에 선정되기가 하늘의 별 따기가 된 것이다.

소수 인원 선정에는 컴퓨터 추첨이 제일 공정하다. 1985년 상봉 행사 때는 없었는데 1992년 제7차 남북 고위급 회담에서 이산가족 노부모 방문단 교환에 합의하면서 도입됐다. 컴퓨터 추첨은 나이와 가족 관계를 우선 고려하여 인선위원회 선발 기준에 맞는 사람들을 대상으로 했다. 2000년 정상 회담 이후 신청자는 폭발적으로 증가한다. 고민하던 이산가족들이 상봉 성사 가능성이 보이자 신청서 접수를 위해 대거 적십자사를 찾았다. 한편으로는 신청해 봐야 소용없을 거라는 가족들과 남쪽에 가족이 살아 있다는 것을 북한 당국이 알게 되면 북에 남아 있는 가족이 불이익을 당할까 봐 신청하지 않는 사람들도 여전히 많았다.

상봉 신청자는 13만3,000여 명에 이르는데 사망자를 제외하고 북측에 넘길 후보자 300명을 컴퓨터 추첨을 거쳐 선정했다. 추첨은 공정성을 생명으로 하는 만큼 기자들과 고령 이산가족들이 지켜보는 앞에서 이루어진다. 남북 정상 회담 이후 첫 방북 상봉을 위한 컴퓨터 추첨에는 정원식 총재와 박재규 통일부 장관도 참석해 추첨 과정을 지켜보며 이산가족들의 손을 붙잡고 애환을 함께했다. 인선 기준이야

남측 CIQ에서 가족 상봉차 떠나는 이산가족을 배웅하는 적십자봉사원들

선정위원회에 참가한 전문가들이 정하고, 정해진 기준에 따라 컴퓨터로 추첨하니 불만을 제기하는 분들이 있어도 설득할 수 있었다.

어느 날 안산에 거주하는 80대 할아버지가 사무실을 찾아와 "아직도 팔 굽혀 펴기와 뜀박질에 자신 있다"며 시범을 보이더니 "나처럼 건강한 사람을 보내야 하지 않겠는가?" 하고 특별히 부탁하기도 했다. 왕십리에 거주하는 어느 할머니는 아들은 미국에 있고 북에 두고 온 딸을 만나야겠는데 "당신이 결정할 수 있지 않느냐. 이번에 꼭 선정되게 해 달라"며 "선정되면 보답하겠다"고 말하는 분도 계셨다. 그러나 공정성을 생명으로 하는 컴퓨터 추첨에서 이런 개인적 부탁은 안타까움을 이해 못 하는 바는 아니나 들어줄 방법도 여지도 전혀 없다. 빈부의 차이, 지위의 높고 낮음에 관계없이 누구든 신청서를 내 추첨으로 상봉 대상자로 선정되게 함으로써 공정성 시비를 없앴다.

가끔 추첨을 통해 선정된 대상자 중 생활 보호 대상자인 경우가 있다. 이 경우 적십자사는 이들에게 방북 준비금을 별도로 제공해 드리기도 했다. 북의 가족에게 줄 선물 등을 준비해 오지 못한 상봉 대상자가 있는 경우 속초에서 적십자 봉사원이 모시고 나가 옷이며 신발, 생필품을 한 가방 사서 상봉 때 전달하게 해 준 일도 있다.

해가 갈수록 사망자가 생존자보다 많아지고 그나마 남아 있는 이산가족 대부분이 고령이라 컴퓨터 추첨 과정에서 가족 관계가 더욱 중요해졌다. 자식을 두고 온 1세대들이 그나마 선정되는 데 유리하지만, 언제 다시 컴퓨터로 추첨이 이루어질지 아득하기만 하다. 이제는 추첨이 아니라 희망하는 사람 누구든지 자유롭게 방문하여 만날 수 있도록 북측을 설득해야 한다.

걸어서 북한까지

평화 염원 한반도 걷기, Peace Korea

금강산 육로 관광이 시작되자 북한 땅을 걸어서 행진하면 좋겠다는 의견이 2003년 봄에 제기됐다. 20년간 바퀴 달린 도구는 타 보지 않았고 걷기만으로 수행해 온 원공 스님이 가능성을 타진해 왔다. 걸어서 북한을 행진한다? 지금 상황에서 가능한 것인가? 의아했다. 민병대 남북교류국장이 "어느 정도 얘기됐으니 한번 성사시켜 보라"고 했다. 총재까지 보고된 모양이었다.

원공 스님을 만나기 위해 도봉산 천축사를 찾았다. 스님을 만나기 전에 인터넷을 뒤져 확인하니 도보 수행 이력이 많았다. 1979년부터 155마일 휴전선 순례, 통일 기원 180일 국토 순례, 통일 염원 123일 백두대간 종주…. 걷는 데 최고의 이력을 지닌 분이었다.

스님이 수행하던 천축사는 2평 남짓한 골방에 그 흔한 시계나 달력 하나 걸려 있지 않은 텅 빈 단칸방이었다. '텅 빈 충만'이라는 말이 떠올랐다. 이런저런 얘기를 나누다 점심 공양 시간이 되었는지 방바닥에 신문지를 깔더니 밥 한 그릇과 김치 한 사발을 올려 놓고 같이 먹자 하신다. "하나도 남기면 안 된다"며 깨끗이 비운 스님은 빈 그릇에 물을 부은 뒤 손가락으로 한 번 휘젓고 들이켰다. 얼떨결에 나도 따라했다. 신뢰감이 높아졌다. 같이 사업을 해 볼 수 있을 것 같았다.

"스님, 북한 지역을 걸어가시겠다고요?"

"한라산에서 백두산까지 걷는 거지. 걸으면서 쓰레기도 줍고…."

"우리 맘대로 북한 땅을 걸을 수 없잖아요."

"그러니까 적십자사에서 성사시켜야지."

그러면서 "매일 한 끼씩 굶은 대신 모은 돈"이라며 신문지에 말린 돈뭉치를 꺼내 놓았다. 이 사람 저 사람들이 십시일반 주고 간 것이라고 했다. "요즘 적십자사가 북한 동포 돕기 일을 많이 하던데, 굶주린 북한 어린이를 위한 일에 도움이 됐으면 좋겠다"라고 했다.

나는 스님이 어떻게 북한 땅을 행진하게 할 수 있을까 고민에 쌓였다. 말도 안 되는 구상이지만 남북 관계만 좋다면 불가능한 일도 아니었다. 판문점을 거쳐 개성, 사리원, 평양, 희천, 강계, 혜산을 거쳐 백두산에 도착하는 일정을 검토해 본 적도 있었다.

우선 북측에 가능성 여부를 타진해 봐야 했다. 여러 경로를 통해 알아 보니 당장 허용할 뜻은 없으나 여지가 전혀 없는 것은 아니었다. 스님은 "더워지면 걷기 힘드니 우선 북한 땅을 밟는 일은 계속 협의하면서 일단 남쪽만이라도 걷자"며 지도를 펼쳐 놓고 코스를 그렸다.

100일간 한반도 해안 3,000km를 걷다

3월 30일 서울에서 출발해 7월 7일까지 서해안-남해안-제주도-동해안-금강산-155마일 민통선-서울로 돌아오는 코스가 확정됐다. 우린 중앙일보와 환경 단체 한 곳도 함께하기로 하고 '국토 사랑, 민족 사랑, 자연 사랑'이라는 타이틀을 달았다. 도보 행진 동안 쓰레기 줍기와 이산가족 상봉 기원, 북한 어린이 돕기 성금 모집 광고도 진행하기로 했다.

드디어 300여 명의 대원이 여의도광장에서 '한민족 도보 대행진, PEACE KOREA' 발대식을 시작으로 서영훈 총재 등 많은 인사들이 함께하는 가운데 전진이 시작됐다. 전는 지역마다 시민들이 참여했고 성금도 쌓여갔다.

나는 수시로 현장에 내려가 함께 걸으며 행사를 지원했다. 단원들이 힘들어했지만 'Peace Korea' 행진 깃발은 절대 놓지 말고 맨 선두에서 행진해 달라고 몇 번씩 부탁했다. 숙영은 주로 마을회관이나 초등학교 교실, 면사무소 회관 등을 이용했다. 적당한 시설이 없을 때는 천막을 쳐 숙영하고 봉사원들이 없는 곳에서는 대원들이 교대로 직접 밥을 해 먹으며 걸었다. 행진 초기부터 4월 중순 정도까지는 콘크리트나 마룻바닥에 얇은 매트를 깔고 침낭에서 추위를 견뎌야 했고, 작은 마을회관에서는 발 디딜 틈 없이 코를 고는 사람들 속에서 함께 자야 했다.

전국의 해안선을 따라 걸으면 언제나 오른쪽은 바다이고 왼쪽은 산이나 들, 그리고 나무숲이었다. 해안마다 아름다운 자연 경관을 철조망과 철책이 막아선 안보 현실이 안타까웠다. 참여한 단원 중엔 신부님도, 스님도 있었다. 중간중간 여러 사람들이 합류해 함께 걸었다. 걸으면 상념이 사라진다. 다리가 붓고 발가락에 물집이 생겼으나 아물고 나면 그때부터 몸은 가벼워지고 마음은 편안해진다. 나는 몇 코스를 함께 걸었는데 특히 제주도와 울릉도 해안가를 걸었던 추억이 아련하다. 각 시도 지사 직원들도 "언제 이렇게 한반도 해안가를 걸어 보겠나!" 하며 코스마다 동참했다.

북한 땅을 걸어서 가 볼 날은 언제일런지

목표를 절반 이상 돌았을 때 단원들이 물었다.

"진짜 금강산은 갈 수 있는 겁니까?"

나는 "열심히 걷다 보면 갈 수 있지 않겠느냐"고 답해 줬지만 내 말을 믿는 사람은 없는 듯싶었다. 하루도 쉬지 않고 매일 30여 km를 걷는 단원들을 위해 정해진 코스마다 봉사원들이 맞아 간식이며 밥까지 제공했다. 그렇게 경로를 따라 걷는 와중에 단체 생활에 익숙하지 않은 스님이 애초에 정해진 코스를 자신의 뜻대로 바꾸는 바람에 일정이 틀어져 종종 다투기도 했다.

"스님 이렇게 코스를 갑자기 바꾸면 어떡해요? 이러면 미리 준비한 지역 봉사원님들이 지원하기 어렵습니다."

그러면 스님은 "우리가 들길로 가든 오솔길로 가든 가는 길이 그 길인데 왜 안 된다고 하느냐?"며 화를 내신다. 그럼에도 어찌하랴. 단체로 움직여야 하는 행진단이고 사전에 알려 참가한 사람들이 있으니 한 번 정해진 일정대로 걸을 수밖에….

하루는 행사를 총괄 지휘하던 민병대 국장이 스님의 행보가 걱정되었는지 나에게 빨리 제주도로 내려가 해결해야 되겠다고 재촉했다. 급히 제주도로 날아가 "스님 마음대로 일정을 바꾸시면 더 이상 지원하기 어렵습니다. 혼자 걸으시든지 하십시오. 우린 철수하겠습니다"

했다. 그 덕인지 다행히 전 일정을 무리 없이 힘을 합쳐 걸을 수 있었다.

한민족 도보 대행진과 해단식

함께 걷는 사람들은 한 마음으로 한반도 평화를 염원했고 이산가족 상봉을 기원했다. 마지막 100일째 행진단원들이 해단식 행사장인 상암동 월드컵 평화의공원으로 입성하는데 1,000여 명의 시민들과 봉사원들이 5km 남짓한 거리를 같이 걸으며 단원들에게 축하와 격려를 전했다. 언젠가 북한 땅을 걸을 수 있을 것이라며 서로를 위로하며 100일간의 대장정을 마치고 해단식을 했다. 단원들은 '한민족 도보 대행진. 평화를 위한 3,000km 해안 일주'라고 쓴 현수막 앞에서 기념 촬영했다. 완주한 사람은 모두 18명이었다.

원공 스님은 이날 행진 단장이었던 전인구 예비역 육군 소장에게 모든 공을 돌리고 행사장에 나타나지 않았다. 서영훈 총재는 전 구간을 완주한 단원들에게 완주패와 함께 꽃다발을 전달하며 노고를 위로했다. 이후에도 원공 스님은 전국을 걸어 다니며 모은 금액을 북한 어린이 돕기에 써 달라며 기부했다.

그때 인연으로 가끔 스님을 찾아뵙는데, 이젠 다리가 불편해 오래 걸어 다니시지는 못하지만 한반도 평화와 통일에 대한 열정은 여전하다. 지금 생각해 보니 적십자사 근무 기간 중 전국을 돌아다니며 많은 사람과 자연을 만난 그때의 경험이 내겐 가장 값지고 보람 있었다는 생각이 든다.

납북자 송환 운동

하늘의 별 따기보다 어려운 납북자 및 억류자 송환

남북 관계가 경색되며 국내에서 새로운 이슈들이 분출했다. 2011년도에는 납북자 문제가 이슈화되었다. 특히 북한에 구금된 '통영의 딸' 신숙자 모녀 구출을 위한 '구출운동본부'가 결성되어 전국적으로 10만 명 서명 운동이 전개되었다.

'통영의 딸' 신숙자 송환 문제의 발단은 이랬다. 신숙자 여사의 남편 오길남 박사가 1985년 독일 유학 중 북한 공작원에 포섭되어 처와 딸 2명과 함께 월북했다. 이듬해 오길남 박사가 혼자 독일로 돌아와 탈출에 성공했는데 남아 있는 가족들은 요덕수용소에 갇혔다고 했다. 1992년 오길남 박사가 한국으로 귀국하며 이 사실이 세상에 알려졌다.

통일부 국정 감사에서도 신숙자 씨 문제에 정부가 적극적으로 나서야 한다는 목소리가 높았다. 정부는 납북자·국군 포로 문제 해결을 위해 범정부 차원의 테스크 포스 구성을 추진하였고, 국가인권위원회 전원 회의에서는 신숙자 모녀의 생사 확인과 송환을 위해 노력할 것을 권고했다. 납북자를 기억하고 생사 확인과 송환 노력을 포기하지 말자는 의미에서 '물망초 배지' 달기가 국무위원과 국회의원 사이에 확산되는 상황에서 청원운동본부 실무 대표가 10월 하순 대한적십자사를 방문하여 청원서를 제출하고 협조를 요청해 왔다. 청원서는 북한적십자회에 이 문제를 공식 제기하고 신속한 생사 확인과 가족 상봉, 나아가 송환을 위해 노력해 달라는 내용이 포함되어 있었다.

납북자 문제 해결을 위해 그동안 남북 적십자 회담 등을 통해 꾸준히 노력해 왔으나 "납북자는 없다"는 북한의 완고한 입장 때문에 진전이 없는 매우 어려운 문제였다. 다만, 금강산 이산가족 상봉 행사 때 일부 생사 확인과 상봉이 간헐적으로 성사되도록 협조가 이루어지고 있었기에 정부와 협의하여 대책을 마련하고 회신하는 것으로 정리했다. 우선하여 고려할 방안은 회담이 개최되면 북측에 제안하는 방법과 상봉 행사 때 생사 확인 및 상봉을 추진하는 방법, ICRC에 협조를 요청하는 방안, 적십자 국제회의에서 북측에 협조를 요청하는 방안 등이었다.

'생사 확인 불가'와 '사망'의 의미

그동안의 상봉 행사 과정에서 전후戰後 납북자들에 대한 생사 확인을 요청하였으나 10년간 생존이 확인된 사람은 22명에 불과하고 81명에 관해서는 확인 불가 통보를 받았다. 그중 상봉 가족 수는 열여덟 가족에 불과했다. 북한이 자신들이 내세울 만한 가치가 있다고 판단하면 확인해 주고 그렇지 않으면 '확인 불가'라고 통보해도 우리로서는 확인할 방법이 없다. 우리 당국은 정전협정 이후 3,835명이 납치되고 그중 3,318명이 송환되고 나머지 517명이 억류된 것으로 파악하고 있었다. 대한적십자사는 국제적십자위원회ICRC에 서한을 보내

가능한 중재와 협조를 요청하였으나 회신이 없었다.

그런 와중에 신숙자 씨 사망 보도가 나왔다. 북한 당국이 유엔에 "신숙자는 간암으로 사망했다"라고 통보한 것이다. 이후 오길남 박사는 대한적십자사 본관 앞에서 기자 회견을 통해 국제 사회에 호소하고 유엔을 방문하는 등 몇 년간에 걸쳐 구출을 위해 노력했다. 오길남 박사는 "한 번의 잘못된 판단으로 가족들을 사지에 몰아넣었다"며 "아내가 북한에 가고 싶지 않아 했지만, 그 반대를 무시했다"며 후회했다. 아내는 남편 오길남이 북한을 떠나 공작 활동하러 해외로 나간다고 했을 때 "또 누굴 사지로 몰아넣을 거냐"며 "북한을 떠나 다시는 돌아오지 말라. 가족들은 이미 교통사고로 다 죽었다고 생각하라" 말했다고 한다. 알려지기로는 북한에 남은 가족들이 '15호 수용소'에 갇힌 것으로 파악되었다. 세간에 이곳은 공개 처형이 흔하고 구타와 강간, 굶주림과 강제 노역에 시달리다 비참하게 죽어가는 것으로 알려져 있었다.

통일부 김천식 통일정책실장[훗날 통일부 차관 역임]이 주재한 '납북자대책위원회' 회의에 참석해 머리를 맞대도 적십자사의 역할에는 한계가 있어 보였다. 북측의 협조 없이는 강제력을 동원하기 어렵고 국제적십자위원회를 통한 접근에도 한계가 있었다. 납북자 가족들이 정부에 기대지 않고 시민 단체의 도움으로 유엔 인권이사회 특별 절차에 진정을 넣어 싸우고, 강제 실종 실무 그룹과 자의적 구금 실무 그룹에 진정서를 넣어 국제적으로 북한 당국을 압박하는 현실이었다. 오길남 박사도 '북한 반인도 범죄 철폐를 위한 국제 연대[ICNK]'와 함께 신숙자 모녀 건에 대해 유엔에 진정을 넣었다. 그 결과 이례적으로 북한측 답변을 얻어 내기도 했다. 북한의 답변은 "신숙자 모녀 건은 자의

적 구금과 무관하다"는 거였다.

남북 간 당국자 회담이나 적십자 회담이 열리는 경우, 납북자 문제 해결을 위해 모든 노력을 다 기울이지만, 사실 관계가 명확하게 드러나지 않는 사안에 대해서는 북측에 문제 제기하기도 어렵다. 오길남 박사의 경우는 좀 특수하지만 명백하게 밝혀진 사실들에 대해서도 북한이 정치적으로 접근하여 해결되지 못한 사례들도 많다.

이제는 눈물마저 말라 버린 이들

1958년도 대한민국 최초의 민항사인 KNA Korea National Air, 대한국민항공 '창랑호' 납북자 34명 중 26명은 18일만에 돌아왔지만, 나머지 승객들은 돌아오지 못했다. 1969년 KAL기 납북자 51명 중 39명이 열흘 뒤에 돌아왔고 12명은 여태 돌아오지 못하고 있다. 1970년대 후반에는 주로 조업에 나섰던 어부들이 납북되었는데, 특이하게 고등학생들이 해수욕장에서 놀다 납북된 사례 금강산에서 납북자 김영남과 어머니 상봉 도 있다. 널리 알려진 신상옥 감독과 최은희 배우의 납치가 1970년대 후반에 일어났고 1978년도에는 노르웨이에서 연수 중이던 교사 고상문 씨가 납북되었다. 1980년도에는 서해에서 고기잡이하던 어선 '27 동진호'가 납북되어 이슈화되었는데, 회담 때마다 이 문제가 언급된 것으로 기억된다.

국내외, 해상과 항공편 가리지 않고 납북 사건이 벌어졌지만 북한은 납북자는 한 명도 없다고 주장하면서도 때때로 어렵사리 상봉장에서 간헐적 상봉을 암묵적으로 허락하기도 했다. 2001년 2월에 열린 평양 이산가족 상봉 행사에서 KAL기 납북자 성경희 씨가 남측의

KAL 납북 아버지 송환을 주장하고 있는 황인철 대표

어머니를 만난 사실이 알려졌다.

납북 KAL기에 탑승했던 아버지의 생사 확인을 위해 대한적십자사와 통일부를 발이 닳도록 찾아 눈물로 호소하다 이제는 그 눈물마저 말라 버린 'KAL YS-11기 납치피해자가족회' 황인철 대표가 있다. 1969년 납북 당시 아버지 황원 씨는 MBC PD였다. 어려서 아버지를 잃은 황 대표는 성인이 된 후 어떻게든 이 사실을 국제 사회에 알려야 되겠다는 일념으로 UN을 찾아 호소하는 등 국내외에 반향을 일으켰다. 나는 30대 후반 즈음에 황 대표를 처음 만났다. 이제 그분도 50대 후반이나 되었을 것이다. 피해자 가족 회의를 만들어 30년 넘게 활동하면서 언론에 알리는 일은 물론, 대통령께 편지를 보내고 유엔까지 찾아 '비자발적 강제 납치자들에 대한 실무 그룹'에서 조사에 이르도록 노력했다.

북한이 대한적십자사에 보내 온 아버지의 생사 확인 회보서에 적힌 '확인 불가' 통보에 대해 황 대표는 "이것이 아버지가 살아 있다는 반증"이라며 돌아올 때까지 할 수 있는 노력을 다하겠다고 했다. 개인의 힘으로 북한을 상대로 이러한 노력을 하고 있는 황인철 대표를 생각하면 나도 울컥할 때가 있다. 그러나 신상옥, 최은희의 사례에서 보듯 납북자들은 자기 발로 북한을 벗어나 돌아오는 위험한 경로 외에 남북 당국 간 협상을 통해 시원하게 해결된 사례는 찾기 힘들다.

아픔과 편견, 고난의 이중고

한편으로 납북자 가족들은 지난 반세기 동안 남한 내에서 납북자들이 혹시나 북에서 간첩으로 내려와 내통하지 않았는지, 때로는 빨갱이 가족으로 찍혀 연좌제로 고문까지 당하는 등 당국의 감시와 사회적 편견이라는 고난의 이중고를 고스란히 감당해야 했다. 어렵사리 직장을 구했지만 하루가 멀다 하고 이어지는 관계 기관의 감시와 압력으로 생계를 이어갈 직장을 떠나야 했고, 사회에서는 빨갱이 가족이라는 색안경 탓에 살던 마을을 떠나야 했다.

2000년대 초부터 '납북자가족협회' 회장으로 활동했던 최우영 씨는 비전향 장기수가 북으로 돌아가고 하나둘 납북자 가족들의 상봉이 이루어지자 농진호 어로상이던 자신의 아버지 소식을 알려줄 것을 요청하는 탄원서를 김정일 위원장에게 보내기도 했다. 하지만 북한에 억류되었다가 풀려난 사람들은 많지만 일단 장기간 억류되면 다시 되돌리기가 하늘의 별 따기보다 어려운 상황이 된다.

나는 납북자와 억류자 등 이산가족 문제에 대해 국립통일교육원에서 강의한 적이 있는데 참석한 고위 공무원들도 그동안 관심갖지 못했던 주제에 대해 잘 설명해 줘서 고맙다는 말을 해 나도 놀랐다. 아무튼 민감한 주제일수록 특정 사안에 대해 깊이 있는 연구가 이루어져야 하고 객관적 사실이 낱낱이 정리되어야 북한 측을 압박해 나갈 수 있는 어려운 과제다.

까칠한 상대 다루기

대화 단절기에 국제회의장에서 만난 사람

남북 관계 경색으로 대화가 단절되면 적십자 국제회의에서 어쩌다 남북 적십자 관계자가 만나는 일까지도 언론의 주목을 받는다. 혹시 대북 지원이나 이산가족 상봉 등의 주제로 대화를 나눈 것은 아닌지 추측성 기사를 내보내기도 했다. 2011년부터 3년간 남북 대화 단절기에 그런 일이 자주 일어났다.

적십자 국제회의는 스위스, 중국, 몽골, 말레이시아 등에서 자주 열렸는데 북한적십자회에서는 주로 백용호 부위원장이나 리호림 서기장이 나왔다. 이들이 국제회의에 참석하는 경우 대개는 출국에 앞서 조선중앙통신에서 관련 보도가 먼저 나왔다. 적십자 본사에 상주하는 연합뉴스가 그러한 보도를 놓칠 리 없다.

2011년 김용현 사무총장과 함께 중국 내몽골에서 열린 '동아시아 지역 적십자사 리더십 회의'에 참석했는데 역시 같은 회의에 참석한 북적 백용호 부위원장을 만났다. 어렵게 만난 기회였지만 남북 관계가 얼어붙은 상황에서 깊은 얘기를 나눌 처지가 아니었다. 그럼에도 김 총장이 기회를 놓치지 않고 적십자 차원의 교류와 대화를 강조하며 이산가족 상봉 등 인도적 협력의 적극적 추진을 제안했다. 김 총장의 제안에 백 부위원장은 국제회의에서 이런 식으로 제안할 것이 아니라 공식적으로 제의하라며 마뜩잖아했다. 그런데 다음 날 연합뉴스가 국제회의에서 적십자 간 비공식 접촉이 이뤄졌으며 "북한적십자회 관계자가 남측이 공식적으로 대화를 제안하면 받아들이겠다고 말했다"라는 기사를 실었다.

기사의 파장이 커지는 듯해서 나는 대한적십자사 관계자 이름으로 다시 취지를 설명해야 했다. 해당 기사는 "북측 관계자가 받아들이겠다는 말은 하지 않았고, 남측이 공식적으로 대화를 제안하면 검토해 볼 수 있지 않겠느냐는 취지로 말했다"로 수정 업데이트되었다. 당시 회의에서 백 부위원장은 북한의 식량난에 대해 참석자들에게 자세히 설명했다. 그럼에도 우리 측에 공식적으로 식량 지원을 요청한 사실은 없었기에 자칫 잘못하면 북한이 식량 지원을 받겠다는 말로 오해받을 수도 있는 상황이었다. 어떤 경로로 먼저 나갔는지 모르지만 의도치 않게 기사가 나가면 북한 특성상 곤욕을 치를 수도 있어 조심해야 했다.

언론을 두려워한 이유

나중에 들은 얘기지만 북한적십자회 백 부위원장이 국제회의에서 위임받지 않은 사항이 언론에 보도되는 바람에 '호상 비판'에 처해지기도 했다. 그러다 보니 국제회의장에서 만나면 속내를 잘 드러내지 않을 뿐 아니라 남북 간 만남 자체를 피하려 한다.

이 일이 있던 후 1년이 지난 2012년 9월, 총재와 함께 참가했던 베이징 '아태 지역 적십자 회의'에서 벌어진 불쾌한 사건은 잊을 수가 없다. 유중근 총재는 오랜만에 국제회의에서 북한적십자회 관계자를 만날 수 있는 자리이므로 회의에 참석한 북적 관계자와 자연스러운 만남을 만들어 보라고 했다. 회의장에서 북한적십자회 백 부위원장에게 "총재와 차 한잔하면 어떠냐"고 말하자 부위원장은 한사코 "남북 관계가 이렇게 경색되어 있는데 우리 적십자인이 만나 무슨 얘기를 하겠는가"라며 만남 자체를 거절했다.

그럼에도 총재가 인사나 하자며 브레이크 타임에 먼저 다가가 인사를 건네는데, 백 부위원장이 눈길 한 번 주지 않고 피해 버리는 것 아닌가? 그 순간 얼굴이 화끈거리고 총재를 볼 면목이 없어진 나는 일단 총재에게 죄송하다고 말하고 자리를 옮겨 차를 마시던 부위원장을 찾아가 "이렇게 하는 것은 예의가 아니다. 무슨 중요한 대화를 나누자는 것도 아니고 적십자인이 국제회의장에서 만나 가벼운 인사나 차 한잔도 못 하느냐"고 목소리를 높이며 "그렇게 하라고 지령이라도 받고 왔느냐"고 따졌다. 그랬더니 자신의 행동이 잘못됐다고 생각했는지 총재에게 사과하겠다고 했다. 얼마 후 쉬는 시간에 슬그머니 총재에게 찾아와 "좀 전에는 미안하게 됐다"며 정중히 사과했다.

남북 관계가 좋지 않은 상황에서 국제회의가 열리면 이렇게 대화하는 것도 조심스럽다. 회의 개최 전에 남북 적십자사 관계자가 만날 수 있다는 이야기가 보도되면 특별한 경우가 아니면 그들은 피해 버린다. 그런데 총재와의 대화는 피하면서도 북측 직원은 나에게는 북한의 수해 상황과 어려운 식량 사정을 스스럼없이 풀어 놨다. 그러면서 국제적십자사연맹을 통해 우리가 지원한 10만 달러에 대해서도 고맙다며 인사를 전했다. 그러고 보니 무조건 피하기만 한 것 같지는 않았다.

✪ 김성주 총재의 "영업 비밀!"

2015년 김성주 총재가 동아시아 5개국 적십자 회의 참석차 몽골의 울란바토르를 방문했을 때 역시 백용호 부위원장을 만났다. 당시는 김성주 총재가 좌중을 휘어잡고 백 부위원장과 함께 어깨동무까지 하며 '우리의 소원은 통일'이라는 노래를 합창했다. 참석한 다른 나라 적십자사 관계자들이 놀라 "남북 적십자인이 합창까지 하는 것을 보니 다시 남북 관계가 좋아졌나?" 하며 부러워했다. 이때도 남북 관계는 그다지 좋지 않았었는데 왜 피하지 않고 함께 노래까지 불렀는지 나로서는 알다가도 모를 일이다. 나중에 총재에게 무슨 말을 했길래 북측 사람들이 노래까지 함께 불렀냐고 물으니 웃으며 "영업 비밀!"이라 했다.

이산가족 상봉 현장의 칼과 꽃

오해와 갈등 중에도 빛나는 현장 사람들, 그리고 양윤미

상봉 행사에서는 매번 특이 상황들이 발생하곤 했다. 때문에 상봉 행사를 총괄하는 상황실 전략반과 상황반은 늘 긴장한 채 돌발 상황에 대비하지만 종종 행사가 중단되거나 지연되는 일도 있다.

금강산 상봉 행사는 반복적으로 이루어져 대부분 큰 탈 없이 진행되었다고 볼 수 있으나 말할 수 없는 이런저런 특이 상황도 많았다. 초창기에는 금강산 북측 출입경사무소에서부터 신경전을 펼쳤다. 방북 단원들의 짐 검사가 까다로워 사소한 것까지 뒤진다. 특히 기자들 방북 시 혹시라도 북한을 비판하는 글이 들어 있는지 컴퓨터 파일까지 뒤지곤 했는데 이때마다 실랑이가 벌어졌다. 문제 있는 내용이 나오면 해당자의 출입을 제한했고 이를 항의하는 과정에서 험악한 분위기가 연출된 경우도 있었다.

금강산 개별 상봉은 객실에서 지원 인원 없이 자유롭게 얘기할 수 있는 시간이다. 그런데 우리 측 외금강 호텔 방에서 TV를 켜니 남쪽 드라마와 뉴스가 나오는 바람에 그 다음 상봉부터는 남한 방송을 모두 차단한 후 상봉이 진행되었다. 2004년 3월 9차 상봉 시에는 남북 행사 지원 인원 간 사소한 오해로 2일차 삼일포 참관을 비롯, 오후

참관 및 상봉 일정이 전면 취소되기도 했다.

사소한 농담이 몰고 온 파국

2004년 3월에 빚어진 사소한 오해는 금강산 치마바위에 새겨진 '천출명장天出名將 김정일' 문구에서 비롯되었다. 우리 측 지원 인원인 농 일부 직원이 북한 관계자들과 오찬을 함께한 자리에서 천출명장을 들먹이며 하늘 천天이 아니라 천할 천賤으로 해석해 김 위원장을 폄훼하는 농담을 던진 것이다. 이 일로 상봉 행사가 중단되고 남북 관계자 간 고성이 오가며 험악한 상황이 연출되어 결국 우리 측 상봉단장이 사과문을 작성해 전달하기도 했다.

이 사건 이후 모든 상봉 행사 시 지원 인원과 취재단에 대한 특별 교육이 진행돼 언행에 특별히 조심하라는 사례로 활용되기도 했다. 방북 교육마다 '천출명장'이라는 용어가 사례로 언급되니 이 발언의 당사자는 '북한'이라는 말만 나오면 숨을 곳을 찾을 수밖에 없는 상황이 되었다. 실제로 발언 당사자는 북한 관계자들에 의해 일시 감금되기도 했는데, 우리 측 연락관과 책임자의 항의와 협상으로 겨우 북한 사람들로부터 분리해 위기를 모면했다.

2005년 11월 12차 상봉에는 남측 기자단의 취재와 관련하여 북측 진행 요원들이 민감하게 반응하며 마찰이 있었다. 취재진이 가족 상봉 행사를 취재하며 '납북자'라는 용어를 사용했다고 우리 측 기자들의 취재 활동을 방해했다. SBS 기자의 현장 방송 송출을 저지하고 YTN 기자의 취재 수첩을 일시 탈취하는 등 마찰이 있었다. 결국 방송사는 이날 현지에서 제작된 뉴스를 사용하지 못하고 서울에서 별도 제작한 뉴스를 방송할 수밖에 없었다.

어쩌다 상봉이 이루어지니 국내외 관심이 고조되며 생방송에 관심이 쏠려 취재 기자들은 밤새 기사를 준비해 내보낸다. 사람들은 안방으로 생생하게 전달되는 방송을 보며 눈물을 흘리지만, 북측은 자기들 입맛에 맞지 않는 용어가 나오면 반드시 문제 삼는다. 그리하여 남북 당국자 간 만남에서는 직접적으로 '국군 포로 납북자'라는 용어를 사용하지 못하고 '전쟁 시기 생사를 알 수 없게 된 사람과 전쟁 이후 소식을 알 수 없는 사람'이라는 용어를 사용한다. 그럼에도 북한이 우리 측 국민을 위한 방송 멘트에 이런 용어조차 사용하지 못하게 막는 것은 과도한 조치일 수밖에 없다.

비교적 순조롭게 진행되었던 2006년 3월 13차 상봉 행사에서도 논란과 마찰이 없었던 것은 아니었다. 우리 측 방송사 취재 내용 중 '납북', '나포'라는 용어를 문제 삼아 북측은 SBS, MBC 등의 방송 송출을 차단하고 공식 사과를 요구했다. 북측의 억지 주장에 우리 측 상봉단장인 울산지사 회장이 '사과문'을 작성하여 전달하였으나 기자단이 취재를 거부하며 조기에 철수하는 사태가 발생하기도 했다. 이로 인해 상봉 이틀째 오전 행사가 지연되었고, 이어 2박 3일간 진행된 2진 상봉은 남측 기자단의 취재 없이 진행되었다.

북한은 납치, 납북, 나포 이런 용어를 극도로 거부한다. 북한에는 납치자가 한 명도 없다고 주장하기 때문이다. 일본과의 수교 협상 과정에서 납치를 인정하여 문제가 발생하자 더욱 민감하게 반응한 것일까. 이산가족의 영상 편지를 제작해 북으로 보내는 경우에도 납치 등 북이 민감하게 받아들이는 용어가 사용되면 다른 용어로 바꾼 적이 있다.

3대 얼짱 미녀, 그리고 양윤미

긴장되고 때론 험악한 만남의 와중에도 분위기를 좋게 만드는 상황도 많았다. 특히 상봉 행사 시 공동 오찬이나 만찬장 분위기를 달뜨게 만든 북한 미녀들이 그 주인공이었다.

2015년 10월, 금강산 상봉 행사장에서 눈길을 끄는 접대원 여성이 있었다. 우리 언론들이 북한의 3대 얼짱 미녀로 '조명애, 리설주, 양윤미'라며 자극적인 기사를 쏟아내던 즈음이었다. 뉴스에 사진이 등장하고 '미소가 아름다운 북측 미녀', '북측 미녀 접대원에 상봉단 눈길'이라는 기사도 나왔다.

나는 김선향 부총재를 모시고 금강산 상봉 행사장인 이산가족면회소와 주변 시설들을 돌아보다 언론에서 주목하던 얼짱 접대원을 만났다. 현대 아산 관계자와 친분 있던 북한 식당 지배인이 우리에게 양윤미를 소개했는데 부총재가 반갑다며 손을 잡고 좋아하는 것이었다. 나도 얼떨결에 덩달아 "남남북녀라는 말이 사실이군요"라 맞장구치며 힘들지 않냐 물었다. 양윤미는 "가족들 만나는 일에 봉사하는 데 일 없습네다"하며 쾌활한 목소리로 대답했다. 지배인은 "양윤미 동무가 어딜 가나 인기가 많다"며 "봉사하러 여기까지 왔다"고 추켜세웠다. 한복을 입은 모습이 보기 좋았고 '언론이 보도할 만하구나' 하는 생각이 들었다. 악수하고 사진도 찍었는데 부총재와 함께 찍어서 다행이지 양윤미와 나 둘만 찍었다면 혼날 뻔한 장면이었다. 내가 너무도 환한 표정으로 웃고 있었으니 말이다.

금강산에서 상봉 행사가 열리면 북한은 기본적으로 금강산 주변 도시에서 절반 정도를 뽑아 행사장에 투입하고 나머지는 평양에서 데

북한의 '3대 얼짱 미녀' 양윤미

려온다고 했다. 2000년도부터 금강산에서 적십자 회담과 상봉 행사가 열릴 때마다 우리를 반갑게 맞아 주던 접대원이 있었다. 대표단 중 수행원과 지원 인원들이 잠깐 휴식을 취할 때면 그곳에 모여 차도 마시고 대화도 나눴는데 이 접대원은 다른 사람과 달리 순수함 자체로서의 청순함을 가지고 있다고 이구동성으로 말했다. 얼굴 생김새도 그렇거니와 억양과 표정에서 수줍음을 타며 볼이 발그레한 모습이 시골 아가씨 같아 정겨웠다. 나는 이번에도 우리를 반갑게 맞아 주던 접대원이 왔는지 두리번거렸지만 보이지 않았다.

이번 상봉 행사장에는 양윤미 접대원이 단연 남쪽 사람들의 시선을 사로 잡았다. 언론이 주목하고 기사를 쏟아내니 상봉장에서 손을 내밀거나 같이 사진 찍자는 사람이 많았다. 한복을 곱게 차려입은 모습이 어려 보이기도 했지만, "행사장에서 음식을 나르는 일만 하는 사람이라고는 보지 않는다"며, 상봉장 분위기를 띄우고 여론의 관심을 끄는 이면에 '혹시 무슨 다른 임무가 있는 건 아닐까?' 의심하는 사람도 있었다. 정말 그럴까?

젠틀맨 최 선생

오래 기억에 남는 북측 인사

북한 인사 중 특별히 기억에 남는 사람이 있다. 2000년 적십자 회담 수행원으로 금강산에 갔을 때 처음 만난 최 선생은 나보다 연배도 높았고 북한적십자회 부서기장으로 남북 적십자 회담에 대표였기에 직위에 있어서도 나보다 한참 높았다.

회담장에서의 대화가 북측 단장 위주로 진행되다 보니 최 선생이 회담장에서 했던 발언에 대해선 뚜렷한 게 없고 조용히 경청하던 모습만 기억한다. 그래도 그는 2003년까지 중요한 회담에 참석했으니 나와는 세 번이나 만난 셈이다. 금강산에서 진행되는 회담은 숙박에 저녁 만찬까지 참여하였으므로 대표와 수행원 간에는 공식적 만남 외에도 대화할 기회가 있었다. 그런데 2004년부터 그의 모습이 회담장에서 보이지 않았다. 그렇지만 구호물자 전달 시 북한에서 몇 번 만난 적이 있었고 이후 몇 차례 국제회의장에도 얼굴을 내밀었다.

그러던 그가 2016년 서울에서 개최된 '아태 지역 재난 관리 콘퍼런스'에 국제적십자사연맹 실무 책임자로 참석하기 위해 방한한다는 소식이 들렸다. 그가 서울을 방문한다고 하니 정부에서 관심을 보였다. 당시 박근혜 정부에서 남북 간 대화가 완전 단절된 상태였기에 북한 국적 인사의 서울 방문 자체가 논쟁거리가 될 시기였다. 5·24조치가 시행되고 있었지만, 국제적십자사연맹 책임 실무자 자격으로 하는 공식 방문이라 거절할 명분이 없던 정부로서도 방한을 허용했다.

통일부와 국정원은 "도대체 어떤 인물이기에 그렇게 혼자 장기간 해외 체류가 가능하냐"며, "평양 당국에서 서울 방문을 허용한 데는 무슨 의도가 있다"고 의아해했다. 통상적으로 북측 인사의 남한 단독 방문을 허락하지 않던 북한의 관례에 따른 의심이었다. 두세 명이 조를 이뤄 상호 견제와 감시하는 정황을 보아 온 당국자들의 의심의 눈초리는 어쩌면 당연한 것일 수 있었다.

콘퍼런스는 3박 4일 일정으로 서울과 인천에서 국제적십자사연맹 관계자와 아태 지역 적십자 재난 담당자 30여 명이 참석하는 회의였다. 김성주 총재는 이들을 위해 환영식과 공식 만찬을 열었고 나는 그와 별도의 개인적 시간을 가져 보기로 했다. 내가 저녁을 초대한다고 하자 그는 흔쾌히 혼자서 나와 줬다.

경륜 많은 젠틀맨

서울 시내가 한눈에 내려다보이는 남산타워 꼭대기 회전 레스토랑에서 2시간 동안 야경과 함께 식사하며 우리 직원들과 남북 관계를 비롯한 현안들에 대해 자연스럽게 의견을 교환했다. 적십자 간 중단 없는 사업들에 대해 얘기했던 것으로 기억한다. 그는 비교적 개방적이었고 과장하거나 보태지 않고 있는 사실과 지난 경험을 솔직 담백하게 얘기했다. 통일부 과장이 배석해 있었음에도 한국 방문을 허락해 줘 고맙다며 주위 눈치를 보는 일 없이 화기애애한 대화를 이어갔다.

한국 체류 기간 중에 특별한 문제없이 행사를 마치고 제네바로 돌아갔다.

1년 후 이산가족 특집 다큐멘터리 제작 문제로 스위스 제네바에 갔을 때 그를 다시 만날 수 있었다. 공무차 제네바에 왔으니 자신이 밥을 사겠다며 프랑스 국경에 있는 레스토랑까지 자신의 승용차로 2시간 정도 함께 이동해 주는 수고로움을 아끼지 않았다. 그가 안내한 식당은 생각보다 좋았다. 우리들을 위해 특별히 선택한 식당인데 프랑스 지역이라 비용이 제네바에 비해 절반밖에 안 된다고 했다.

그는 "이제 후배들이 북한적십자회에서 중요한 일들을 맡고 있어 자신은 국제 업무에 전념한다"며 가끔 평양에도 들어간다고 했다. 평양외국어대학교에서 국제관계학을 전공한 그는 국제적십자사연맹 실무자로 이란에서 4년, 미얀마에서 3년을 근무한 후 2011년부터 제네바에서 근무하였다. 2000년도 이산가족 상봉 행사를 위해 서울을 방문했으며, 해외에서 오래 살아 영어가 능통했다. 국제적십자사연맹에서 재난 관련 업무를 맡아 구호 사업을 진행하고 있었기에 적십자 국제회의에는 자주 나왔다.

그렇다고 적십자 관련 업무만 한 것은 아니다. 당과 정부의 주요 업무도 맡았는데 대외문화연락위원회와 프랑스 주재 북한 대표부에서도 근무했으며, 조선노동당 통일전선부 근무 이력도 있다. 그동안 적십자 회담장에 주로 나왔던 리금철, 최성익, 박용일, 황철과는 다른 길을 걸어온 셈이다. 그 오랜 기간 해외 생활이 가능한 상황은 북한 사회의 특성상 대단한 집안이 아니면 불가능할 것이라는 얘기들이 있었다. 분명한 것은 그가 대단히 신중하고 언행도 주의하며 상대를 배려하는 젠틀맨이었다는 사실이다.

쭉 냅시다

취중진담, 편안한 자리에서의 격의없는 진짜 대화

"쭉 냅시다!"

북측 인사들은 술자리에서 잔을 비우자는 건배를 제의할 때 이렇게 말한다. 분위기가 살아나면 쭉 내기를 몇 번씩 제안하기도 했는데, 만찬에서 김선향 부총재가 술잔을 받고 쭉 내기가 힘들었는지 나에게 도움을 요청했다.

"김 국장, 흑기사 좀 해 줘야겠어."

2015년 10월, 금강산 이산가족 상봉 행사가 원만하게 진행되자 우리 측 상봉단장이었던 김선향 부총재가 북측과 저녁 자리를 만들어 보라고 했다.

연락관을 통해 북측 대표단을 만찬에 초대했는데 흔쾌히 응했다. 사실 남북 적십자 간에 뭔가 뒤틀리면 함께하기 힘든데 '뭔가 할 말이 있나 보다'하고 생각했다. 상봉 행사가 잘 진행되다가도 뭔가 하나 틀어지면 이를 이유로 약속을 바꾸거나 다음으로 미루는 일이 다반사였다. 북측은 리충복 위원장과 박 선생, 김 선생이 나왔다. 해금강호텔

꼭대기 층 라운지에서 내려다보니 건너편으로 환히 불밝힌 면회소 전경과 더불어 금강산의 밤이 아름다웠다.

우리는 북측에 줄 선물과 함께 발렌타인 17년산 한 병을 챙겨 갔다. 사실 북측 인사들은 한결같이 독주를 좋아했는데 특히 발렌타인을 좋아했다. 발렌타인을 내놓자 북측 사람들의 얼굴에 화색이 돌더니 이내 "쭉 내시라요"를 연발했다. 서서히 취기가 오르며 분위기가 무르익어 가는데 통일부에서도 똑같은 발렌타인을 한 병 더 챙겨 왔다며 내놓는 게 아닌가. 세게 달릴 모양이었다.

김선향 부총재는 김대중 정부 당시 김정일 위원장을 만나러 갔던 때를 회상했다. 남편 박재규 통일부 장관이 김대중 정부에서 남북 관계 개선을 위해 활약했던 덕인지 북측 대표들은 부총재에게 더욱 친근하게 대했다.

말문을 트게 만든 발렌타인 17년

분위기가 무르익어 술이 몇 순배 더 돌았고 부총재가 잔을 받으면 그중 한 번은 '흑기사'인 나에게 돌아왔다. 나는 술이 약한 편이다. 몇 차례 잔이 돌자 취기가 올라왔다. 술기운으로 무르익은 분위기에 북측 인사들과 어깨동무도 하며 더욱 가까워졌다.

리충복 위원장은 술을 아무리 마셔도 자세 하나 흐트러짐 없이 앉은 자세 그대로 대단한 주량을 자랑했다. 어느새 술 한 병이 더 들어왔고 함께한 정부 국장 두 명이 쉴 새 없이 권해도 리 위원장은 끄떡없었다.

북측 대표단의 김영철 선생은 회담장에 수없이 나와도 조용히 지켜보기만 했던 기억밖에 없는데 그 역시 술자리에서 많은 이야기를 쏟아냈다. 회담장보다 더 열띤 대화가 오고 갔다. 북측 대표들은 마지막 술병을 다 비우고서야 식사를 시작했다.

"술은 술이고 밥은 밥이다."

그게 북한의 술 문화라 했다. 박용일 선생훗날 최고인민회의 상임위 부위원장 겸 사회민주당중앙위원장 역임은 그 와중에도 무슨 현안이 그리 많은지 전화통을 붙잡고 이리저리 뛰어다녔다.

지금 생각하니 적당한 술은 분위기를 좋게 하고 속에 있는 말을 하게 했다. 지나치면 안 좋지만 딱딱한 분위기를 바꿀 수 있고 생각지도 않았던 마음속 이야기를 털어놓게 만드는 게 술자리의 묘미였다. 다음 날 아침 어제 무슨 일이 있었냐는 듯 모두 멀쩡한 상태로 나타나 마지막 일정을 소화했다.

혈액 사업 타진

남북 주민 간에도 피를 나눌 수 있다면

대한적십자사에서 혈액 사업을 겸하다 보니 북한 사람을 만나면 혈액 사업에 관해 많이 물어보게 된다. 국제회의에서 북한의 혈액 사업에 관한 이야기를 들을 기회가 있었는데 우리의 방식과는 매우 달랐다. 대한적십자사는 우리나라 혈액 사업을 거의 전담하지만, 북한적십자회는 혈액 사업에 직접 관여하지 않고 헌혈을 홍보하는 정도의 활동에 그쳤다. 하긴 일사불란한 지시에 따라 당국의 채혈 명령이 떨어지면 누구든 혈액 공급에 나서야 하므로 우리의 '무상헌혈' 개념이 잘 와 닿지 않을 수 있다.

2007년, 국제적십자사연맹 요원과 북한적십자회 보건 담당이 평남 평성 지역 수혈원을 방문하여 상태를 점검하고 적십자사의 지원 가능성을 검토한 적이 있었다. WHO의 지원을 받아 건설된 수혈원에 필요 장비까지 제공하였다는데 북한적십자회는 운영과 사업에 거의 관여하지 않고 있었다. 핀란드적십자사가 북한에서 헌혈자 모집 워크숍을 개최했는데 북한적십자회 직원에게 '100% 자발적이고 무보수'인 헌혈 사업을 소개했다. 북에서는 헌혈이라는 개념이 없기 때문이었다. 국제적십자사연맹으로부터 파악한 바에 따르면, 북한에서의 혈액 사업은 북한 당국이 관리하고 북한적십자회는 헌혈자 모집이라는 극히 일부분 업무만 위탁받는다고 했다.

몇 년 후 달라진 게 있나 궁금해서 베이징에서 만난 북한적십자회 관계자에게 물어보니 그때까지도 당국으로부터 혈액 사업 전반을 위탁받은 바 없어 달라진 건 없어 보였다. 2015년 영국 윈저에서 개최된 CAS 회의에 참석한 북한적십자회 관계자도 같은 말을 되풀이했다. 그런 환경에서는 기본적인 사업마저도 쉽지 않겠다는 생각이 들었다.

관심만 있다면 혈액 사업도 가능하다

이러한 상황에서 2017년 튀르키예에서 북한적십자회 부책임자를 만나 북한 혈액 사업에 대해 자연스럽게 얘기할 기회가 있었다. 기본적으로 재난 대응 대비와 보건 위생 분야에 우선순위가 놓여 있어 현재의 인력이나 인프라로는 북한적십자회가 혈액 사업을 감당할 준비가 안 돼 있음을 확인했다.

우리는 그들이 관심만 보이면 양자 간 사업으로 헌혈 관련 기본 사업들을 함께할 수 있도록 나름대로 구상하고 있었다. 헌혈자 모집부터 혈액 검사, 제제, 공급 등에 이르기까지 할 수 있는 협력 사업 모델은 많았다. 통일부와도 깊이 있게 논의한 적 있었기에 이번에는 며칠 함께하는 동안 북한적십자회가 이해하기 쉽게 많은 시간을 할애해 대한적십자사의 혈액 사업에 대해 설명했다. 대한적십자사의 혈액 사업은 거의 독점적이며 헌혈자 모집, 채혈, 제제, 공급까지의 과정, 무상 헌혈과 진료비 제도, 순수 헌혈 발전 단계, 대한적십자사 책임하의

병원 혈액 공급 시스템, 전산 시스템, 장비 등의 제반 시스템 구축까지 언급하며 우리의 선진화된 혈액 사업을 자세히 설명했다. 과거 캄보디아적십자사의 헌혈자 모집 사업까지 지원했다는 설명까지 이어가자 어느 정도 이해하는 듯했다.

주민들이 많이 모이는 곳에 헌혈센터나 혈액원을 설치하여 운영하기까지, 당장은 아니더라도 향후 남북 관계의 진전에 따라 함께 추진할 수 있는 사업들을 제안했다. 미래 사업이니 관심을 가져 보라는 제안에 그는 "혈액 사업은 보건성에서 보건소를 중심으로 하고 있어 조선적십자회는 그저 헌혈 홍보나 하는 정도"라고 하며 직원들의 소속이 궁금했는지 "종사자가 모두 적십자 직원이냐" 물었다. 간호사, 병리사, 운전원 등 모두가 대한적십자사 직원이라고 하자 그런 일은 전문 업무 영역이라며 자신들은 역량이 안 될 것 같다고 했다.

나는 북한적십자회가 보건성으로부터 위탁받아 사업 주체가 되면 남북 간에도 협력할 수 있는 길이 열릴 거라며 거듭 연구와 추진을 당부했다. 직접 사업에 나설 수 있다면, 헌혈센터를 지어 자재 및 장비도 넣고, 헌혈자 모집과 채혈을 조선적십자회에서 수행해 국가 수혈센터에 넘기면 될 것이라고 설명해 줬다. 필리핀적십자사의 사례를 참고하라며, 우리와 협력하여 헌혈 소모품, 채혈 바늘, 혈액백, 제제장비, 검사 장비, 차량, 교육 훈련, 급식, 영양식 등 혈액 인프라 교류를 시작으로 인적 교류는 물론 교육 훈련까지 협력 가능하다고 제안했다. 사전 환경 조사와 시범 사업을 거쳐 본 사업이 진행될 수 있을 거라고 했다. 생명을 살리는 중요한 일이라 다른 나라 적십자사들도 대부분 혈액 사업을 하고 있는데 북한적십자회는 언제까지 재난 대응만 할 거냐며 슬며시 핀잔을 주기도 했다.

북한은 그나마 있던 국제적십자사연맹의 도움마저도 지금은 없다며, 형식상 '급혈자의 날' 행사 정도에 그치는 수준이라고 했다. 다른 민간 단체의 사업과 달리 혈액 사업은 남북 적십자가 함께할 수 있는 훌륭한 모범이 될 것이라고 강조했다. 남북 주민 간에 피를 나눌 수 있다면 통일도 쉽지 않겠는가 하며 나의 끈질긴 설명과 권유에 "어려운 문제다. 연구가 필요하다"며 대화가 마무리되었다. 남북 간 긴장이 완화되면 혈액 사업은 가장 우선적으로 함께할 수 있는 모범적 인도주의 사업이 아닐까 하는 기대가 큰 사업이다.

가족 찾기 비밀 프로젝트

당국 간 협력이 불가능할 땐 민간 교류 방식으로

이산가족 교류는 2000년 남북 정상 회담 이후 남북 간 합의에 따라 본격적으로 이루어져 왔지만, 그 이전부터도 제3국을 통한 비공식적 교류는 꾸준히 진행되어 왔다. 중국에서 북한의 가족을 만나거나 캐나다나 미국, 일본에서도 가족 생사와 상봉이 이루어지면서 정부 당국으로부터 일부 교류 경비가 지원되기도 했다. 이러한 정부 지원금에 힘입어 활동하던 주선 단체들이 있었는데 일명 '브로커'라 불리기도 했다.

이들은 중국 등의 중개인을 통해 북에 있는 이산가족의 생사를 확인해 주고 상봉을 성사시키기도 했다. 2005년부터 대한적십자사가 정부로부터 업무를 위탁받아 교류 경비 지급 업무를 처리했다. 교류 경비 지원은 북측과 주고받은 서신과 사진 등 증빙 자료를 토대로 사실 관계를 따져 결정되는데, 대한적십자사 남북교류국장인 내가 위원장을 맡게 되어 때마다 남북 가족 간에 주고받은 애틋한 편지와 사진들을 보면서 이 지원 사업의 중요성을 실감했다.

사업 초기에는 생사 확인에 80만 원, 상봉에 180만 원, 서신 교환 등 교류 지속에 40만 원을 지원하기 시작했다. 2017년까지 4차례 개정되었는데 최근에는 금액을 대폭 올려 생사 확인 시 300만 원, 상봉 시 600만 원, 서신 교환 등 교류 지속 시 80만 원 내에서 경비를 지원할 수 있다. 남북 관계가 좋아지던 2000년대 들어서도 여전히 제3국을 통한 이산가족 교류는 지속해서 늘어났는데 국경이 폐쇄되면서 이러한 활동들도 뜸해졌다. 이런 교류 주선 단체가 초창기에는 10개 이상 있었지만, 지금은 제대로 활동하는 곳이 없다. 일반 이산가족뿐만 아니라 납북자, 국군 포로의 생사 확인과 상봉 주선 시에는 더 많은 교류 주선 경비를 받을 수 있어 이 분야만 전문으로 하는 단체도 있었다.

두 달 만에 가족을 찾다

교류 주선 활동은 북한 당국이 알고도 눈감아 주거나 아니면 아무도 모르게 일을 처리해야 하므로 경비가 많이 들고 활동가들은 여차하면 목숨이 위태로울 수도 있다. 한 해에 한두 차례 진행되던 간담회에서 주선 단체의 이야기를 듣다 보면 자신들은 목숨 걸고 이산가족들의 고통을 덜어 주기 위해 최일선에서 일하는 데 사람들이 너무 몰라준다는 불만 섞인 애로를 털어놓기도 했다. 돈을 매개로 일하다 보니 '브로커'라는 말을 들으며 오해도 많이 받는다고 한다.

북에 있는 가족들의 생사 확인은 그리 쉬운 일이 아니다. 중국을 거점으로 북한을 드나들던 화교를 이용하기도 하는데, 북한 내부에도 조력자가 있어야 가능한 일이다. 비공개적으로 일하다 보니 늘 불안감 속에 일이 진행되고, 여기에는 돈과 더불어 북한에 믿을 만한 사람이 있어 암묵적 거래가 가능해야 했다. 이들 덕분에 초창기에는 돈 있는 이산가족들이 적십자사나 정부의 주선에 따른 공식적 만남이 성사되지 않더라도 가족의 생사 확인은 물론 서신 교환과 운이 좋은 경우 만남에 이를 수도 있었다.

전국을 돌며 이산가족 정책 설명회를 개최할 때마다 만나는 대부분의 이산가족들은 이러한 제도가 있는지 몰랐다. 행여 안다 하더라도 북한에 있는 가족이 혹시 모를 불이익을 받을지 모른다는 걱정 탓에 포기하는 사람들도 있었다. 설명회에 참석한 한 어르신이 죽기 전에 무슨 방법으로든 가족의 생사를 알아야겠다고 하시길래 서울 종로에 사무실을 두고 활동하던 주선 단체를 소개해 줬다. 얼마 있어 어르신께서 "두 달 만에 가족을 찾았다"며 고맙다는 인사를 전해 왔다.

이렇게 하여 지금까지 생사를 확인한 사람이 3,896건, 상봉 인원은 3,418명, 그리고 서신 교환 건은 1만1,646건에 달한다. IT 기술이 발달한 최근에는 새로운 방식의 생사 확인과 서신 교환이 이루어지고 있다. 휴대 전화기로 찍어 실시간으로 북한에서 중국을 거쳐 한국으로 넘어오기도 한다. 물론 이러한 일도 그나마 북한의 경계가 느슨할 때 가능한 일이다. 남북 당국 간 교류가 단절된 상황에서는 여러 방면의 민간 교류라도 지속되었으면 하는 바람이다.

남북한 보건 의료 협력

생명을 살리는 한반도 생명 공동체

보건 의료 분야에서 대한적십자사가 북한에 지원하는 규모는 어느 정도 수준일까? 20대 국회 윤종필 의원이 주최한 '유라시아 보건 의료 포럼'에 참석해 보니 우리의 현주소를 확인할 수 있었다.

국내 보건 의료 단체들이 모두 모여 각자 사업의 성과를 발표하는 자리인 만큼 각 단체와 사업의 강점과 약점이 다 보였다. 특징적인 점은 사업 현장에 대한 직접 방문 확인 여부의 문제인데 대부분은 현장에 사무소를 두지 않고 있을 뿐 아니라 주기적 현장 방문에 그쳤다. 별도 조찬 모임에서 유라시아 보건 포럼 위원들의 발제와 토론이 이어졌다. 서울대 신희영 교수가 남북어린이어깨동무와 함께 북한에 병원을 건립하고 지원한 사업을 발표했다. 남북 적십자 간에도 이러한 협력 사업을 할 수 있다면 좋겠다고 생각했다.

마침 2020년, 신희영 교수가 대한적십자사 회장명칭이 총재에서 회장으로 바뀜에 임명되면서 회장 직속 남북협력기획단에서 단장으로 일할 기회가 있었다. 짧은 기간이었지만 회장이 내게 읽어 보라고 전해 준 통일 의료와 관련한 자료, 특히 남북한 보건 의료 협력 관련 책을 꼼꼼히 읽어 볼 수 있었다. 경색된 남북 관계에서 북한의 열악한 보건 의료 문제 해결을 위해 국제 사회와의 적극적 협업을 통한 영유아 및 산모 보건 같은 시급한 인도적 문제를 해결하고 감염병 문제에 대한 공조가 필요하다는 주장이 많았다. 남북이 보건 의료 공동 대응과 긴급 지원 및 감염병 등에 관한 정보 교류 및 협력을 증진하기 위한 '남북 보건 의료 협정'을 체결해 관련 남북 협력 기반을 다져 나가야 한다는 주장은 매우 일리 있게 다가왔다.

한반도 보건 의료 협력 플랫폼

통일보건의료학회가 주관한 세미나에서 만난 사람들의 주장들 역시 비슷했다. 신 회장은 바쁜 적십자 업무에도 빠지지 않고 관련 세미나에 참석했다. 가끔 "북한은 인도주의 지원을 제일 싫어한다"거나 "북한은 이산가족 상봉을 싫어한다" 같은 말을 하곤 해서 "공개적인 자리에서 대놓고 그런 얘기를 하면 오해를 살 수도 있다"며 걱정하는 이들이 많았다. 하지만 통일 보건 의료 분야 최고의 전문가인 회장의 본 뜻은 '서로에게 도움되는 협력 사업이 필요하다'는 취지에서 나온 주장이라는 것을 알 만한 사람들은 다 안다.

2021년 2월, 대한적십자사와 남북교류협력지원협회 공동 주관으로 본사 4층 앙리 뒤낭 홀에서 '한반도 생명 안전 공동체 구축'을 주제로 세미나를 개최했다. 서울대학교 통일의학센터의 연구 자료에 따르면 인도적 분야의 협력을 뛰어넘어 DMZ 내에 보건 의료 분야 클러스터를 만들어 협력할 수 있는 R&D 사업들이 무궁무진했다. 남북 간 교류가 막힌 상황에서 남북이 보건 의료 분야 R&D 사업이 필요하다는 연구 용역 결과를 발표하는 자리이기도 했다. 코로나-19로

집합 모임이 어려워진 때라 소규모 인원이 온라인으로 행사를 진행했다. 이인영 통일부 장관과 안민석 의원이 축사를 했는데, 이야기의 큰 줄기는 한반도 생명과 건강 공동체였다. 이후 자리를 옮긴 탓에 나중에 언론을 통해 확인하니 '한반도 보건 의료 협력 플랫폼'의 단계로 나아가는 새로운 계기가 되었다. 민관이 협력하여 실질적 남북 교류와 협력의 장으로 이끌어 보자는 취지였다.

문재인 정부 들어 개성에서 보건 의료 실무 회의를 진행한 적이 있지만 이후 한 발자국도 진전되지 못했다. 다행히 향후 진행될 남북 간 협력 구상들이 기존의 협력을 뛰어넘어 연구 개발 사업으로 나아가는 계기가 되었으니 협력의 시대가 오면 제일 먼저 보건 의료 분야부터 시작될 수 있을 것이란 기대를 품어 본다. 언젠가는 펼쳐질 것으로 기대하는 남북 적십자 간 보건 의료 협력에서 보건 의료 협력 플랫폼은 그 중요성이 매우 크다. 서울대 통일의학센터 등 전문가 그룹과 협력 관계를 공고히 하고 통일 이후를 대비하는 노력이 필요하다.

한반도 적십자의 사명

2023년 여름 김철수 회장이 취임했다. 회장은 당시 전북혈액원장으로 근무하던 나를 뜻밖에도 본사 주요 부서인 국제남북사업본부장으로 다시 불러들였다. 부족한 능력이지만 도움이 되어야 한다는 생각에 지나온 일들을 돌이켜 살폈다. 다시 국제남북사업본부장으로 돌아왔지만 많은 것이 변해 있었다.

남북 간 긴장은 더욱 고조되고 이러다 무슨 일이 일어나도 이상하지 않을 만큼 대화는 단절된 상태였다. 판문점 연락 채널은 끊어진

지 오래고, 정부와 함께했던 사업들이 축소되었으며 통일부 직원들도 많이 바뀌어 있었다. 무엇부터 해야 할지 고민했다. 많은 인도주의 사업 중 남북 관계에서 적십자사가 유일하게 다른 민간 단체와 차별화할 수 있는 역할 중 하나가 인도적 협력 분야이다. 분단과 전쟁으로 희생된 사람들의 아픔을 해소하는 일에 대한적십자사가 우선 나서야 한다. 이를 위해서는 판문점 적십자 연락 채널을 복원해 대화를 모색하고 국제적십자사와 협력하여 할 수 있는 일들을 찾아야 했다.

회장은 동분서주하며 우선적으로 ICRC, IFRC, 각국 적십자사 관계자들을 만났다. 북·중 간 국경이 열리고 ICRC와 IFRC가 평양으로 들어가면 대한적십자사도 더 많은 역할을 할 수 있으리라 기대했다. 적십자 국제회의에 직접 참석하여 한반도 기후 위기 변화에 능동적으로 대처하기 위해 남북이 협력해야 한다고 주장하며 북한적십자회와 가능한 채널 구축을 위해 애썼다. 나는 그 즈음 정년 퇴직을 앞두고 공로 휴가에 들어갔다.

현재 대한적십자사는 통일 기반 구축 차원에서 국내 이산가족들에 대한 위로 방문과 초청 행사, 이산가족 생애보 제작 등 새로운 사업들을 진행하고 있다. 언젠가는 재개될 남북 간 대화에 대비한 준비도 하고 있다. 한반도가 함께 평화롭게 공존할 때까지 적십자는 쉴 수 없다. 분단된 한반도의 적십자사 사명이기 때문이다.

인도주의 회랑(回廊)이 필요하다

평화와 통일을 위한 '**인도주의 공동체**'를 꿈꾸며

2025년이면 남북이 분단된 지 80년이다. 분단은 우리 민족에 깊은 상처를 남겼다. 분단을 고착화시킨 6·25 전쟁으로 남북의 이산가족들은 크나큰 고통을 겪었고 그 고통은 지금도 계속되고 있다. 그동안 우리는 분단 극복과 통일을 지상 과제로 삼아 노력해 왔다. 남북 적십자 간에도 분단 극복을 위한 노력들이 이어졌다. 남북 적십자 회담, 이산가족 상봉, 인도적 차원의 대북 지원 등이 그러한 일들이다.

남북이 마주하는 자리를 통해 나는 이산가족들의 고통을 조금이나마 덜어 주고 나아가 남북이 평화롭게 살아가는 데 일정 부분 기여할 수 있기를 기대했다. 그러나 기대와 달리 남북 간 불신과 대립의 심화로 남북 경색 국면이 지속되면서 인도적 현안 해결에 다가서지 못하고 있다. 내가 1990년대 후반부터 25년 동안 관여한 대북 관련 업무는 협력보다 대결의 시간이 더 길었다. 그 반큼 대화가 어렵다는 사실이 반증되는 시간이었다. 대화 단절기에 북한을 상대했던 경험은

힘들고 어려웠다. 당국 간 대화 단절은 적십자 간 대화 단절로 이어졌고 적십자 간 교류 협력도 정치적 상황에 따라 영향을 받아 왔다. 북한이 지난 2023년에 남북 관계를 '적대적 두 국가 관계'로 선언하고 크고 작은 도발을 지속하면서 대화와 교류 협력은 사라지고 남북 간 대결 구도가 한층 심화되고 있다. 북한의 핵·미사일 무력 강화가 계속되면서 남북 관계는 더욱 어려운 상황으로 변해 가고 있다.

최소한 비상 상황에 대비한 남북 연락 채널은 있어야 한다. 정부가 나서기 어렵다면 적십자를 통해서라도 대화 창구를 열어 두어야 한다. 적대적일수록 평화 관리가 필요하며, 평화를 만들어 가는 노력이 더욱 중요하다.

돌이켜보면 1971년 최두선 대한적십자사 총재가 남북 이산가족 찾기를 주창하고 남북 적십자 회담을 제의하면서 지금까지 140여 차례가 넘는 적십자 회담이 진행되었다. 분단 이후 남북 간에 많은 일들이 있었고 교류 협력에서 일정 부분 성과도 있었다. 그러나 아직도 해결해야 할 인도주의 문제들은 산적해 있다. 이산가족, 국군 포로, 납북자, 억류자 등 남북으로 흩어져 생사조차 알 수 없는 이들의 아픔을 치유하는 일과 열악한 북한 주민들의 보건 의료, 영양 문제, 인권 등이 그 현안들이다. 이산가족 문제는 남북의 이념과 체제의 한계를 넘어 인간의 기본권으로서 가족권을 보장하려는 인도주의적 관점에서 해결해야 할 민족적 과제이다. 이산가족들의 고령화를 생각하면 시간을 더 끌 수 없는 당장의 과제이기도 하다. 이산가족 문제를 풀지 않고 여타의 남북 간 교류 협력 사업들은 진전을 이루기 어렵고 경제 공동체나 생명 공동체, 건강 공동체 건설로 나아갈 수 없다.

한반도 인도주의 공동체 건설로 나아가자

남북 대화로 민족적 동질성을 회복하여 정서적 간극을 줄여 나가는 길이 평화 통일에 이바지하는 길이며 한반도 '인도주의 공동체'*를 이루는 길이다. 우리에게 시급히 필요한 과제가 국군 포로, 납북자, 억류자를 포함한 이산가족 문제라면 북한으로서도 당장 자신들이 필요로 하는 사업들이 많다. 자신들의 체제를 위협하지 않으면서 주민들에게 꼭 필요한 사업들에 한해 남북 적십자 간 교류 협력을 시작하면 탄력받을 수 있지 않을까. 한반도의 인도주의적 현안을 풀기 위해서는 무엇보다 당국의 인식 변화와 노력이 중요하다. 남북 적십자 간 실질적 협력을 구체화하는 일은 그 과정에서 신뢰를 구축하는 토대가 될 수 있다. 정부는 적십자가 꾸준히 인도적 사업을 추진할 수 있도록 법 제도적인 부분을 포함하여 전적으로 지원해야 한다.

남북 적십자사는 그동안 재난 관리, 이산가족 생사 확인, 서신 교환, 상봉 등 인도적 사업의 수행 주체로서 주요 역할을 담당해 왔다. 이제 남북이 함께하는 새로운 접근이 시도되어야 한다. 정치적 상황과 무관하게 인도주의 사업은 일관되게 지속되어야 한다. 바로 '한반도 인도주의 공동체'를 구축하는 일이다. 그동안 이산가족 상봉 등 이산가족 문제 해결은 북한이 응당 남측에 베푸는 시혜이며, 인도적 지원은 남한이 북한에 특별히 베푸는 시혜로 접근하였다. 북한이 원하는 게 무엇인지에 상관없이 우리가 원하는 것을 일방적으로 지원한 적도 많았다. 그래서 인도주의 협력조차 우리 사회 일부에서는 북한

* 나는 2018년 국방대학교 안보 과정을 졸업하며 '한반도 인도주의 공동체 구축 방안-적십자 활동을 중심으로'라는 주제로 논문[정책보고서]을 썼는데 우수논문상을 받았다. 자세한 사항은 논문을 참조.

에 대한 '퍼주기'라는 비난이 일기도 했다. 퍼주기는 기본적으로 주는 쪽과 받는 쪽이 정해져 있다. 그동안 우리가 추진해 온 인도주의 사업들은 사업의 주체가 정해져 있었다. 인도주의 사업의 주체는 남한이고 북한은 객체였다. 인도주의 공동체는 함께 의논해 서로에게 도움이 되며 필요한 것을 '함께하자'는 의미가 포함된다. 단순한 인도적 지원을 뛰어넘어 적십자 이념에도 부합하는 공동체를 구축해 나가자는 의미다.

무엇보다 인도주의 공동체는 인도주의라는 보편의 가치를 남과 북이 함께 실현해 만드는 공동체이다. 더 이상 시혜자와 수혜자가 따로 있지 않다. 인도주의는 어느 일방의 가치가 아니라 모든 인류의 가치이기 때문이다. 이러한 가치를 남과 북이 함께 실현하고 그 혜택은 한반도 전체 구성원이 누리는 것이다. 남북이 함께 남북 모든 구성원을 대상으로 보편적 가치인 인도주의를 실현하면 한반도 인도주의 공동체가 실현되는 것이다.

'적'과 '아', 이데올로기를 넘어

인도주의 공동체라는 개념은 한반도를 뛰어넘을 수도 있다. 인도주의라는 보편적 가치를 통해 한반도 인도주의 공동체가 성공하면, 세계 어느 곳이건 갈등이 있는 공간에서 그 가치를 실현하는 모델이 될 수도 있다. 남북 간 인도주의 현안들이 산적해 있고 주민들 삶의 조건 차이가 크면 평화 공동체, 경제 공동체 같은 구호는 공허할 수 있다. 같은 꿈을 꾸려면 함께하는 공동체적 인식이 밑받침되어야 지리적 분단뿐 아니라 마음의 분단까지 없앨 수 있다. 인도주의 공동체 주체로 적십자사는 훌륭한 역할을 수행할 수 있다.

이탈리아 통일 전쟁이 한창이던 1858년, 앙리 뒤낭Jean Henri Dunant, 1828~1910은 솔페리노 전투의 참상을 목격하고 국적에 구애받지 않는 구호 활동을 하였다. 당시의 경험을 토대로 뒤낭은 1862년 『솔페리노의 회상』을 통해 중립적 민간 기구 창설을 주장하였다. 1863년 국제적십자위원회가 창설되고 마침내 1864년 제네바 협약이 체결되면서 적십자 활동은 국제적 정당성과 합법성을 지니게 되었다.

앙리 뒤낭의 이 같은 정신은 오늘날 모든 나라에서 보편적 가치로 인정받는 인도주의humanitarianism에 기반한 적십자 운동의 기반이 되었으며, 명칭과 활동 지역의 차이에도 적십자 본연의 인도주의 운동은 국제적으로 확대되고 있다. 앙리 뒤낭이 주장했던 인도주의는 '적과 아' 혹은 '이데올로기의 구분'을 잠시 미루어 두고 참상으로부터 고통받는 모든 인간의 구호를 위한 보편적 가치로 인정받는다. 오늘날 이러한 인도주의는 평화, 인권 등으로 확대되어 세계의 모든 나라가 지켜야 할 유엔 정신으로 확대되었다.

쉽지 않은 길, 그러나 어깨 걸고 한 발자국 내딛기

인도주의는 인간 존엄성에 기초하여 모든 인간의 평등과 공존, 그리고 박애의 정신을 의미하며, 따라서 국적, 인종 등을 불문하고 어려움에 닥친 모든 인간에 대한 구원과 지원을 의미한다. 적십자 창설은 바로 이와 같은 인도주의에 기반한다. 앙리 뒤낭의 제창으로 시작된 적십자 운동은 곧바로 세계적 반향을 일으켜 전쟁이나 재난과 같은 커다란 고통 앞에서 국적과 인종, 성별 등을 가리지 않고 인류의 구원이라는 공통의 가치를 앞장서 실천하는 가장 대표적 국제 기구로 우뚝 섰다.

남북 간에도 적십자의 가치는 분단과 적대, 갈등의 구조 속에서 이산가족 상봉, 재난 구호와 인도적 지원 등을 통해 면면히 이어져 오고 있다. 오늘날 한반도에 산적한 인도주의적 현안에서 적십자 가치의 실현이 남북 간 화해와 협력 증진에 커다란 자산이 될 것이라는 점은 의심의 여지가 없다.

다른 한편, 적십자 가치 실현을 위한 온갖 노력에도 불구하고 현실적으로 남북 간 정치·군사적 갈등은 인도주의 가치 실현에 커다란 장애가 되고 있다. 하지만 독일의 경험에서 알 수 있듯이 정권이 바뀌어도 변하지 않는 정책의 일관성과 정치적 상황과 무관하게 인도적 협력 사업들은 지속되게 하는 사회적 합의가 중요하다.

지속적인 이산가족 상봉 노력과 인도적 교류 협력이 인도주의 공동체를 가능하게 하고 생명 공동체, 경제 공동체, 평화 공동체로 나아갈 수 있다. 이렇게 될 때 한반도 통일이라는 변화를 기대할 수 있다. 그래서 적십자사의 노력이 더욱 중요하고 어떠한 경우에도 남북 교류는 중단 없이 지속되어야 한다.

한반도에서의 변화 가능성을 주시하면서 평화와 통일에 이바지할 수 있게 역량을 모아 한 발자국씩 내딛어야 한다. 당연하게도 그 과정에는 적십자뿐 아니라 우리 모두가 어깨 걸고 나가야 한다.

2000년 이후 남북 간 인도적 분야 합의

1. 남북 정상 회담

구분	일자	주요 합의 내용
제1차	2000.6.13-15	• 8.15 계기 이산가족방문단 교환 • 비전향 장기수 등 인도적 문제 해결
제2차	2007.10.2-4	• 이산가족 상봉 확대 • 영상 편지 교환 추진 • 면회소 완공 시 대표 상주 및 상봉 상시화
2018 제1차	2018.4.27	• 8.15 이산가족 상봉 실시
2018 제2차	2018.5.26	• 이산가족 상봉을 위한 적십자 회담 개최
2018 제3차	2018.9.18-20	• 이산가족 문제 근본적 해결 위한 인도적 협력 더욱 강화 (상설 면회소 조기 개소, 화상 상봉, 영상 편지 교환 위한 적십자 회담 개최)

2. 남북장관급회담

구분	일자	주요 합의 내용
제1차	2000.7.29-31	• 조총련 동포 고향 방문 협력 합의
제2차	2000.8.29-9.1	• 연내 이산가족방문단 2회 추가 교환 • 서신 교환 문제 협의
제4차	2000.12.12-16	• 3차 이산가족방문단 교환 • 생사 주소 확인 • 서신 교환
제5차	2001.9.15-18	• 4차 이산가족 상봉 실시(금강산)
제7차	2002.8.12-14	• 추석 계기 5차 이산가족 상봉 실시 • 적십자 회담에서 면회소 문제 협의
제10차	2003.4.27-29	• 6.15 계기 7차 이산가족 상봉 실시
제11차	2003.7.9-12	• 추석 계기 8차 이산가족 상봉 실시
제13차	2004.2.3-6	• 9차 이산가족 상봉 실시
제14차	2004.5.4-7	• 10차 이산가족 상봉 실시
제15차	2005.6.21.-24	• 11차 이산가족 상봉 실시
제16차	2005.9.13-16	• 12차 이산가족 상봉 실시 • 연내 화상 상봉 2차례 실시
제17차	2005.12.13-16	• 13차 이산가족 상봉 실시 • 4차 화상 상봉 실시
제20차	2007.2.27-3.2	• 15차 이산가족 상봉 실시 • 5차 화상 상봉 실시 • 적십자 실무 접촉에서 면회소 건설 추진 협의

3. 남북 적십자 회담 및 실무 접촉

구분	일자	주요 합의 내용
제1차 적십자 회담	2000.6.27.-6.30	• 이산가족방문단 교환 합의 • 이산가족면회소 설치 운영 합의 • 비전향 장기수 송환 합의
제2차 적십자 회담	2000.9.20-23	• 2차 이산가족 방문단 교환 합의 • 생사 주소 확인, 서신 교환 시범 실시
제3차 적십자 회담	2001.1.29-31	• 3차 이산가족 방문단(서울·평양) 교환 합의
제4차 적십자 회담	2002.9.6-8	• 금강산 지역 면회소 설치 구체적 문제 합의 • 전쟁 시기 소식을 알 수 없게 된 자들의 생사 주소 확인 문제 협의 해결 • 5차 이산가족 상봉 실시 합의
제3차 실무 접촉	2003.1.20-22	• 6차 이산가족 상봉 실시 • 면회소 설치 운영 원칙 합의
제5차 실무 접촉	2003.11.4-6	• 금강산면회소 건설 합의서 채택
제7차 적십자 회담	2006.2.21-23	• 6.15 계기 14차 이산가족 상봉 실시 • 6.15 및 8.15 계기 화상 상봉 실시 • 전쟁 시기 및 그 이후 시기 소식을 알 수 없게 된 사람들 문제를 이산가족 문제에 포함시켜 협의 해결 • 적십자 회담 개최('06.6월)
제8차 적십자 회담	2007.4.10-13	• 추석 계기 16차 이산가족 상봉 실시 • 8.15 및 추석 계기 화상 상봉 실시 • 추석 계기 영상 편지 시범 교환 • 전쟁 시기 및 그 이후 시기 소식을 알 수 없게 된 사람들 문제를 이산가족 문제에 포함시켜 협의 해결
제9차 적십자 회담	2007.11.28-12.1	• 이산가족 상봉 확대 실시 합의(연간 400명, 특별 • 상봉 200명, 화상 상봉 분기에 각각 40명)
제10차 적십자 회담	2009.8.26-28	• 17차 이산가족 상봉 실시
제10차 실무 접촉	2010.10.1	• 18차 이산가족 상봉 실시 • 적십자 회담 개최('10.10.26-27, 개성)
제11차 실무 접촉	2013.8.23	• 19차 이산가족 상봉 실시('13.9.25-30) • 화상 상봉 실시 • 11월 중 상봉 행사 한 차례 더 진행, 이를 위해 적십자 실무 접촉 개최 • 이산가족 문제의 근본적 해결 위해 계속 노력
제12차 실무 접촉	2014.2.5	• 19차 이산가족 상봉 실시('14.2.10-25) • 상봉 행사 이후 적십자 실무 접촉 개최, 인도적 문제 해결 지속 논의
제13차 실무 접촉	2015.9.7-8	• 추석 계기 이산가족 상봉 실시 • 인도주의적 문제를 근본적으로 해결하기 위해 지속 협의
제12차 적십자 회담	2018.6.22	• 8.15 계기 이산가족 상봉 실시

✺ 이산가족 신청 현황(2024년 8월 31일 현재)

구분	신청자	생존자	사망자
1988년~현재	134,158	37,806	96,352

◇ 생존자 현황

① 연령별

구분	90세이상	89-80세	79-70세	69-60세	59세이하	계
인원수(명)	12,010	13,120	6,844	3,710	2,122	37,806
비율(%)	31.8	34.7	18.1	9.8	5.6	100

② 가족관계별

구분	부부/부모/자녀	형제/자매	3촌이상	계
인원수(명)	14,863	15,216	7,727	37,806
비율(%)	39.3	40.2	20.5	100

③ 출신지역별

구분	황해	평남	평북	함남	함북	경기	강원	기타	계
인원수(명)	7,572	3,918	2,215	3,419	1,145	1,167	562	17,808	37,806
비율(%)	20.0	10.4	5.9	9.0	3.0	3.1	1.5	47.1	100

④ 성별

구분	남자	여자	계
인원수(명)	23,098	14,708	37,806
비율(%)	61.1	38.9	100

⑤ 거주지별

구분	서울	부산	대구	인천	광주	대전	울산	경기	강원	충북
인원수(명)	9,581	1,589	915	3,028	365	783	309	11,432	2,286	1,286
비율(%)	25.3	4.2	2.4	8.0	1.0	2.1	0.8	30.2	6.1	3.4
구분	충남	전북	전남	경북	경남	제주	세종	해외		계
인원수(명)	1,205	654	559	1,174	947	405	151	1,137		37,806
비율(%)	3.2	1.7	1.5	3.1	2.5	1.1	0.4	3.0		100

◇ 사망자 현황

구분	90세이상	89-80세	79-70세	69-60세	59세이하	계
인원수(명)	29,484	41,387	19,900	4,588	993	96,352
비율(%)	30.6	42.9	20.7	4.8	1.0	100